# ANÁLISE DE POLÍTICAS PÚBLICAS

DIAGNÓSTICO DE PROBLEMAS,
RECOMENDAÇÃO DE SOLUÇÕES

**Dados Internacionais de Catalogação na Publicação (CIP)**
**(Câmara Brasileira do Livro, SP, Brasil)**

Secchi, Leonardo
 Análise de políticas públicas : diagnóstico de problemas, recomendação de soluções / Leonardo Secchi.
– São Paulo: Cengage Learning, 2023.

4. reimpr. da 1. ed. de 2016.
Bibliografia.
ISBN 978-85-221-2546-3

1. Administração pública 2. Políticas públicas
I. Título.

16-01359

CDD-320.6

**Índice para catálogo sistemático:**
1. Políticas públicas : Ciência política   320.6

Leonardo Secchi

# ANÁLISE DE POLÍTICAS PÚBLICAS

DIAGNÓSTICO DE PROBLEMAS, RECOMENDAÇÃO DE SOLUÇÕES

Austrália • Brasil • Canadá • México • Cingapura • Reino Unido • Estados Unidos

**Análise de políticas públicas – Diagnóstico de problemas, recomendação de soluções**

**Leonardo Secchi**

Gerente editorial: Noelma Brocanelli

Editora de desenvolvimento: Gisela Carnicelli

Supervisora de produção gráfica:
   Fabiana Alencar Albuquerque

Editora de aquisições: Guacira Simonelli

Especialista de direitos autorais: Jenis Oh

Assistente editorial: Joelma Andrade

Copidesque: Cristiane Morinaga

Revisão: Rosângela Ramos da Silva,
   Beatriz Simões, Luicy Caetano de Oliveira,
   Fábio Gonçalves e Joana Figueiredo

Diagramação: Alfredo Carracedo Castillo

Pesquisa iconográfica: Tempo Composto

Capa: BuonoDisegno

Imagem de capa: kmlmtz66/Shutterstock

© 2017 Cengage Learning Edições Ltda.

Todos os direitos reservados. Nenhuma parte deste livro poderá ser reproduzida, sejam quais forem os meios empregados, sem a permissão, por escrito, da Editora. Aos infratores aplicam-se as sanções previstas nos artigos 102, 104, 106 e 107 da Lei nº 9.610, de 19 de fevereiro de 1998.

Esta editora empenhou-se em contatar os responsáveis pelos direitos autorais de todas as imagens e de outros materiais utilizados neste livro. Se porventura for constatada a omissão involuntária na identificação de algum deles, dispomo-nos a efetuar, futuramente, os possíveis acertos.

A editora não se responsabiliza pelo funcionamento dos links contidos neste livro que possam estar suspensos.

> Para permissão de uso de material desta obra,
> envie seu pedido para
> **direitosautorais@cengage.com**

© 2017 Cengage Learning. Todos os direitos reservados.

ISBN-13: 978-85-221-2546-3
ISBN-10: 85-221-2546-5

**Cengage**
WeWork
Rua Cerro Corá, 2175 – Alto da Lapa
São Paulo – SP – 05061-450
Tel.: (11) 3665-9900

Para suas soluções de curso e aprendizado, visite
**www.cengage.com.br**

Impresso no Brasil
*Printed in Brazil*
4. reimpr. – 2023

*A Aline e Helena*

# Sumário

**Prefácio** — XI

**1. Introdução** — 1
1.1 O que é política pública? — 5
1.2 A ciência da política pública — 6
1.3 Análise de políticas públicas — 10
1.4 Histórico da *policy analysis* e suas vertentes — 12
1.5 O papel do analista de política pública — 16
1.6 Onde trabalha o analista? — 18
1.7 Visão geral do livro — 22
1.8 Exercícios de fixação — 25

**2. Análise do problema** — 27
2.1 Antes de começar — 31
    2.1.1 O passo a passo da análise do problema — 38
2.2 Diagnóstico do problema — 39
    2.2.1 Diagnóstico do contexto (origem do problema e histórico, análise política, econômica, sociocultural e jurídico-legal) — 39
    2.2.2 Diagnóstico da amplitude do problema — 45
    2.2.3 Diagnóstico da intensidade do problema — 46
    2.2.4 Diagnóstico da tendência do problema — 48
2.3 Definição do problema — 50
    2.3.1 Interpretações contrastantes do problema — 51

2.4 Definição do objetivo — 52

2.5 Exercícios de fixação — 56

## 3. Escolha da abordagem de análise — 59
3.1 Exercícios de fixação — 66

## 4. Análise das soluções: a abordagem racionalista — 69
4.1 Geração de alternativas — 70

    4.1.1 *Benchmarking* — 72

    4.1.2 *Brainstorming* — 74

    4.1.3 Redesenho incremental — 76

    4.1.4 *Nudge* — 79

    4.1.5 Soluções genéricas — 80

    4.1.6 Especificação das alternativas — 83

4.2 Definição de critérios e indicadores — 85

    4.2.1 Critérios — 86

    4.2.2 Indicadores — 88

4.3 Projeção de resultados — 90

    4.3.1 Análise custo-benefício (ACB) — 91

    4.3.2 Análise custo-efetividade (ACE) — 113

    4.3.3 Análise de viabilidade política e de implementação (AVPI) — 115

    4.3.4 Outros métodos para projeção de resultados — 121

    4.3.5 Comparação, avaliação e hierarquização de alternativas — 122

4.4 Exercícios de fixação — 126

## 5. Análise das soluções: a abordagem argumentativa — 127
5.1 Planejamento e organização do fórum de política pública — 128

    5.1.1 Definição do objetivo e pauta da reunião — 129

    5.1.2 Planejamento da quantidade e pluralidade dos participantes — 131

    5.1.3 Planejamento do espaço físico, *layout* e equipamentos — 133

    5.1.4 Planejamento do tempo (horário, sequência) — 135

    5.1.5 Planejamento da abordagem (papéis e dinâmicas) — 136

5.1.6 Outras precauções antes de iniciar … 138
5.2 Mediação da participação … 139
    5.2.1 Tarefas operacionais … 139
    5.2.2 Tarefas de facilitação … 141
    5.2.3 Técnicas para enfrentar dificuldades de mediação … 143
5.3 Mapeamento dos argumentos … 149
5.4 Exercícios de fixação … 153

## 6. Relatório de análise de políticas públicas: estruturação da recomendação … 159

6.1 Estrutura do relatório de análise … 159
6.2 Dicas de redação para o relatório de análise … 161
6.3 Subprodutos do relatório de análise … 164
6.4 Três testes de qualidade do seu relatório … 166
6.5 Exercícios de fixação … 167

## Referências … 169

**Anexo 1:** Modelo de relatório de análise. *Body cameras* para a Polícia Militar do Estado do Rio de Janeiro: análise e recomendação de alternativas para implementação … 179

**Anexo 2:** Modelo de relatório de análise. Construção de um passeio público e ciclovia à beira-rio no centro de Ibirama – SC … 217

# Prefácio

## Conhecimento para quê?

No Brasil temos um exército de cientistas sociais realizando pesquisa teórica com pouca aplicação prática. Professores e pesquisadores de sociologia, ciência política, administração, economia, antropologia, direito e tantas outras áreas investem tempo e outros recursos para produzir conhecimento que, muitas vezes, fica encapsulado nas universidades.

Paralelamente, temos um setor público carente de conhecimento. Com exceção de alguns bolsões de excelência, a administração pública brasileira ainda sofre de ineficiência, ineficácia, descontinuidade; patrimonialismo de um lado, burocratismo do outro. Aos representantes políticos e burocratas falta munição teórica e metodológica aplicada à elaboração de políticas públicas adequadas à resolução dos graves problemas sociais.

E se construíssemos uma ponte para ligar esses dois mundos? Pois é exatamente com esta função que surgiu a área de políticas públicas: levar o conhecimento multidisciplinar, normativo e orientado à resolução de problemas aos processos de elaboração, decisão, implementação e avaliação de políticas públicas.

Fazer análise prescritiva de política pública significa construir conhecimento aplicado, voltado ao enfrentamento de problemas públicos concretos. Fazer análise prescritiva de política pública é escrever relatórios, monografias, dissertações e teses que tenham como destinatário algum tomador de decisão, provendo munição argumentativa e técnica que o auxilie a estruturar as políticas públicas que afetam a vida da sociedade.

Este livro busca contribuir para a construção dessa ponte entre o mundo acadêmico e o setor público. Para isso, o livro foi formatado como um manual prático para acadêmicos e profissionais que querem formular política pública. Trata-se de um livro metodológico para o ensino de análise de política pública nas universidades, ao mesmo tempo que serve como passo a passo para o diagnóstico de problemas e a recomendação de soluções no executivo e no legislativo, sejam estes nas esferas federal, estadual ou municipal.

Este livro dá sequência a outro livro de minha autoria publicado em 2010 (2ª edição em 2013), *Políticas públicas: conceitos, esquemas de análise, casos práticos*, também pela editora Cengage. Tal obra teve o objetivo de fornecer os conceitos fundamentais de política pública, problema público, tipologias, processo, estilos, atores e instituições fundamentais para quem está aprendendo o "vocabulário" de política pública. Ou seja, se o primeiro livro tinha o objetivo de apresentar uma base teórico-conceitual, este avança para fornecer suporte metodológico-prático àqueles que querem fazer política pública.

O livro apresenta duas correntes metodológicas complementares para a análise de política pública: a abordagem racionalista e a abordagem argumentativa. A abordagem racionalista tem como pressuposto a adequação dos meios aos fins desejados, a projeção de resultados e a recomendação da política pública que gere maior bem-estar social. A abordagem argumentativa usa a participação, a discursividade, o ajuste mútuo e a harmonização dos interesses dos atores políticos para chegar a políticas públicas coletivamente construídas. Ficará claro para o leitor que ambos os métodos dependem de um bom diagnóstico do problema público. Seja pelo caminho racionalista ou pelo caminho argumentativo, o produto da análise será a recomendação de uma política, um programa, uma campanha, um projeto, uma obra, uma lei ou uma ação pública.

Após mais de 60 anos de expansão do campo de *policy analysis* nos Estados Unidos, o ambiente acadêmico e político-institucional brasileiro tem mostrado sinais de maturidade para a consolidação da área de análise de políticas públicas. Exemplo disso é o fortalecimento de escolas de governo (federais, estaduais e municipais, como Esaf e Enap) e de entidades profissionais como a Associação Nacional de Especialistas em Políticas Públicas e Gestão Governamental (Anesp), além da proliferação de carreiras de analistas de políticas públicas em toda administração pública. No aspecto acadêmico, o surgimento de aproximadamente 200 cursos de graduação em administração pública, gestão pública, políticas públicas, gestão social e gestão de políticas públicas, além de cursos de pós-graduação, consolidou o chamado campo de públicas, com instituição de associações acadêmicas como a Feneap, SBAB e ANEPCP. Outras entidades como Anpec, Anpad, Anpocs, Anpur, ABCP, SBS já organizam congressos nacionais e publicam revistas científicas viabilizando o intercâmbio da produção de conhecimento em políticas públicas. Começa também a surgir o interesse em análise de políticas públicas aplicadas às áreas de atividade com fim governamental, tais como saúde, educação, segurança, meio ambiente, saneamento, habitação, emprego e renda, previdência social, planejamento urbano, justiça e cidadania, assistência social, cultura e esporte, ciência, tecnologia e inovação, infraestrutura e transportes, entre outras.

Este livro foi escrito pensando nesse público multidisciplinar. Os exemplos foram trazidos para abarcar todas as áreas de política pública. A escolha do estilo e conteúdo para o primeiro capítulo (Introdução) teve como destinatários meus colegas acadêmicos, em especial para reforçar o entendimento de análise de política pública como um campo prescritivo, voltado para a resolução de problemas concretos. Os demais capítulos foram escritos pensando no analista, seja ele estudante ou servidor público, que precisa de métodos, técnicas e exemplos muito aplicados nas atividades de diagnóstico de problemas, projeções de resultados, mediação de processos participativos e recomendação de política pública.

Aproveito para agradecer a algumas pessoas que tornaram possível a realização desta obra. David L. Weimer, professor de *Policy Analysis* da Universidade de Wisconsin-Madison, foi supervisor de meu pós-doutorado durante o ano acadêmico de 2014-2015. Não haveria outro lugar e companhia mais propícia para escrever este livro do que em Madison, podendo dialogar diariamente com David, que é reconhecidamente uma das maiores referências acadêmicas mundiais em análise racionalista de políticas públicas. Também agradeço a Frank Fischer, professor de *Policy Analysis* da Universidade Livre de Berlim, um dos líderes intelectuais da análise argumentativa de políticas públicas, que com sua "virada argumentativa" agregou uma nova linha de desenvolvimento teórico e metodológico ao campo. Desde que nos conhecemos em Chicago, também no pós-doutorado, recebi de Frank constante estímulo e reflexões úteis para estruturar o livro. A divisão equitativa do livro entre as abordagens racionalista e argumentativa é reflexo da interação e aprendizado com essas duas pessoas.

Reconheço o apoio financeiro à pesquisa de pós-doutorado que deu origem a este livro fornecido pela Capes (BEX-1253-14-0) e pela Universidade do Estado de Santa Catarina (Udesc), às quais agradeço imensamente.

Algumas pessoas puderam ler a apostila que deu origem a este livro e delas recebi *feedback*, críticas, ponderações e estímulo que foram indispensáveis para o produto final: Fernando Coelho (USP), Paula C. Schommer (Udesc), Ênio Luiz Spaniol (Udesc), Marcello B. Zappellini (Udesc), Magnus Emmendoerfer (UFV), Clezio Saldanha dos Santos (UFRGS), Rafael Alcadipani (FGV), Temístocles Murilo Oliveira Júnior (CGU), Gilberto Sales (ICMBio), Larissa Martins (Prefeitura de São Paulo), Filipe Schüür (Prefeitura de Joinville), Sandra Maria Secchi (Prefeitura de Ibirama).

Agradeço aos meus amigos e colegas do Grupo de Pesquisa Callipolis, do Departamento de Administração Pública e do Programa de Pós-Graduação em Administração da Esag/Udesc pelo ambiente fértil à produção intelectual. Desde 2010, vários alunos experimentaram a metodologia aqui proposta nas disciplinas de Políticas Públicas, na graduação, e Análise de Políticas Públicas e *Policy Advocacy*, na pós-graduação. Aos acadêmicos de graduação, mestrado e doutorado, meus sinceros agradecimentos pela leitura e pelo apontamento de melhorias necessárias para a precisão e clareza didática da apostila que deu origem a este livro.

Espero que este livro seja útil para a formação de futuros analistas e gestores de políticas públicas. Que sirva como subsídio para melhoria dos processos decisórios e estruturação de políticas públicas tecnicamente consistentes, socialmente sensíveis e politicamente viáveis.

*Leonardo Secchi*
Florianópolis, 21 de março de 2016

# 1 Introdução

As sociedades e os governos tomam boas e más decisões. Uma boa decisão pública é aquela embasada em informações e análises confiáveis, pautada em princípios e valores socialmente aceitos e que traz os efeitos desejados para a melhoria do bem-estar coletivo. Chegar a boas decisões públicas não é tarefa fácil, sejam elas decisões operacionais ou administrativas, sejam elas decisões estruturantes referentes a macropolíticas.

Análise de políticas públicas é a atividade e o campo de conhecimento teórico e metodológico voltados para a geração e a sistematização de conhecimentos aplicados ao enfrentamento de problemas públicos. A análise de políticas públicas visa melhorar o processo decisório público com o uso de métodos e técnicas de análise de problemas (*problem analysis*) e análise de soluções (*solution analysis*) para auxiliar nas decisões e na estruturação de políticas, leis, programas, campanhas, projetos ou ações públicas.

Entre os métodos e as técnicas consolidados na literatura internacional estão a análise custo-benefício, a análise custo-efetividade, o redesenho incremental, o mapeamento de argumentos, a análise de empatia política, os métodos participativos, as técnicas *Nudge*, e muitos outros. O produto de uma análise prescritiva é uma recomendação de política pública. Essa recomendação é destinada, em geral, a um tomador de decisão, mas também pode interessar aos demais atores políticos e sociais de um subsistema de política pública.

A análise, portanto, serve para aumentar as chances de uma boa formulação, decisão e posterior implementação de um curso de ação. Fazer análise com finalidade prática, prescritiva e de resolução de problemas públicos exige trabalho de pesquisa aprofundada, conversa com atores políticos, reuniões com a participação dos potenciais destinatários da política pública, coleta de documentos em repartições públicas, leitura de notícias dos meios de comunicação. Uma análise de política pública também depende de uma delimitação clara e precisa do problema público, de geração de alternativas tecnicamente consistentes, de projeção de custos e benefícios com a implementação, de antecipação e dissolução de conflitos de interesses. Fazer análise de política pública significa gerar informações, argumentos e consensos que forneçam uma base mais sólida à tomada de decisão pública. As decisões que exigem níveis mais elevados de sofisticação e profissionalismo são aquelas que usam métodos, evidências, critérios e parâmetros, ou seja, baseiam-se numa análise consistente do problema público e da política pública.

Sem usar métodos analíticos, uma decisão pública é pautada pela repetição, imitação, preconceito ou autointeresse. Ocasionalmente, nossa sociedade e nossos governos tomam decisões assim. Fazem o que sempre foi feito no passado. Copiam soluções de outros lugares de forma acrítica. Planejam sem informações suficientes. Tomam decisões que beneficiam certas pessoas ou grupos à revelia do interesse público.

A Figura 1.1 e os exemplos mostram a diferença.

| Repetição/imitação/preconceito/autointeresse | Análise de política pública |
|---|---|

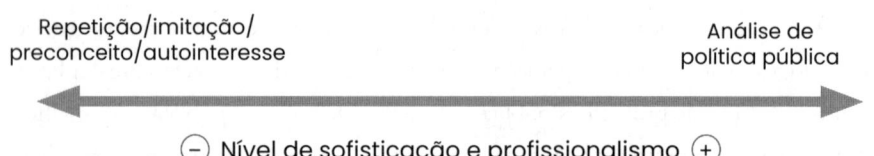

$(-)$ Nível de sofisticação e profissionalismo $(+)$

| | |
|---|---|
| "Na nossa Prefeitura, a manutenção da frota de veículos e máquinas sempre foi própria. Não há motivos para mudar." (orientação com base em repetição) | "Recomendamos a redução de 14,5% na alíquota do Imposto sobre Produto Industrializado (IPI) incidente sobre materiais de construção para que seja estimulado o consumo. A renúncia fiscal de R$ 1,8 bilhão será compensada pelo aumento do consumo em 2,5% e pela geração de 134 mil empregos diretos e indiretos." (orientação com base em análise) |
| "O Brasil deveria copiar a Alemanha, onde o sistema de Bem-Estar Social dá seguro-desemprego por tempo indeterminado." (orientação com base em imitação) | |
| "Para frear a imigração de haitianos tem que colocar todos num avião e mandar de volta para o Haiti." (orientação com base em preconceito) | "Aconselhamos o governador a atender parcialmente a demanda dos professores estaduais, oferecendo o piso salarial da categoria, mas atrelado ao estabelecimento de um sistema de avaliação de desempenho, para que se encerre a greve, a mídia pare de "fritar" o governador no noticiário e os alunos voltem às aulas com melhor qualidade docente." (orientação com base em análise) |
| "Vamos investir R$ 1,3 bilhão para alterar a rota da rodovia BR-171 para melhorar o trânsito, gerar emprego e renda (a rota da BR-171 era adequada, mas um grupo político possui terras exatamente onde passará a nova rodovia." (orientação com base em autointeresse) | |

FIGURA 1.1: BASE PARA A DECISÃO PÚBLICA.

Os exemplos citados na figura são sínteses de orientações a cursos de ação (diretrizes/políticas) para a resolução de problemas públicos. Uma orientação pode ter um nível mínimo de sofisticação ("papo de boteco"), um nível intermediário e até um nível alto para embasamento decisório. A análise de política pública serve para afastar a recomendação de política pública da superficialidade e trazê-la o mais próximo possível de uma análise profissional.

Em algumas situações, decisões baseadas em "achismo" podem dar certo e gerar uma decisão satisfatória. Isso depende do acaso. Às vezes o *insight*, a inspiração e a experiência do decisor são suficientes. Mas, em geral, decisões sem fundamento analítico podem sofrer sérias falhas de implementação (*implementation gaps*) causadas por falta de recursos humanos, financeiros e materiais, inércia cultural, falta de vontade política, disfunções burocráticas etc. (Cipe, 2012).

Há também que reconhecer que os métodos de análise de políticas públicas não garantem boas decisões. Mesmo governos e órgãos com capacidade técnico-analítica bastante avançada podem falhar nas suas tomadas de decisões. Exemplo disso são decisões equivocadas, tomadas pela equipe econômica de um governo, que pautam suas decisões em modelos estatísticos e projeções fundamentadas em evidências, mas deficientes em análise de comportamento e sensibilidade política. Ou ainda, decisões construídas por uma pluralidade de atores políticos em um processo deliberativo que acabam gerando decisões politicamente satisfatórias do ponto de vista individual (por exemplo, extinção de um imposto), mas prejudiciais do ponto de vista de interesse coletivo (por exemplo, crise fiscal por perda de arrecadação). Por isso, a análise de política pública não garante uma boa formulação e decisão, mas pode aumentar as suas chances.

Trazendo a reflexão para o caso brasileiro: é possível elaborar leis que funcionem na prática? É possível fazer obras públicas com maior rapidez e qualidade e com menor custo? É possível fazer programas sociais com maior impacto emancipatório sobre populações carentes? É possível melhorar a elaboração, a implementação e a avaliação das políticas públicas no Brasil?

Se as respostas a essas questões são afirmativas, um dos caminhos é a adoção de métodos de análise de políticas públicas. Façamos um paralelo com a atividade de um microempresário e dono de um negócio familiar: sua empresa pode estar muito bem localizada e ter muitos clientes, mas, mesmo assim, estar à beira da falência por não possuir uma gestão financeira profissionalizada, por não ter sua produção customizada ao gosto do cliente, por ter um processo de compras bagunçado, por não ter empregados qualificados. Para aumentar as chances de sobrevivência e prosperidade, o dono do pequeno negócio precisa usar técnicas, métodos e modelos de administração. O empresário percebe que é preciso parar de improvisar e começar a profissionalizar sua gestão.

Na elaboração de políticas públicas, a situação é muito parecida. Ainda hoje vereadores, deputados, senadores e governos inteiros elaboram política pública de forma improvisada, com visão de curto prazo, pautada no "achismo" ou em interesses particulares ou corporativistas. Não resta dúvida de que há muito espaço para melhorias, e a análise de políticas públicas disponibiliza métodos e técnicas para esse fim.

Ao longo deste livro, veremos que a atividade de análise de políticas públicas produz e sistematiza informação necessária para o processo decisório, evidencia dilemas, explicita valores, confronta argumentos, projeta resultados, estrutura novas alternativas para o enfrentamento de problemas públicos. Fazer análise de política pública é esforçar-se para que as políticas públicas sejam mais adequadas, tenham mais benefícios de longo prazo e sejam tecnicamente consistentes, socialmente sensíveis e politicamente viáveis.

O objetivo deste livro é fornecer uma metodologia para análise, estruturação de recomendações e decisão em políticas públicas. Trata-se de um manual prático para ensinar estudantes, políticos, servidores públicos e profissionais a analisar, rever, melhorar e formular uma política pública. É um livro que busca explicar como usar os métodos e as técnicas já consolidados na literatura internacional para qualificar o planejamento e o processo decisório público.

## 1.1 O que é política pública?

Dois conceitos são fundamentais para entender o campo da política pública: o problema público e a política pública. O primeiro trata do fim ou da intenção de resolução. O segundo trata do meio ou mecanismo para levar a cabo tal intenção.

O problema público é usualmente definido como a distância entre o *status quo* e uma situação ideal possível para a realidade pública (Sjöblom, 1984; Secchi, 2013). O problema público é um conceito intersubjetivo, ou seja, ele só existe se incomoda uma quantidade ou qualidade considerável de atores. Uma política pública é uma diretriz elaborada para enfrentar um problema público (Secchi, 2013). Política pública é um conceito abstrato que se materializa com instrumentos concretos como leis, programas, campanhas, obras, prestação de serviço, subsídios, impostos e taxas, decisões judiciais, entre muitos outros.

O problema público está para a doença, assim como a política pública está para o tratamento. Metaforicamente, a doença (problema público) precisa ser diagnosticada, para então ser dada uma prescrição médica de tratamento (política pública), que pode ser um remédio, uma dieta, exercícios físicos, cirurgia, tratamento psicológico, entre outros (instrumentos de política pública).

Problemas públicos e políticas públicas existem nas áreas de educação, segurança, saúde, gestão pública, meio ambiente, saneamento, habitação, emprego e renda, previdência social, planejamento urbano, justiça e cidadania, assistência social, cultura e esporte, ciência, tecnologia e inovação, infraestrutura e transportes, entre muitas outras áreas. A finalidade de uma política pública é o enfrentamento, diminuição e até mesmo a resolução do problema público.

No Quadro 1.1 mostramos alguns exemplos de problemas públicos, suas políticas públicas, sua instrumentalização e os atores envolvidos.

Esse quadro contém exemplos que representam a diversidade que envolve o conceito de política pública. Como visto, existem políticas públicas em diversas áreas (meio ambiente, transportes, saúde, saneamento etc.), em diversos níveis de atuação (internacional, nacional, estadual e municipal) e com diversos atores protagonistas (órgãos multilaterais, governos, organizações privadas, ONGs e redes de políticas públicas). Também fica claro que o problema público é o ponto de partida da análise.

QUADRO 1.1: PROBLEMAS, POLÍTICAS, INSTRUMENTOS E ATORES

| Problema público | Política pública | Instrumentos | Atores envolvidos |
|---|---|---|---|
| Aquecimento global | Redução das emissões de gases de efeito estufa | Protocolo de Kyoto, Acordo de Paris e todos os sistemas de incentivo, punição, mensuração e cobrança dos padrões de emissão exigidos por entes multilaterais e governos nacionais. | Painel Intergovernamental de Mudanças Climáticas (IPCC), Organização das Nações Unidas (ONU), organizações ambientais, governos dos países, outros atores públicos e privados |
| Exaustão da malha rodoviária nacional | Reativação da malha ferroviária e dos serviços de transporte ferroviário | Recuperação das velhas ferrovias, construção de novas ferrovias, criação de empresa pública ou concessão privada para transporte ferroviário de passageiros e cargas | Governo federal, Congresso Nacional, Confederação Nacional dos Transportes, Agência Nacional de Transportes Terrestres, empresas do setor de transportes |
| Crescimento do consumo e dependência de *crack* na população do estado | Conscientização dos efeitos nocivos da droga para a população | Campanha "Crack nem Pensar" para a população do estado | Redes de TV, estações de rádio, jornais, Conselho Estadual de Assistência Social. |
| Superlotação do cemitério municipal | Diversificação das opções de tratamento cadavérico | Criação de estruturas de sepultamento em gavetas, rodízio de jazigos, criação de crematório público municipal, incentivo à criação de crematórios privados, campanha de conscientização das vantagens da cremação | Prefeitura, Câmara de Vereadores, Ministério Público, Igreja, associações de moradores, empresas de serviço de sepultamento e cremação. |

## 1.2 A ciência da política pública

O campo da ciência social dedicado ao estudo de políticas públicas, problemas públicos, instrumentos, instituições e atores políticos é a ciência da política pública. Conhecida na literatura internacional como *policy sciences*, essa área de conhecimento tem sua pedra fundamental na publicação do livro *The Policy Sciences*, de 1951, de autoria de David Lerner e Harold D. Lasswell. A ciência da política pública possui três características originárias: normatividade, multidisciplinaridade e foco na resolução de problemas públicos (Lasswell, 1951; Howlett, Ramesh e Perl, 2013).

# INTRODUÇÃO

FIGURA 1.2: A CIÊNCIA DA POLÍTICA PÚBLICA E SUAS INTERSECÇÕES DISCIPLINARES.

A ciência da política pública é um campo de estudos que se desmembrou das ciências políticas e que recebeu influências de uma série de disciplinas como a economia, a sociologia, a engenharia, a psicologia social, a administração pública e o direito. Apesar de ter sido inaugurada nos Estados Unidos, essa ciência social aplicada vem formando um campo de conhecimento útil para a análise descritiva e prescritiva de políticas nos diversos setores de intervenção pública.

Passados mais de 60 anos desde sua inauguração, o que se percebe é o crescimento e a diversificação dessa área. Cada vez é maior o número de acadêmicos e profissionais que se identificam com a área, a partir de uma crescente institucionalização, com a proliferação de congressos, livros, revistas, associações acadêmicas e profissionais ao redor do mundo.

A diversificação desse campo do conhecimento também é percebida se compararmos com aqueles traços fundamentais das *policy sciences* sintetizados por Lasswell (1951), quais sejam normatividade, multidisciplinaridade e foco na resolução de problemas. A normatividade passou a conviver com a pesquisa positiva, neutra, contrária à explicitação de valores. A análise prescritiva voltada à resolução de problemas perdeu espaço para a pesquisa de política pública (*policy research*), com viés teórico. A multidisplinaridade também cedeu espaço com a consolidação de um vocabulário próprio, esquemas de análises e referenciais teórico-metodológicos próprios do campo disciplinar de política pública.

Com tal expansão e institucionalização, a ciência da política pública diversificou-se em fins (objetivos dos estudos) e meios (metodologias). Do ponto de vista da finalidade, os estudos podem ser divididos em descritivos e prescritivos. Estudos de cunho descritivo têm o objetivo de construir teorias, por meio da descrição e explicação dos tipos de políticas públicas, do comportamento dos atores e das instituições nas diversas fases do processo de política pública. Já os estudos de cunho prescritivo estão preocupados em "melhorar" as políticas públicas, ou seja, apontar como elas deveriam ser. Prescrição significa recomendação, orientação, intervenção. Em vez de buscar a construção teórica, os estudos prescritivos têm a finalidade de intervir na realidade social e, para isso, baseiam-se em valores de equidade, eficiência, eficácia, resiliência, entre outros.

Do ponto de vista metodológico, os estudos descritivos podem ser indutivos ou dedutivos. Métodos indutivos são aqueles em que o pesquisador inicia sua empreitada investigativa com base em dados empíricos qualitativos ou quantitativos (estudos de caso, séries históricas etc.) para, então, elaborar sínteses conceituais, construir hipóteses e teorias. Já os métodos dedutivos são aqueles em que o pesquisador parte de axiomas, hipóteses e teorias abstratas para então testá-las na prática.

Já os estudos prescritivos de política pública podem fazer uso de métodos prospectivos ou retrospectivos. Metodologias retrospectivas são aquelas que observam fenômenos que já tenham ocorrido no tempo. Metodologias prospectivas, ao contrário, focam em projeções, predições e conjecturas do que pode acontecer no futuro. Os estudos de política pública com objetivos prescritivos podem ser "como estão funcionando as políticas públicas que já estão implementadas?" (retrospecção) e "quais políticas públicas podem ser implementadas no futuro?" (prospecção).

Essa forma de organizar as *policy sciences*, como qualquer outra, é um tipo ideal que enfatiza as distinções em vez das convergências. Existe espaço para estudos intermediários ou que agregam mais fins ou métodos simultaneamente. A Figura 1.3 mostra os principais tipos de estudos existentes na ciência da política pública.

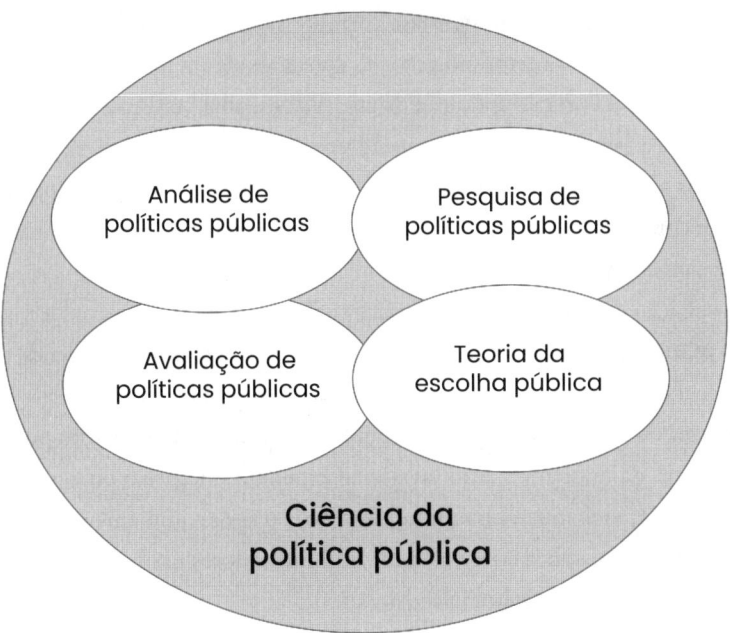

FIGURA 1.3: CIÊNCIA DAS POLÍTICAS PÚBLICAS E SEUS TIPOS DE ESTUDOS.

A pesquisa de política pública (*policy research*) tem como objetivo a construção teórica e utiliza métodos eminentemente indutivos. Ela possui natureza descritiva e busca entender como as políticas públicas se desenvolvem na prática (Regonini, 2001; Weimer e Vining, 2011). Tais estudos estão focados primariamente no avanço do campo de conhecimento por meio da explicação e descrição dos conteúdos das políticas públicas, do comportamento dos atores que empreendem e influenciam a política pública, dos estilos de política pública e instituições informais e formais nas diversas fases do processo de política pública (Regonini, 2001; Enserick, Koppenjan e Mayer, 2012; Secchi, 2013).

Quando aplicada ao estudo de políticas públicas, a teoria da escolha pública (*public choice theory*) tem como objetivo a construção teórica com métodos dedutivos. É um paradigma de pesquisa derivado da teoria econômica atento à produção de bens públicos, à influência das regras de decisão e incentivos sobre o comportamento dos atores políticos, aos custos de informação e de transação e aos efeitos provocados pela interação de *policy-makers* e *policy-takers* guiados pela racionalidade maximizadora de utilidade. Axiomas fundamentais dessa corrente são a racionalidade econômica dos atores, o individualismo metodológico e os conceitos de preferência e utilidade (Regonini, 2001). Uma linha de aplicação da teoria da escolha pública no campo das políticas públicas é a *Institutional Analysis and Development framework* (IAD), que propõe a análise dos atores, de suas posições, das ações possíveis, dos resultados potenciais, do nível de controle decisório, da informação disponível, dos custos e benefícios das ações e dos resultados (Ostrom, 2011).

A avaliação de política pública (*policy evaluation*) tem o objetivo de instrumentalização prática (prescritivo) e, em geral, usa métodos retrospectivos ou de processo. É atividade instrumental para a geração de informações importantes para a manutenção, os ajustes ou a extinção de políticas públicas. A avaliação de política pública pode acontecer antes da implementação (avaliação *ex ante*),[1] durante o processo de implementação (avaliação *in itineri* ou monitoramento) ou após a implementação (avaliação *ex post*), e geralmente aplica critérios, padrões e indicadores para avaliar as qualidades e deficiências da política pública (Secchi, 2013).

Este livro trata especificamente de análise de políticas públicas, assim como entendida na literatura internacional, como atividade racionalista e argumentativa de suporte à tomada de decisão em política pública, com objetivo prático (prescritivo) e com métodos prospectivos para elaboração, projeção e recomendação de políticas públicas concretas.

## 1.3 Análise de políticas públicas

A atividade de análise de políticas públicas (*policy analysis*) busca gerar e sistematizar informações relevantes para o processo decisório de políticas públicas. O objetivo central dessa atividade é dar subsídios informativos para que a política pública seja mais apta a resolver ou mitigar o problema público.

Esse sentido prescritivo ao termo *policy analysis* está consolidado na literatura internacional. Autores das mais variadas correntes de análise de política pública são concordantes com a atribuição dessa finalidade prática à análise. No Quadro 1.2 apresentamos algumas definições de autores de referência em *policy analysis*, destacando seu sentido prescritivo.

---

[1] A avaliação *ex ante* de política pública é equivalente à *policy analysis*, ou seja, análise prescritiva de política pública (Nagel, 1998).

QUADRO 1.2: O SENTIDO PRESCRITIVO DE ANÁLISE DE POLÍTICAS PÚBLICAS

| Autor | Definição |
|---|---|
| Dunn (1981, p. ix) | "Análise de política pública é uma disciplina de ciência social aplicada que usa múltiplas metodologias de pesquisa e argumentação para produzir e transformar informações relevantes que poderão ser utilizadas no contexto político para resolver problemas públicos." |
| Torgerson (1986, p. 33) | "[...] atividades voltadas para o desenvolvimento de conhecimento relevante para a formulação e implementação de política pública." |
| Bobrow e Dryzek (1987, p. 16) | "[...] a essência da análise de política pública reside na intervenção com base em conhecimento para o processo de construção de política pública." |
| Patton e Sawicki (1993, p. 24) | "Análise de política pública é [...] uma avaliação sistemática da viabilidade técnica, econômica e política de alternativas de *policy* (ou planos ou programas), estratégias de implementação, e as consequências da sua adoção." |
| Yanow (2000, p. viii) | "Análise de política pública busca informar algum público – tradicionalmente, o tomador de decisão – sobre uma potencial política pública: qual será seu impacto sobre a população alvo, se tem chances de atingir os objetivos desejados, se é a política correta para enfrentar um problema específico." |
| Weimer e Vinining (2011, p. 24) | "Análise de política pública é uma recomendação relevante para a decisão pública, orientada a um cliente e informada por valores sociais." |
| Fischer e Gottweis (2012, p. 2) | "[...] uma disciplina aplicada [...] para servir a tomadores de decisão no mundo real." |

Como visto no Quadro 1.2, as definições tratam a análise como campo teórico e metodológico (disciplina), como uma atividade (avaliação sistemática) ou até como produto (recomendação), mas pacificam a questão da finalidade prescritiva: construir política pública, avaliar questões técnico-políticas e gerar informação para o enfrentamento de problemas públicos.

É importante sublinhar essa característica prescritiva, pois, no meio acadêmico brasileiro, o termo "análise de política pública" ainda carece de homogeneidade de entendimento. No Brasil existem livros, artigos, linhas de pesquisa e disciplinas de cursos de pós-graduação que usam o termo "análise de políticas públicas" em um sentido amplo, em geral limitado à atividade de pesquisa acadêmica, descritiva e voltada à construção teórica relacionada a fenômenos de política pública (Faria, 2003; Garcia e Xavier, 2012; Cavalcanti, 2012; Secchi, 2016).

Para tentar superar essa dificuldade terminológica na língua portuguesa, alguns autores propuseram o uso de "análise *de* política pública" para a tarefa descritiva de construção teórica e "análise *para* política pública" para a tarefa prescritiva de intervenção prática (Vaitsman, Ribeiro e Andrade, 2013; Farah, 2013; Draibe, 2014).

Para fins de coesão terminológica com a literatura internacional de *policy analysis*, neste livro preferimos adotar aquela distinção entre pesquisa de política pública (*policy research*), com funções de construção teórica, e análise de política pública (*policy analysis*), com funções provisão de informações para o processo de tomada de decisão no enfrentamento de problemas públicos (Patton e Sawicki, 1993; Weimer e Vining, 2011).

## 1.4 Histórico da *policy analysis* e suas vertentes

A concepção e a expansão da análise de políticas públicas ocorreram principalmente nos Estados Unidos, para depois tomar amplitude internacional. O embrião da *policy analysis* surgiu nos Estados Unidos no início do século XX durante a chamada era progressista, liderada por intelectuais como Herbert Croly e presidentes como Theodore Roosevelt e Woodrow Wilson. Nessa época, houve uma valorização do conhecimento científico como base para a decisão de política pública (Fischer, 2015). Na década de 1930, vários estudos relativos aos potenciais impactos dos programas sociais de geração de emprego do *New Deal* foram utilizados pelo governo norte-americano, confluindo conhecimentos de administração, economia do bem-estar e pesquisa operacional para a tomada de decisão pública (Regonini, 2001).

O nascimento do campo metodológico de análise de política pública ocorreu com a publicação do livro *The Policy Sciences* de Lerner e Lasswell (1951). Nesse livro, o capítulo introdutório escrito por Lasswell, *The policy orientation*, é considerado por autores de todas as vertentes o grande marco das *policy sciences*, em geral, e da *policy analysis*, em específico (Dunn, 1981; Durning, 1993; Howlett, Ramesh e Perl, 2013; Fischer, 2003). Do ponto de vista da aplicação dos conhecimentos, o governo federal norte-americano passou a basear suas tomadas de decisão sobre investimentos em infraestrutura e programas sociais em análise de política pública.

Na década de 1960, a expansão da área de *policy analysis* foi percebida pela adoção do *Planning, Programming, Budgeting System* (PPBS) em todo o governo federal, que criou demanda formativa e profissional para análise, planejamento, eficiência e racionalidade administrativa, como valores necessários para substituir o casuísmo e a improvisação (Lynn Jr., 1999). Agências e departamentos passaram a utilizar os métodos de análise para informar as decisões de segurança nacional (National Security Council), gestão orçamentária (Office of Management and Budget), gestão econômica (Council of Economic Advisers) e saúde pública (Department of Health and Human Services). O mesmo ocorreu no Congresso norte-americano, no qual os deputados e senadores passaram a submeter suas propostas legislativas pelo crivo analítico do Congressional Budget Office (CBO), do Government Accountability Office (GAO) e do Congressional Research Service (CSR) (Weimer e Vining, 2011).

Na década de 1970, houve o surgimento de vários programas de pós-graduação em políticas públicas em universidades e em *think tanks*, além da criação de revistas científicas e profissionais da área e da fundação de sociedades científicas como a Association for Public Policy Analysis and Management (APPAM). Nessa época, importantes livros e artigos foram publicados por Dror (1971), Heclo (1972), Stokey e Zeckhauser (1978) e Wildavsky (1979), trazendo elementos conceituais e metodológicos que reforçaram o caráter prescritivo e racionalista da análise de políticas públicas. Também ficou reforçado o seu caráter tecnocrático, com forte ênfase na eficiência econômica. Os métodos de análises de políticas públicas eram dependentes das ciências da decisão, da análise custo-benefício, da pesquisa operacional e da análise de sistemas (Enserink, Koppenjan, Mayer, 2013).

Na década de 1980, pôde ser observada a publicação de manuais metodológicos para a análise racionalista de política pública (Dunn, 1981; Weimer e Vining, 1989). Durante o governo de Ronald Reagan, a entrega de relatório de análise de política pública foi alçada a requisito para aprovação de qualquer projeto de lei que implicasse custos para o governo federal. O objetivo era evitar a aprovação de projetos públicos que não passassem por uma análise custo-benefício, aprovando apenas aqueles em que os ganhos sociais superassem a expectativa de gastos públicos. Órgãos especializados proliferaram e o uso de análise de política pública espalhou-se pelos governos estaduais e municipais (Weimer e Vining, 2011). Também nos anos 1980 começou a se formar uma nova abordagem teórico-metodológica de análise de políticas públicas: a abordagem argumentativa. Inspirada em novas contribuições da filosofia e das ciências sociais, como o interpretativismo de Geertz (1973), a teoria do agir comunicativo de Habermas (1970) e a filosofia pragmática de Rorty (1982), a análise argumentativa passou a propor alternativas conceituais e metodológicas diferentes da análise racional, positivista e predominantemente quantitativa que vinha se cristalizando no campo.

A diversificação teórica e metodológica do campo ocorreu na década de 1990, com a chamada "virada argumentativa" (*argumentative turn*), em que muitos teóricos passaram a reivindicar modelos analíticos em um perfil pós-positivista, discursivo, argumentativo, narrativo, crítico, interpretativo e de construtivismo social (Fischer, Forester, 1993; Schneider e Ingram, 1993). Autores dessa vertente travaram fortes debates com os analistas de políticas públicas tradicionais-positivistas nos principais periódicos do campo, em especial no *Policy Studies Journal* de 1997 e no *Journal of Policy Analysis and Management*, em 1998. Entre os principais autores dessa vertente estão Fischer e Forester (1993), Durning (1999), Dryzek (1990), Roe (1994) e Yanow (2000).

Nos anos 2000, a divisão do campo entre correntes positivistas (racionalistas) e pós-positivistas (argumentativas) provocou o nascimento de comunidades epistêmicas separadas. Revistas científicas e congressos acadêmicos nasceram nos Estados Unidos e na Europa para abrigar debates teóricos dos pós-positivistas. O próprio conceito de política pública passou a ser rediscutido, quando correntes sociocêntricas surgiram para reformular a definição de política pública para além do Estado (Hajer, 2003; Aligica e Tarko, 2012), refutando a tradicional tese estadocêntrica. Foram publicados também os primeiros *handbooks*, ou seja, tratados literários escritos por múltiplos autores, em que cada capítulo versa sobre assuntos variados referentes à política pública, sua avaliação e análise: *Handbook of Public Policy Evaluation* (Nagel, 2001), *Oxford Handbook of Public Policy* (Moran, Rein e Goodin, 2006), *Handbook of Public Policy* (Peters e Pierre, 2006), *Handbook of Public Policy Analysis* (Fischer, Miller e Sidney, 2007), *Handbook of Critical Policy Studies* (Fischer, Torgerson, Dumová e Orsini, 2015).

Quanto aos dois principais modelos de análise, Andrews (2013) faz a distinção entre a tradição econômica, mais próxima do que se refere ao modelo racionalista, e a tradição sociopolítica, que tem relação com o modelo argumentativo/deliberativo. Se, por um lado, a análise racionalista de política pública sempre buscou moldar o mundo político à lógica científica e técnica, por outro, as análises argumentativas vieram para adaptar a produção do conhecimento de política pública à lógica política, para "ganhar mais conhecimento útil, temporal, e orientado à ação" (Enserink, Koppenjan e Mayer, 2013, p. 14).

O Quadro 1.3 resume os pontos de convergência e diferenças entre as duas abordagens de análise de políticas públicas.

QUADRO 1.3: ANÁLISE RACIONALISTA VS. ANÁLISE ARGUMENTATIVA

|  |  | Análise racionalista[2] | Análise argumentativa[3] |
|---|---|---|---|
| Elementos de convergência | Origem | Lasswell, *policy orientation*: normatividade, foco na resolução de problemas, multidisciplinaridade | |
|  | Objetivo da análise | Prescrever: informar os atores políticos para ampará-los na tomada de decisão sobre políticas públicas | |
|  | Produto da análise | Relatório de análise de política pública | |
| Elementos diferenciadores | Metodologia | Estruturada | Não estruturada (sensível ao contexto) |
|  | Epistemologia | Positivista | Interpretativista/ construtivista |
|  | Papel do analista | Analisar, sintetizar e fazer recomendações políticas | Mediar interesses, facilitar participação, ajudar os atores políticos a formular e expressar os seus argumentos |

Fonte: Elaborado pelo autor.

Como podemos observar, as duas vertentes são concordantes quanto a suas origens, objetivos e produto final. Os autores de ambas as correntes entendem seu papel prescritivo para a resolução de problemas públicos.

No entanto, os valores, métodos, produtos e destinatários da análise podem ser bastante diferentes. O modelo racionalista-empiricista construiu um "passo a passo" para a análise (Bardach, 2009), mas os teóricos do modelo argumentativo se

---

[2] Também é referenciada como análise tradicional (Durning, 1993; Schullock, 1999), análise convencional (Roe, 1994; Torgerson, 1986), análise racional (Regonini, 2001), análise empiricista (Weimer, 1998; De Leon 1998), análise neopositivista (Fischer, 1998), análise sistemática (Schultze, apud Lynn Jr., 1999).

[3] O que se costuma chamar de análise argumentativa de política pública compreende as correntes participativa (*participatory policy analysis* – Durning 1993; Fischer 1990), crítica (*critical policy analysis* – Forester, 1993; Dryzek, 2006), narrativa (*narrative policy analysis* – Roe, 1994) e interpretativa (*interpretive policy analysis* – Jennings, 1987; Torgerson, 1986; Yanow, 2000).

preocuparam mais em reforçar o debate teórico e epistemológico do que em construir uma "receita de bolo" metodológica. No modelo argumentativo, algumas iniciativas de estruturação metodológica até foram tentadas, como a metodologia Q (Brown, 1980; Durning, 1999) e *deliberative pooling* (Fishkin, 1991). No entanto, em razão de sua diversidade de correntes (narrativa, crítica, participativa etc.), os argumentativistas dependem da adaptação de métodos de pesquisa das ciências sociais. Outro motivo para essa falta de consolidação metodológica é que as análises argumentativas são naturalmente sensíveis ao contexto. Dessa maneira, o analista de política pública deve desenvolver sua capacidade crítica e adaptativa para observar o ambiente (que tipo de *policy*, que tipo de atores, grau de instrução, grau de institucionalização, legitimidade já construída etc.) a fim de desenvolver suas ferramentas analíticas próprias. Fechando o quadro de diferenças, os racionalistas esperam do analista o papel de investigação, análise, síntese e apontamento de recomendações de política pública, enquanto o analista pós-positivista é chamado a mediar interesses, facilitar a participação dos atores, auxiliando-os a formular e expressar seus argumentos.

Este livro foi estruturado na tentativa de conciliar as vertentes analíticas racionalistas e argumentativas de análise de políticas públicas, aproveitando tanto as vantagens da metodologia simples e didática e as ferramentas analíticas quantitativas da análise racionalista (positivista) quanto a vantagem da análise argumentativa, que é a adoção de métodos participativos e deliberativos que absorvem as perspectivas de uma pluralidade de atores.

## 1.5 O papel do analista de política pública

Com base nos ensinamentos de Dror (1971), Schulock (1999), Fischer (2003), Weimer e Vining (2011), pode-se extrair que a análise (prescritiva) de políticas públicas serve a algumas funções:

- Função informativa: diagnosticar um problema público, seu contexto, suas causas e consequências; prover informações úteis ao processo decisório; aconselhar o tomador de decisão a escolher a alternativa mais adequada.
- Função criativa: desconstruir entendimentos consolidados sobre problemas públicos e gerar alternativas de política pública utilizando criatividade estruturada.

+ Função argumentativa: fornecer e evidenciar argumentos para o embate político; mediar e dissolver conflitos políticos com processos argumentativos quanto a decisões políticas a serem tomadas.
+ Função legitimadora: gerar aceitação entre os atores sobre políticas públicas já formuladas; legitimar alternativas de política pública que ainda serão implementadas.

O analista é o ator técnico-político que realiza a análise de política pública, desempenhando totalmente ou em parte as tarefas de delimitação de problemas públicos, criação de alternativas, coleta de dados, tratamento e análise dos dados, organização e mediação de reuniões com outros atores políticos e grupos de interesse, elaboração de *policy reports* e estruturação da recomendação de política pública.

Segundo Mayer, Daalen e Bots (2013), os analistas de políticas públicas devem desenvolver as seguintes habilidades:

+ Pesquisar e analisar: coletar informações com pessoas e documentos e dar um tratamento analítico a elas.
+ Estruturar e recomendar: usar sua capacidade criativa para desenhar novas opções de políticas públicas adequadas ao contexto em análise e formalizar recomendações para os tomadores de decisão.
+ Aconselhar estrategicamente: o analista de política pública é o conselheiro do "príncipe", trazendo informações estratégicas para a tomada de decisão referente à política pública.
+ Clarificar valores e argumentos: auxiliar os governantes e cidadãos a mapear e evidenciar os argumentos favoráveis e contrários a uma alternativa de política pública.
+ Democratizar: criar espaços de debate para os diversos grupos sociais e cidadãos, trazendo conhecimento tácito e a experiência dos políticos, burocratas e destinatários da política pública para a democratização do *policymaking*.
+ Mediar: agir como facilitador dos debates em processos participativos, garantindo voz a todos.

As habilidades necessárias para um analista de política pública também variam de acordo com a abordagem. A análise racionalista exige do analista domínio das três primeiras habilidades citadas anteriormente: pesquisa e análise, estruturação e recomendação e aconselhamento estratégico. Nestas, são necessárias noções das técnicas de análise custo-benefício, análise custo-efetividade, prospecção de cenários e outras tantas técnicas para escrever relatórios com consistência e customização de linguagem (Enserink, Koppenjan e Mayer, 2013).

Se for adotada a via argumentativa, o analista de política pública deve desenvolver, principalmente, as outras habilidades: clarificar valores e argumentos, democratizar e mediar reuniões entre os atores políticos. Também deve ser capaz de propor argumentos para superar entraves decisionais, além de ser um facilitador e mediador entre grupos de pressão com crenças e interesses distintos (Enserink, Koppenjan e Mayer, 2013).

O analista de política pública situa-se na intersecção de dois papéis: educador (*"speaking truth to power"*) e consultor (*"giving the customer what he wants"*). Como educador, o analista de política pública é pró-ativo, busca fazer que o destinatário perceba a realidade de forma mais precisa e detalhada e busca passar alguns valores éticos para a política (por exemplo, democracia, igualdade, sustentabilidade etc.). Como consultor, o analista de política pública é reativo, busca adequar suas análises às necessidades do seu "cliente", de acordo com seus valores. O trabalho de análise, em geral, é uma expressão desse duplo papel do analista.

## 1.6  Onde trabalha o analista?

A análise de política pública é mais bem definida como atividade do que como uma profissão (Vaitsman, Ribeiro e Andrade, 2013). No Brasil, existem cargos e funções oficiais que levam o título de "analista de política pública", mas cujas funções são reduzidas a tarefas de rotina burocrática. Também existe um número considerável de servidores públicos e privados que, mesmo sem receber a designação formal de "analista de política pública", desempenham as tarefas de análise de política pública. Entre eles estão administradores, economistas, advogados, jornalistas, internacionalistas, sociólogos, antropólogos, *designers*, engenheiros, urbanistas, geógrafos, assistentes sociais, oceanógrafos, entre muitos outros.

A atividade de análise de política pública vem ganhando relevância e se institucionalizando a ponto de diversas organizações públicas e privadas terem criado cargos e carreiras com essa nomenclatura. No governo federal, temos os exemplos das carreiras de Especialista em Políticas Públicas e Gestão Governamental (EPPGG), Analista de Planejamento e Orçamento, Analista de Políticas Sociais, Analista de Finanças e Controle. Nos governos estaduais, as nomenclaturas variam: Especialista em Políticas Públicas, Analista em Gestão Administrativa, Gestor Governamental, Especialista em Políticas Públicas e Gestão Governamental (Bozza, 2011). Institutos de pesquisa em políticas públicas existem em 19 estados brasileiros ligados ao governo ou secretarias de planejamento e desenvolvimento (Filgueiras e Rocha, 2013). Municípios como São Paulo e Belo Horizonte também já contam com carreiras de analistas de políticas públicas.

O analista de política pública é facilmente encontrado em organizações como o Instituto de Pesquisa Econômica Aplicada (Ipea), a Fundação Getúlio Vargas (FGV), o Centro Brasileiro de Relações Internacionais (Cebri), o Instituto Liberdade, o Centro Brasileiro de Análise e Planejamento (Cebrap), a Fundação Instituto de Pesquisas Econômicas (Fipe), entre outros *think tanks*. Um exemplo de trabalho desempenhado nesse sentido é o estudo sobre o impacto do déficit previdenciário sobre as finanças públicas da União. O governo, os meios de comunicação e a sociedade precisam saber a situação atual do déficit previdenciário nacional, projetar os gastos previdenciários com base em mudanças demográficas e nas relações de trabalho e vislumbrar alternativas que possam inspirar uma reforma previdenciária. As funções e o cargo de analista de políticas públicas são comuns em organizações de pesquisa e recomendação de políticas públicas (*think tanks*).

A atividade de analista de política pública pode ser executada, mesmo que informalmente, pelo assessor parlamentar de um deputado federal que busca apresentar uma proposta legislativa para o controle da pesca marinha de espécies em perigo de extinção. Por exemplo, o deputado deseja propor uma legislação e delega ao seu assessor o trabalho de pesquisar sobre o tema, realizar encontros com grupos de interesse para entender as demandas, colher suas reações às propostas já existentes, compilar as informações em um relatório e redigir um esboço do projeto de lei. Nesse contexto, o assessor parlamentar está exercendo a atividade de "análise de política pública".

O analista de política pública pode ser aquele funcionário de uma organização não governamental (ONG) que tem assento no Conselho Estadual de Assistência Social e está preparando uma proposta de ação de recuperação de dependentes químicos. Esse funcionário pode estar mapeando os atores envolvidos com o tema, pesquisando os dados de dependência química e o histórico de ações de recuperação, organizando a próxima reunião do Conselho. Todas essas são tarefas de análise de política pública.

Também em relação a conselhos e processos participativos, muitos funcionários públicos e servidores em cargos em comissões municipais, estaduais e federais vêm assumindo funções de organização e mediação de reuniões. Desde a Constituição de 1988, o poder público desenvolveu um arsenal de espaços de participação cidadã, como os conselhos de política pública, as conferências nacionais, os orçamentos participativos e a elaboração coletiva de Planos Diretores (Carvalho e Teixeira, 2000; Pogrebinschi, 2010). O analista de política pública capacitado com técnicas de mediação e facilitação de processos consultivos, deliberativos e mapeamento de argumentos pode potencializar as chances de sucesso dessas reuniões.

O funcionário da Defesa Civil do município também é analista de política pública quando está em plena atividade de criação de alternativas para a desapropriação e o deslocamento de famílias residentes em áreas de risco de enchente. A Prefeitura e a Defesa Civil do município precisam prevenir prejuízos humanos e materiais derivados de enchentes, e é papel do funcionário/analista pesquisar alternativas experimentais em outros municípios, bem como elaborar soluções apropriadas para o contexto local.

Um jornalista bem capacitado com os elementos analíticos de política pública pode produzir reportagens investigativas, documentários, séries ou filmes para retratar um problema público ou apontar uma solução de política pública. Nesse caso, mais que apresentar o fato jornalístico, ele é solicitado a analisar os fatos e a sua valoração normativa.

Outras organizações que produzem conhecimento aplicado à política pública são as federações e confederações industriais, comerciais, agrícolas e de transportes, órgãos de pesquisa vinculados a centrais sindicais como o Departamento Intersindical de Estatística e Estudos Socioeconômicos (Dieese) (Boschi, 2013).

Embora mais voltadas para a disseminação de conhecimento que para a produção de conhecimento relevante para a decisão pública, as fundações vinculadas aos partidos políticos também são espaços para analistas de políticas públicas (Dantas Neto, 2013). Exemplos são a Fundação Perseu Abramo, a Fundação Teotônio Vilela, a Fundação João Mangabeira, a Fundação Milton Campos, a Fundação Ulysses

Guimarães, entre outras. Essas organizações trabalham vinculadas aos interesses, à ideologia e aos programas de seus partidos, mas cabe ao analista de política pública produzir publicações e recomendações de política pública que sejam suficientemente embasadas para que não sejam tachadas de folhetim partidário ou defesa de interesse corporativista.

As universidades também fazem análise de política pública (Secchi e Ito, 2014). Apesar de não receberem essa designação, bolsistas de iniciação científica, mestrandos, doutorandos e professores universitários fazem análise de política pública quando estão envolvidos em projetos de pesquisa aplicada que tenha como produto final recomendações objetivas para a mudança de alguma política pública específica. Sem dúvida, o perfil de pesquisa universitária em ciências sociais no Brasil é mais próximo da *policy research*. No entanto, já são visíveis os avanços da *policy analysis* em cursos de mestrado profissional e grupos de pesquisa nas áreas de planejamento urbano, saúde, educação e administração pública, que estão mudando o foco e o método de pesquisa voltada para a aplicação/recomendação prática, além de revisões do modelo de seus relatórios e dissertações para que sejam parecidos com um relatório de análise de política pública.

Em vários países do mundo, a função de analista de política pública já está institucionalizada nos governos, *think tanks* e órgãos multilaterais. O analista de política pública já assumiu papel estratégico em órgãos executivos e legislativos e organismos multilaterais como a Organização Internacional do Trabalho (OIT), a Organização Mundial da Saúde (OMS), a Organização Panamericana de Saúde (Opas), além de organismos como a Organização para Cooperação e Desenvolvimento Econômico (OCDE), o Banco Mundial e o Banco Interamericano de Desenvolvimento (BID). Analistas de políticas públicas formam grande parte do aparato funcional e gerencial nessas organizações.

Também no exterior, fora do âmbito governamental, o grande espaço de atuação de analistas de políticas públicas é o ambiente dos *think tanks*. Os *think tanks* são organizações especializadas em análise de políticas públicas (Stone, 2007; Teixeira, 2013). Segundo McGann (2014), existem 6.826 *think tanks* no mundo, sendo Estados Unidos, China, Reino Unido, Índia e Alemanha os países com maior número desses institutos de pesquisa, recomendação e políticas públicas. Exemplos de *think tanks* com forte influência sobre decisões governamentais são Brookings Institution,

Rand Corporation, Urban Institute, Chatham House, Transparência Internacional e Anistia Internacional.

Como visto, o analista de política pública possui muitas opções de atividade profissional. Ele pode trabalhar em organizações públicas, privadas, ONGs e órgãos multilaterais. Pode trabalhar com questões municipais, estaduais, nacionais ou até internacionais. O analista pode estar vinculado ao poder executivo, legislativo, judiciário, ao ministério público ou mesmo aos meios de comunicação. O que faz um analista de política pública não é o seu cargo, mas a atividade de reunir evidências e argumentos para a indicação de linhas de ação para a resolução de problemas públicos concretos.

## 1.7 Visão geral do livro

Este livro traz uma metodologia de análise de políticas públicas para auxiliar analistas e *policymakers* a diagnosticar problemas, gerar alternativas e recomendar políticas públicas.

Ao longo dos seus capítulos, o livro traz um passo a passo para quem quer diagnosticar problemas públicos e estruturar uma recomendação de política pública. Com exceção deste capítulo introdutório, que é dedicado à revisão teórico-conceitual e ao posicionamento da análise de políticas públicas no campo acadêmico das *policy sciences*, o restante do livro é metodológico, uma ferramenta prática para quem quer fazer análise prescritiva.

Cada capítulo traz indicações de "como" fazer análise de política pública, seja pela abordagem racionalista, seja pela abordagem argumentativa. Uma vocação contingencial permeia este livro, permitindo conciliar os métodos de acordo com a circunstância. Contingencialismo significa dependência de contexto e o analista deve escolher a abordagem mais adequada de acordo com o ambiente decisório.

## Análise das soluções pela abordagem racionalista

**Fluxo:** Análise do problema → Escolha da abordagem de análise → (Geração de alternativas → Definição de critérios e indicadores → Projeção de resultados) / (Organização da participação → Mediação da participação → Mapeamento dos argumentos) → Relatório de análise

## Análise das soluções pela abordagem argumentativa

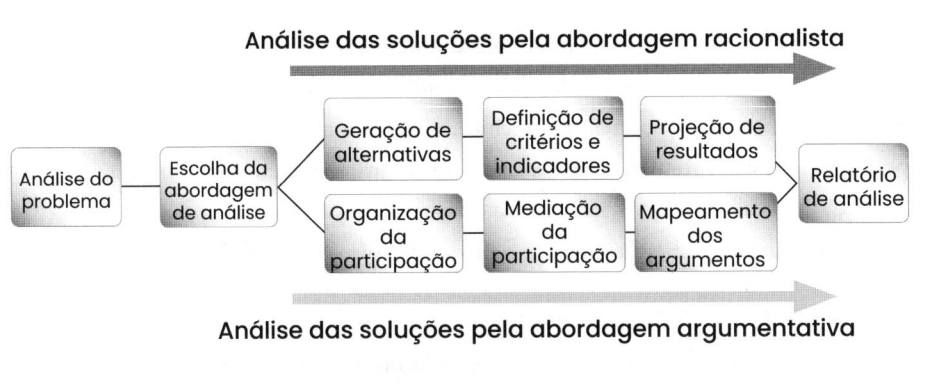

FIGURA 1.4: FLUXO DA METODOLOGIA DE ANÁLISE.

A Figura 1.4 apresenta o *fluxo* da metodologia de análise adotada por este livro. Conforme mostrado na figura, a metodologia inicia com a análise do problema (*problem analysis*). O Capítulo 2 é inteiramente dedicado à análise do problema público, que comporta:

- A percepção do problema: verificar se é mesmo um problema, se é público ou privado, se é passível de enfrentamento, se atende a padrões ético-morais requeridos em um trabalho de análise.
- O diagnóstico do problema: verificar a amplitude, a intensidade, a tendência e os contextos econômico, político, jurídico-legal e cultural que permeiam o problema.
- A definição do problema: separar causa, problema e consequência e formalizar por escrito o problema.

Tendo analisado o problema, segue-se para a escolha da abordagem mais adequada para a análise das soluções. O Capítulo 3 elucida as vantagens e desvantagens das duas abordagens. São também definidos critérios contingenciais que possam ajudar o analista nessa escolha, que incluem o tipo de problema (estruturado ou desestruturado), o nível de urgência (alta ou baixa), a necessidade de legitimação (alta ou baixa) e a habilidade dos potenciais participantes (concentrada ou difusa), o perfil do analista e a demanda daquele que encomendou o relatório.

Este livro também admite, e recomenda, que as abordagens racionalista e argumentativa sejam experimentadas e utilizadas simultaneamente. Se, no entanto, o analista tiver limitações de tempo, recursos financeiros e organizacionais para abraçar ambas, o livro aponta critérios para a escolha da abordagem mais adequada para chegar a uma recomendação de uma política pública tecnicamente consistente, socialmente sensível e politicamente viável. O Capítulo 3 também reconhece que a escolha da abordagem é mais política que técnica, visto que a forma de conduzir a análise pode influenciar sobremaneira a decisão e futura implementação da política pública.

O Capítulo 4 traz as ferramentas necessárias para a realização de análise de política pública pela abordagem racionalista. O capítulo é dividido em três partes:

- Geração de alternativas, em que são apresentadas ferramentas de geração estruturada de ideias, como o *benchmarking*, o *brainstorming*, o redesenho incremental, os métodos *Nudge* e as soluções genéricas. Também é ensinado ao analista de política pública como especificar cada solução para que componha o relatório de análise de política pública.
- Definição de critérios e indicadores, em que são apresentados os principais critérios para a escolha de alternativas de solução e como construir indicadores para escolha.
- Projeção de resultados, em que o leitor aprende a realizar a análise custo-benefício, a análise custo-efetividade e a análise de viabilidade política e de implementação.

No Capítulo 5, entra-se na outra abordagem de análise: argumentativa. Neste capítulo, o leitor é apresentado a uma série de técnicas para a realização de fóruns de política pública, buscando fazer com que as reuniões sejam participativas, plurais, criativas e atinjam o resultado esperado de formação de uma base de conhecimento necessário para a recomendação política. O capítulo é dividido em:

- Organização da participação, em que são apresentadas técnicas de planejamento e organização de fóruns de política pública, que incluem a definição dos objetivos, método e pauta da reunião, o convite aos participantes, a organização do espaço físico e *layout*, a organização dos tempos e papéis necessários para uma boa condução do ambiente participativo.
- Mediação da participação, em que são apresentadas quais tarefas operacionais e logísticas são necessárias para a condução de reuniões, além de técnicas de facilitação que tratam da linguagem adequada, da correta distribuição das tarefas, do registro da ata e da avaliação da reunião e do papel do analista em todo o processo.
- Mapeamento de argumentos, em que o analista é ensinado a sintetizar as intervenções dos participantes de um modo esquemático que facilite a recomendação de política pública e a redação do relatório de análise.

O Capítulo 6 é dedicado à estruturação do relatório de análise de política pública, instrumento pelo qual o analista entrega as recomendações para algum destinatário, que pode ser o político, governante, professor universitário ou qualquer ator individual ou coletivo que tenha solicitado o trabalho de análise de política pública. No Capítulo 6 é apresentada uma proposta de estrutura para a recomendação de política pública e são dadas orientações gerais quanto à utilidade, à linguagem e ao *design* adequados para relatos escritos, além de dicas para apresentações orais e elaboração de *press realease*.

Os anexos trazem dois exemplos de relatório de análise de política pública para que o leitor possa ter uma noção do produto da análise; um deles é mais aderente à análise racionalista e o outro, à análise argumentativa. Os exemplos foram escritos de maneira que interrelacionem os assuntos e a aplicação da metodologia, com comentários que auxiliam a compreensão da sua estrutura.

Ao fim de cada capítulo, dedicamos uma seção a exercícios de fixação para que o leitor possa:

1. Testar a apreensão do conhecimento sobre a metodologia apresentada.
2. Desenvolver o seu trabalho de análise de política pública, em situação real, de composição e entrega de um relatório de análise de política pública.

Como já debatido na introdução, este livro busca ensinar acadêmicos e profissionais (servidores públicos, políticos, assessores) a conduzir uma análise de política pública e "como" estruturar uma recomendação de política pública para que ela tenha mais chance de ser adotada e implementada na prática.

## 1.8 Exercícios de fixação

1. Qual é a relação entre problema público e política pública?
2. Qual é a diferença entre pesquisa descritiva e pesquisa prescritiva?
3. Para que serve um trabalho de análise de política pública?
4. Qual é a diferença entre análise e avaliação de política pública?
5. Qual é a diferença entre pesquisa de política pública (*policy research*) e análise de política pública (*policy analysis*)?

6. Escreva sobre os elementos que distinguem uma análise racionalista de uma análise argumentativa de política pública.
7. Quais são as habilidades requeridas de um analista de política pública?
8. Onde um analista de política pública pode encontrar trabalho?

**Para debate:**

a. Qual é a relevância da análise de política pública para a melhoria da administração pública no Brasil?
b. Qual é a relevância da análise de política pública para o aprofundamento da democracia no Brasil?
c. Que abordagem de análise de política pública você prefere adotar? Por quê?

# 2 Análise do problema

*Este capítulo trata da análise do problema* (problem analysis). *Ao final deste capítulo, o analista deverá ser capaz de:*

1. Descobrir se o problema analisado é mesmo um problema público.
2. Diagnosticar o problema, seus antecedentes e projetar tendências.
3. Definir o problema público.
4. Definir o objetivo que se busca atingir com a política pública.

A análise de políticas públicas serve para tratar problemas públicos. Analisar é separar em partes um fenômeno para conseguir entender o todo. Um problema público é a distância entre o *status quo* (situação atual) e o que deveria ser a realidade pública (situação ideal possível) (Sjöblom, 1984; Secchi, 2013), ou seja, é uma situação indesejada para a qual a coletividade vislumbra uma possibilidade de melhoria. Nas palavras de Dunn (1981, p. 98), problemas públicos "são valores, necessidades ou oportunidades não realizadas que, uma vez identificados, podem ser alcançados por meio de ação pública".

Observando a Figura 2.1, um problema público pode surgir em três situações:

1. Deterioração do *status quo*: quando o ambiente público sofre algum depauperamento ou trauma real, como a estagnação econômica nacional, a sonegação de tributos estaduais ou uma catástrofe natural.
2. Vislumbramento de uma oportunidade de melhoria: quando a situação ideal se afasta do *status quo* com uma melhoria, seja por um avanço na tecnologia, seja pela visualização de *benchmarks*, como o descobrimento de uma nova vacina ou a disseminação de um modelo de gestão pública que obteve sucesso em governos de outros países.

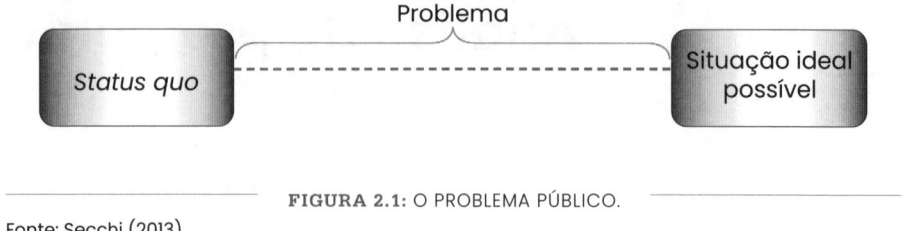

```
           Problema
    ┌─────────────────┐
Status quo ─────────── Situação ideal
                       possível
```

**FIGURA 2.1:** O PROBLEMA PÚBLICO.
Fonte: Secchi (2013).

3. Mudança na percepção das pessoas: quando não há mudanças objetivas no *status quo* nem na situação ideal, mas há mudanças na percepção intersubjetiva dos problemas, ou seja, na percepção compartilhada das pessoas do que é ou não é um problema público. Exemplos são a prática do *bullying*, que hoje está criminalizada, mas há anos era encarada com naturalidade nas escolas, e a defesa dos direitos dos animais, que avança a cada ano na consciência coletiva.

A identificação do problema público é a primeira fase do ciclo da política pública. Uma política pública nasce para fazer oposição a um problema público, seja ele objetivo (visível, palpável) ou socialmente construído. O trabalho de análise de política pública corresponde às fases iniciais do ciclo de política pública (veja Figura 2.2). A identificação do problema é geralmente feita pelos próprios grupos afetados, ou pelos meios de comunicação quando fazem denúncias de situações alarmantes ou de oportunidades de melhora, ou por qualquer indivíduo ou grupo que tenha sensibilidade pela causa. O trabalho de formação da agenda, ou seja, de propagação da percepção do problema para outros grupos da sociedade (formadores de opinião, meios de comunicação, políticos, governantes), eleva o problema público à condição de merecedor de intervenção pública. Se o analista de política pública recebeu a demanda de análise de política pública é porque um problema público foi identificado e entrou na agenda de algum ator político, seja ele o governante, o político, um grupo empresarial, um sindicato ou um meio de comunicação.

A expectativa de alguém que solicita um trabalho de análise de políticas públicas é que lhe sejam entregues recomendações para a tomada de decisão. Estamos, portanto, tratando das fases iniciais do ciclo de política pública (*policy cycle*): formulação de alternativas de política pública para enfrentamento de um problema identificado e que está na agenda.

ANÁLISE DO PROBLEMA 29

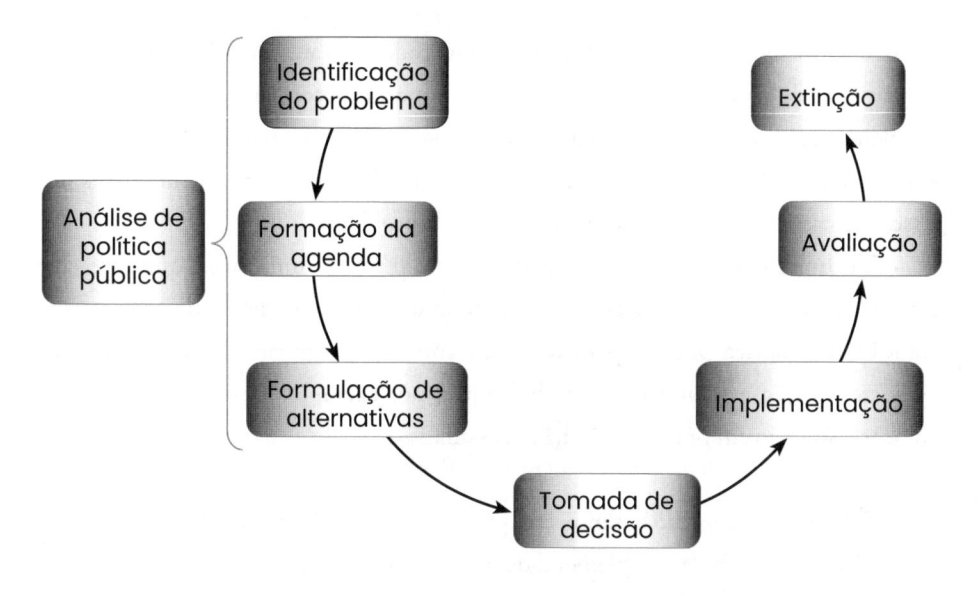

**FIGURA 2.2: A ANÁLISE DE POLÍTICAS PÚBLICAS NO *POLICY CYCLE*.**
Fonte: Adaptada de Secchi (2013).

O trabalho de análise de política pública se divide em duas etapas: análise do problema (*problem analysis*) e análise da solução (*solution analysis*). Neste capítulo, trazemos um passo a passo para a análise do problema público. O problema é entregue ao analista de política pública por algum "cliente" ou "destinatário da análise", que pode ser superior hierárquico, supervisor, professor, político, meio de comunicação, ONG ou governante.

O analista deve ser capaz de diferenciar problemas públicos e soluções. Problemas públicos são situações coletivas indesejadas segundo a percepção de atores relevantes. A solução ao problema público, sob o termo genérico de "política pública", é uma resposta elaborada para o enfrentamento do problema público.

Se alguém afirma que a falta de hidrantes nas ruas da cidade é um problema público, essa pessoa está confundindo problema com solução. Os hidrantes são terminais hidráulicos para bombeamento da água utilizada no combate a incêndios. Ou seja, são alternativas ao enfrentamento do problema de incêndios. Outras soluções concorrentes a esse problema público poderiam ser o aumento do tamanho das cisternas dos caminhões do corpo de bombeiros, aliados à distribuição de extintores químicos nos prédios e programas de prevenção de incêndios. O mesmo pode-se dizer sobre a construção de um hospital, a duplicação de uma rodovia, o aumento da taxa de juros e a instituição de concurso público, todas sendo respostas potenciais para os respectivos problemas públicos de falta de atenção médica na região, excesso de acidentes frontais entre veículos, elevada inflação e funcionalismo público eivado de patrimonialismo. Esses são casos típicos de soluções travestidas de problemas.

Idealmente, a análise prescritiva de política pública é uma tarefa que antecede a tomada de decisão. Ela serve para apontar uma recomendação de alternativa, solução, de política pública para o enfrentamento de um problema público. Se já existe solução evidente, como os hidrantes, por exemplo, o que está faltando é colocar a solução em prática. Não há necessidade de análise, mas apenas de decisão e implementação.

Existem situações, no entanto, em que o cliente já está convencido de qual alternativa deve ser escolhida e implementada, mas necessita de análise de política pública para que se construa embasamento técnico ou político, para fins de legitimidade e força argumentativa. A estrutura da recomendação da política pública será a mesma apresentada ao final deste livro, com diagnóstico do problema, definição do problema público, projeção de resultados e recomendação. Essa reversão de sentido, apesar de contraditória com o ciclo de política pública, é bastante usual no pragmatismo político das democracias e recebe o nome de método da lata do lixo (Cohen, March e Olsen, 1972) ou método dos fluxos múltiplos (Kingdon, 1984) de tomada de decisão, em que as soluções aparecem mesmo antes de haver um problema público identificado.

O ator que solicita a análise de política pública espera que o analista seja capaz de entregar recomendações para a tomada de decisão, trazer argumentos para a defesa de uma alternativa, gerar ideias criativas para o enfrentamento de um problema, mediar processos participativos na busca de consenso, ou estruturar uma proposta de política pública tecnicamente consistente, socialmente sensível e politicamente viável. Cada ator tem sua necessidade e a análise de política pública possui um conjunto de ferramentas para cada uma dessas tarefas.

# ANÁLISE DO PROBLEMA

## 2.1 Antes de começar

Uma das primeiras perguntas que o analista de política pública deve se fazer é se aquilo que lhe foi solicitado é realmente um problema, ou seja, se há uma discrepância entre o *status quo* e a situação ideal possível. Muitas vezes as demandas que chegam até o analista tratam de questões pontuais, temporárias ou sem relevância. Existe um ditado na língua inglesa que diz: "*If it ain't broke don't fix it*" (se não está quebrado, não conserte). Por isso, a pergunta a seguir é essencial para o início dos trabalhos:

*Esse é mesmo um problema?*

Fazer essa pergunta equivale ao médico perguntar-se "Será que esse paciente está realmente doente?". Como nos casos de saúde, existem pessoas que avaliam mal os seus problemas, que são incapazes de hierarquizá-los, ou que são verdadeiros "hipocondríacos" (percebem problema onde não existe). Se o analista perceber que não se trata de um problema, o trabalho de análise de política pública pode ser encerrado ou negado.

A segunda pergunta refere-se à distinção entre problemas públicos e privados. Como visto, os valores construídos socialmente têm um grande papel na diferenciação entre problemas públicos e problemas privados. Isso significa dizer que os atores de uma comunidade política constroem um entendimento razoavelmente compartilhado sobre o que é público ou privado. Em alguns países, como na Coreia do Norte comunista, um problema na qualidade e escassez de sorvete pode ser classificado como problema público, enquanto na maioria dos países capitalistas ocidentais esse é um problema privado, resolvido pelo mercado. Em muitos países, a opção religiosa das pessoas é um problema privado, enquanto em Estados teocráticos existe uma religião oficial e obrigatória a todos, pois se entende que opção religiosa é um problema público.

O compartilhamento no entendimento dos problemas públicos pode acontecer também nos níveis subnacionais, em classes ideológicas, territoriais, de classes sociais ou de faixas etárias. Por exemplo, para pessoas de ideologia de esquerda, as relações trabalhistas devem ser reguladas e protegidas pelo Estado, enquanto pessoas de direita pregam que salários, jornada de trabalho, benefícios sociais deveriam ser livremente negociados entre patrões e empregados.

Mas quando descemos para o nível individual é que as coisas complicam ainda mais. Cada pessoa tem opinião mais ou menos formada sobre diversos assuntos públicos e classifica problemas públicos e problemas privados de acordo com seu ponto de vista. Essas opiniões variam ao longo do tempo, por meio de aprendizado, influência externa ou mesmo mudança de interesses. Algumas pessoas confundem-se egoisticamente nessa tarefa de classificação de problemas, atribuindo a etiqueta de "público" aos seus próprios problemas e atribuindo a etiqueta de "privado" aos problemas dos outros. Um deputado estadual preocupado com o desemprego de seu sobrinho pode buscar encaixá-lo em um cargo no governo, ao mesmo tempo que, em tribuna, condena a atitude do governador por haver dado benefício fiscal "privatista" para a implantação de uma empresa automotiva.

Qualquer solicitação de análise de política pública que chega até as mãos do analista virá com roupagem de problema público. Mas, antes de se engajar em um trabalho de análise de política pública, o analista deve se perguntar:

*Esse é um problema público?*

Se a resposta a essa pergunta básica for "não", a rigor, inexiste necessidade de realização de um trabalho de análise de política pública. Em uma sociedade minimamente racional, problemas públicos são resolvidos com política pública e problemas privados são resolvidos individualmente pelas pessoas.

Levar a sério essa pergunta e interromper intenções privadas travestidas de intenções públicas pode salvar muita energia do analista de política pública e economizar muitos recursos públicos com decisões mal tomadas, implementações desvirtuadas e consequências inesperadas em anos de aplicação de "políticas públicas" que estavam resolvendo problemas privados.

A terceira pergunta que o analista de política pública deve fazer antes de engajar-se no diagnóstico e na definição do problema é:

*Esse é um problema que pode ser enfrentado?*

Conceitualmente, um problema só existe se houver uma situação ideal que possa ser alcançada (Dunn, 1981; Sjöblom, 1984). "Se não há solução, não há problema", dizem. Se a situação ideal é impossível, inalcançável ou os custos são tão grandes que inviabilizam qualquer solução, não existe tanta necessidade de investir em um trabalho de análise. Em outras situações, o problema pode até ter potencial de resolução, mas depende de forças ou competências legalmente estabelecidas fora da jurisdição de análise – como o caso de um vereador que percebe o problema da lentidão dos processos licitatórios no seu município, cuja competência legislativa pertence ao nível federal. O analista de política pública deve, portanto, realizar uma breve avaliação do potencial de tratamento dentro dos recursos e das competências disponíveis pelo ator político ou instituição.

A pergunta derradeira que o analista deve fazer é relacionada com a ética da análise de política pública. A análise de política pública é uma ferramenta e, como tal, pode servir a qualquer tipo de interesse. Dilemas éticos podem aparecer em casos extremos, como soluções "eficientes" para o genocídio, ou em casos corriqueiros como de um prefeito que solicita ao analista de política pública a organização de rodadas de audiência pública para "elaboração popular" do Plano Diretor, quando, na verdade, já existe uma proposta de Plano Diretor bem madura e pronta para beneficiar certos grupos econômicos que ajudaram a financiar a campanha do próprio prefeito. Cabe ao analista de política pública perguntar-se:

*Estou disposto a engajar-me nessa análise?*

Existem inúmeras situações em que o analista é solicitado a tratar temas que subvertem princípios de dignidade e justiça. Existem outras tantas situações em que o analista é solicitado a "provar" que a solução predileta daquele que encomendou a análise é a alternativa que melhor representa o interesse público. Será o freio ético do analista que dará a resposta a essa pergunta.

Consolidando as quatro perguntas anteriores, o analista pode fazer uma *check list* para verificar se vale a pena engajar-se no trabalho de análise.

- ✓ Esse é mesmo um problema?
- ✓ Esse é um problema público?
- ✓ Esse é um problema que pode ser enfrentado?
- ✓ Estou disposto a me engajar nessa análise?

} SIM OU NÃO?

FIGURA 2.3: PERGUNTAS BÁSICAS DE PRÉ-ANÁLISE.

Problemas públicos que tenham passado positivamente pelo escrutínio dessas quatro perguntas devem ser levados a sério e são merecedores de um trabalho de análise de política pública.

> **EXEMPLO: O VEREADOR E OS POMBOS NA PRAÇA:**[1]
>
> Um vereador de sua cidade sabe que você é um analista de política pública e lhe envia um recado pedindo ajuda para solucionar um problema que ele considera relevante. No recado está escrito: "Preciso falar com você amanhã. Nosso município precisa de uma lei que proíba as pessoas de alimentarem os pombos na praça da igreja. Esse é um problema público! Você pode me ajudar a elaborar o projeto de lei?".
>
> Após ler o recado, você começa a fazer algumas reflexões típicas de analista de política pública:
>
> 1. Esse é um problema público ou problema privado?
> 2. Esse é um problema ou uma falta de implementação de solução?
> 3. A falta de uma lei é realmente um problema?
> 4. Por que alimentar os pombos é um problema?
> 5. Por que os pombos são um problema?
> 6. Por que esse vereador está preocupado com tudo isso?
>
> Essas perguntas são intrigantes e mostram que você não tem algumas informações essenciais para iniciar o trabalho. A primeira pergunta é difícil de responder. Analisando o problema superficialmente, ele parece ser público – relacionado aos pombos da praça. Mas a conversa do dia seguinte é que sanará essa dúvida.
>
> A segunda pergunta é mais fácil: a existência ou inexistência de uma lei desse tipo, que é uma política regulatória sobre comportamento no espaço urbano. Não se trata de um problema, mas sim de uma alternativa de solução a um problema. Por alguma razão, o vereador acredita que uma lei seja a alternativa mais eficaz para a resolução do problema.
>
> ---
> [1] Exemplo adaptado de Secchi e Schüür (2013).

Com relação à terceira pergunta, você cogita: "O vereador pode estar partindo do pressuposto de que alimentar os pombos gera um hábito de retorno dos pombos para a praça da igreja. Será que os pombos voltam mesmo para a praça da igreja porque os cidadãos jogam pipocas e salgadinhos para eles? Ou, ainda, o vereador pode estar partindo do pressuposto de que esse tipo de alimentação prejudica a saúde dos pombos e isso precisa ser evitado".

Pensando na quarta pergunta, você reflete: "Será que o político se incomoda com a sujeira oriunda das penas e fezes dos pombos? Será que o político se incomoda com as doenças derivadas das fezes? Será que o político acha feio que os pombos fiquem na praça?" Uma coisa é certa: está implícito no raciocínio do vereador que alimentar os pombos atrai pombos para a praça da igreja, e isso o incomoda.

Você então percebe que "lei antialimentação de pombos" é apenas um aspecto superficial de toda a questão. Abrindo um editor de texto no computador, você cria uma tabela e começa a digitar algumas hipóteses do problema público e suas alternativas potenciais de solução:

| Problema público | Alternativas de solução |
| --- | --- |
| Os pombos são o problema público. Eles geram várias consequências negativas para o espaço urbano em termos de saúde pública, problemas estéticos, sujeira nas roupas e sapatos dos cidadãos. | – Indicar para a Prefeitura que os funcionários da Secretaria Municipal de Obras façam o extermínio semanal dos pombos na praça da igreja.<br>– Criar um programa de castração química dos pombos, impedindo sua reprodução.<br>– Criar um sistema de recompensa monetária para pessoas que capturarem pombos e os trouxerem ao centro de zoonose da Prefeitura. |
| Os pombos não são o problema. O problema são as fezes dos pombos, que geram várias consequências tanto à saúde pública quanto para roupas e sapatos das pessoas que ficam sujas. | – Indicar para a Prefeitura que seja intensificada a limpeza periódica da praça da igreja. |
| Nem pombos nem fezes são os problemas. O problema é um vírus transmitido pelas fezes dos pombos que pode ter consequências negativas para a saúde pública. | – Criar um programa de vacinação dos pombos contra o vírus. |

| Problema público | Alternativas de solução |
|---|---|
| O problema é que pipocas e salgadinhos são alimentos gordurosos, que geram consequências negativas para a saúde desses pobres animais. | – Criar uma legislação que proíba as pessoas de alimentarem os pombos na praça da igreja **(a alternativa inicial do vereador)**.<br>– Indicar que a Prefeitura disponibilize milho tratado para que os cidadãos possam alimentar corretamente os pombos.<br>– Fazer uma campanha de conscientização, com inserções em rádio e com placas próximas à praça, informando sobre os danos das pipocas e salgadinhos à saúde dos pombos. |

No dia seguinte, você encontra o vereador para melhor entender o que está acontecendo. Ele relata que há tempos vem pensando na questão dos pombos na praça, que sempre o incomodou por ele não gostar dos animais. Além disso, na semana anterior ele foi procurado por duas senhoras aposentadas que vieram reclamar da mesma coisa e que uma delas tem alergia às penas de pombos. Confessa que está com medo de não se reeleger, pois não apresentou muitos projetos para a Câmara, e que ouviu queixas de seus eleitores de que o vereador está "muito parado". Concluindo o relato, o vereador avalia que um projeto de lei como esse iria dar uma boa repercussão para a sua imagem, ainda mais por essa questão dos pombos estar localizada na praça da igreja, que todos frequentam.

Com essas informações, você conclui que:

1. O problema é privado do vereador (mostrar serviço) e das senhoras aposentadas (alergia).
2. O problema por ele apresentado é apenas uma das possíveis alternativas de soluções para o problema dos pombos.
3. Outras tantas alternativas de solução são possíveis para o problema. A criação da tal lei talvez não seja a alternativa mais eficiente e eficaz.
4. Aquela tabela que você desenhou, com hipóteses de problemas e soluções, está incompleta. O que realmente acontece é que o vereador está preocupado em ganhar capital político, mas não tem ideia de projetos de lei sensatos para apresentar.

Após pensar com calma, você diz:

"Sr. Vereador, não me leve a mal. Acredito que não seja o melhor caminho criar um projeto de lei voltado para a regulamentação da alimentação de pombos na praça. Isso vai consumir tempo do senhor e dos seus colegas vereadores para a avaliação da matéria. Também exigirá um mecanismo de fiscalização e multa para os infratores, o que também trará sérios problemas de implementação pela Prefeitura. Além do mais, criar restrições às liberdades individuais ao programa de domingo das famílias e das crianças que brincam com os pombos na praça da igreja é uma medida antipática e pode até mesmo gerar repercussões negativas para a sua vereança.

Para o problema privado das duas senhoras, aconselho conversar com elas e recomendar que comprem aquelas máscaras cirúrgicas, ou que procurem orientação médica para conseguirem aqueles *sprays* nasais antialérgicos.

Para o seu problema privado, de falta de demonstração de atividade legislativa, recomendo que o senhor dedique tempo e esforço para resolução de um verdadeiro problema público: a falta de saneamento básico lá do seu bairro. Aliás, nesse sentido, faço questão de ajudá-lo fazendo a análise do problema, encontrando alternativas de soluções e elaborando um projeto para captação de recursos do governo federal para esse fim. Tenho certeza de que isso trará mais consequências positivas para a cidade e para a sua própria atividade parlamentar."

O exemplo anterior buscou explicar a relevância de um diagnóstico de problema público. A área de análise de políticas públicas (*policy analysis*) é conhecida como a ciência que fala a verdade ao poder (*speak truth to power*), mais ou menos similar ao analista que falou a verdade ao vereador.

A superficialidade na apresentação de um problema público esconde vários detalhes, interesses e interpretações conflitantes. Bardach (2009) chama essa superficialidade de "*issue rethoric*", ou seja, retórica em torno do problema. Essa retórica pode ser encontrada na documentação oficial do governo, em um pronunciamento à população ou em uma reportagem jornalística. Algumas vezes – raras, talvez –, essa retórica traz com exatidão o retrato do problema. Mas é importante que o analista não se impressione e busque entender as diversas interpretações dos demais atores envolvidos com

Retórica | Versão oficial | Superfície

Interpretação dos vários atores | Subsolo

Interpretação do analista | Profundidade

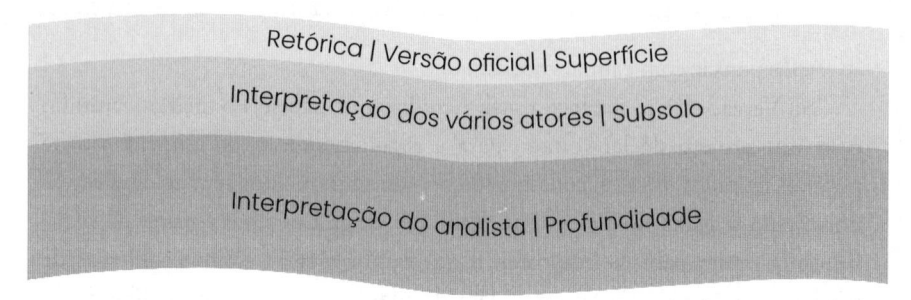

Fonte: Adaptada de Secchi e Schüür (2013).

FIGURA 2.4: NÍVEIS DE INTERPRETAÇÕES DO PROBLEMA.

o problema. Essas interpretações dos vários atores são geralmente autointeressadas e também insuficientes para entender a essência do problema. A Figura 2.4 ilustra que o analista deve ser capaz de "cavar" a realidade. Ultrapassar os elementos superficiais (retórica oficial), ultrapassar as interpretações dos vários atores envolvidos, para então concluir com uma interpretação fundamentada sobre a essência do tema em questão.

Se o analista de política pública não estiver preparado para fazer um bom diagnóstico do problema, pode acabar perdendo seu tempo e esforço tentando consertar os problemas errados, ou ainda, falsos problemas. O analista de política pública corre sempre o risco de apontar soluções certas para os problemas errados (Dunn, 1981). O exemplo do vereador e dos pombos na praça é simples e caricato, mas revela a dramaticidade de muitos (senão todos os) municípios brasileiros. Se extrapolarmos esse exemplo para todos os setores de política pública e para todos os níveis de governo, fica evidente o quanto a sociedade paga e sofre com problemas públicos mal diagnosticados, políticas públicas mal elaboradas e implementadas que se perpetuam nas ações legislativas e executivas. Cabe ao político e ao analista de política pública evitar que isso aconteça.

### 2.1.1 O passo a passo da análise do problema

A primeira etapa do processo de análise de política pública é a análise do problema, dividida em: 1. diagnóstico do problema; 2. definição do problema; 3. definição do objetivo. Estas são partes integrantes do relatório de análise de política pública.

O diagnóstico de um problema público é o trabalho analítico de identificação do problema público, sua amplitude, intensidade, seu contexto, suas causas e consequências e seu potencial de tratamento.

A definição do problema consiste em formalizá-lo, ou seja, sintetizar em uma frase a sua essência para que seja compreensível para todos os atores do processo de política pública. Uma definição precisa do problema permite que os atores envolvidos possam ter uma homogeneidade de entendimento, tornando possível assim uma comunicação efetiva e um pensamento concentrado com relação às possíveis soluções.

A definição do objetivo consiste em delimitar o que se pretende alcançar com a política pública, seja a extinção ou a diminuição do problema, suas causas ou consequências. O objetivo ou objetivos também auxiliam na escolha da alternativa de política pública mais recomendada.

## 2.2 Diagnóstico do problema

O diagnóstico do problema contém quatro passos:

1. Diagnóstico do contexto: origem do problema e histórico, análise política, econômica, sociocultural e jurídico-legal.
2. Diagnóstico da amplitude: quantas e quais pessoas são ou serão atingidas.
3. Diagnóstico da intensidade: intensidade absoluta ou relativa do problema.
4. Diagnóstico de tendência: variação diacrônica do problema, verificando o passado e projetando o futuro.

### 2.2.1 Diagnóstico do contexto (origem do problema e histórico, análise política, econômica, sociocultural e jurídico-legal)

Os problemas públicos geralmente estão inseridos em contextos mais amplos. Analisar o contexto do problema significa analisar a sua origem, o seu histórico e o seu quadro atual. Um problema público que se torna evidente na atualidade é geralmente reflexo do passado. O analista deve, portanto, buscar informações sobre as origens do problema.

A seguir, indicamos algumas perguntas que podem auxiliar no desvendamento da origem e do histórico:

- Quando o problema começou a ser percebido?
- A questão é relacionada a um problema (escassez, excesso, risco) ou a uma oportunidade de política pública (mudança na tecnologia, mudança em formas organizacionais, sentenças judiciais, iniciativas de outros governos, ação de organizações não estatais, financiamentos abertos etc.)?
- Quais acontecimentos deram ênfase ao problema (notícias nos meios de comunicação, declaração de atores políticos, mobilização cidadã, *lobbies*, congressos acadêmicos, seminário político-profissional)?
- Esse problema é similar em outros países, estados, municípios ou em outras áreas de políticas públicas?
- Como o problema se desenvolveu ao longo do tempo? Quais foram os pontos de inflexão (aumento ou esvaziamento)?
- Quais foram as tentativas de enfrentamento já realizadas? Por que essas tentativas falharam?
- Quais evidências houve de inação governamental ou de outros atores?
- Como foi evoluindo a gravidade do problema ou das suas consequências (dados estatísticos ou relatos qualitativos)?

Perceba que a análise da origem e da história remete muito à capacidade de pensamento e escrita jornalística. Em síntese, o analista deve conseguir entender e escrever a evolução da situação estudada descrevendo o que (o problema público ou a oportunidade de política pública), quando (origem, fases, análise temporal), onde (análise institucional, geográfica), quem (atores envolvidos), como (estilos, relações), por que (justificativas, causas), quanto (utilização de recursos). Não necessariamente todas as perguntas devem ser respondidas, mas elas podem ajudar a destrinchar aquela complexidade aparente do problema público. As perguntas indicadas também não são exaustivas, e cada contexto exigirá outras perguntas realizadas e respondidas de forma criativa.

Um bom instrumento para sintetização da origem e contextualização histórica é o uso de linha do tempo, na qual são inseridos os pontos-chave de mudança legal, novas políticas públicas, eventos que originaram e agravaram o problema. Na Figura 2.5 é apresentado um exemplo de linha do tempo:

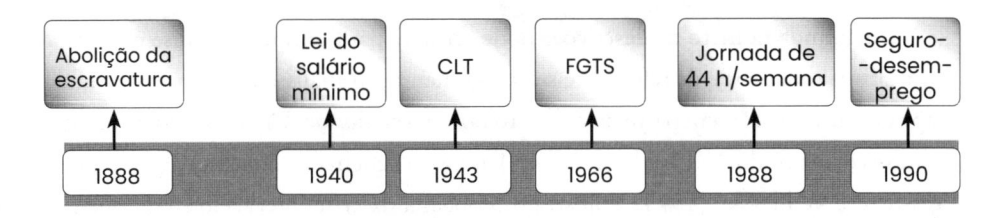

| 1888 | 1940 | 1943 | 1966 | 1988 | 1990 |
|---|---|---|---|---|---|
| Abolição da escravatura | Lei do salário mínimo | CLT | FGTS | Jornada de 44 h/semana | Seguro-desemprego |

FIGURA 2.5: LINHA DO TEMPO DOS DIREITOS TRABALHISTAS NO BRASIL.
Fonte: Adaptada de Senado (2013).

*Análise política*

A análise política trata da descrição dos atores envolvidos com o problema público, suas relações com os problemas, suas perspectivas, seus interesses e seu senso de urgência. Atores políticos são sujeitos individuais ou coletivos que agem intencionalmente na arena política (Secchi, 2013). Exemplos de atores individuais são os políticos, burocratas, juízes; exemplos de atores coletivos são os órgãos públicos, as associações, os partidos, as empresas, os sindicatos, os meios de comunicação, os grupos de interesse (formais e informais).

Para um bom retrato do contexto político, algumas perguntas devem ser respondidas pelo analista de políticas públicas:

- Quem foram os atores que levantaram o problema e fizeram força para que ele ganhasse relevância? Que papel ou relação eles nutrem com o problema?
- Quais atores estão negando o problema? Que papel ou relação eles nutrem com o problema?
- Quais são os interesses contrastantes que motivam os atores?
- Quais são as crenças e os valores contrastantes entre os atores?
- Quais recursos políticos, técnicos, financeiros, organizacionais e de tempo os atores possuem?
- Quantas e quais coalizões de atores foram formadas? Que demonstrações de organização e atuação conjunta podem ser percebidas?
- O que os atores ganham ou perdem com a manutenção do *status quo* ou com a sua alteração?
- Por que até hoje esse problema não foi solucionado politicamente?

Um grande número de descrições pode ser feita para compor a análise política. Por motivos didáticos e de reforço de seus argumentos, o analista pode construir um mapa de atores que fazem parte do contexto político analisado. Um exemplo de mapa de atores é mostrado no Quadro 2.1, com base em esquema de análise proposto por Pressman e Wildavsky (1973), e ilustra o problema da crise internacional da queda dos preços do café (Quilan, Gómez-Ibañez e Bok, 2004).

QUADRO 2.1: MAPA DE ATORES DA CRISE DO PREÇO DO CAFÉ MUNDIAL

| Ator | Relação com o problema | Perspectiva e interesse |
|---|---|---|
| Produtores do Vietnã | Grande produtor de café robusta de média qualidade | Responsáveis pelo aumento da oferta. Interesse na alta do preço. |
| Produtores da Costa Rica | Grande produtor de café arábica de alta qualidade | Responsáveis pelo aumento da oferta. Desrespeitam as cotas do acordo mundial do café. Interesse na alta do preço. |
| Produtores da Colômbia | Grande produtor de café arábica de alta qualidade | Respeitadores das cotas do Acordo Internacional do Café. Interesse na alta do preço. |
| Produtores do Brasil | Grande produtor de café arábica de média qualidade | Responsáveis pelo aumento da oferta. Interesse na alta do preço. |
| Estados Unidos | Maior consumidor mundial de café | Desejam e agem a favor da queda do preço. |
| União Europeia | Maior bloco econômico importador de café | Deseja e age a favor da queda do preço. |
| Organização Internacional do Café | Organização que congrega países produtores e países consumidores de café | Busca ativamente influenciar a alta do preço do café por meio de acordos, campanhas e *lobby* governamental. A crise do preço do café prejudica a coesão dos associados (países produtores e países consumidores). |
| Starbuck's Coffee | Rede de cafeterias | Deseja preços baixos. |
| Pete's Coffee | Rede de cafeterias | Deseja preços baixos. |
| Phillip Morris | Empresa torrefadora | Deseja preços baixos. Mistura café arábica e robusta, aumentando a competitividade entre produtores. |
| Nestlé | Empresa torrefadora | Deseja preços baixos. Utiliza robusta para café instantâneo. |
| Banco Mundial | Banco de empréstimo multilateral | Prega o equilíbrio entre oferta e demanda. Possui outras prioridades e a questão do café é irrelevante. |

continua

continuação

| Ator | Relação com o problema | Perspectiva e interesse |
|---|---|---|
| Banco Interamericano do Desenvolvimento | Banco de fomento ao desenvolvimento | Propõe campanhas promocionais para o consumo do café. |
| Oxfam | ONG internacional de combate à fome | Atua na valorização dos preços do café para a sustentabilidade econômica dos produtores de países pobres. |
| Technoserve | Empresa de consultoria especializada em desenvolvimento rural | Realiza análise da crise do café e gera recomendações de política pública, contratada pela Organização Internacional do Café. Possui urgência por causa dos prazos para entrega do relatório sobre a crise do café. |

Fonte: Elaborado pelo autor.

Existem muitos *softwares* e aplicativos gratuitos disponíveis na internet para mapeamento de atores e visualização gráfica de redes sociais, tais como Gephi, libSNA, NetLytic, NetworKit, Visone, Socioviz e Social Network Visualizer.

*Análise econômica*

A análise econômica do problema refere-se aos custos diretos e indiretos que podem ser assumidos pelo governo ou distribuídos pela sociedade ou grupos. A análise econômica do problema também refere-se aos custos de oportunidade, ou seja, quanto governo e sociedade estão deixando de ganhar em tributos ou outras formas de ingressos financeiros por causa da falta de ação ou de enfrentamento do problema. O analista de política pública pode considerar as seguintes perguntas:

- Quais são os custos do problema para o governo?
- Quais são os custos do problema para a sociedade?
- Como estão distribuídos os custos entre os atores?
- Caso se trate de uma oportunidade (solução não implementada), quanto estado e sociedade estão deixando de ganhar pela falta de ação (custos de oportunidade)?

*Análise jurídico-legal*

A análise jurídico-legal refere-se às leis ou interpretações judiciais que envolvem o problema público em análise. Em geral, um problema público não é inédito nem está desconectado de outras áreas de política pública. Portanto, legislações indiretas podem afetar o problema ou mesmo ser as causadoras do problema. Problemas de falhas de implementação da legislação pertinente também podem ser considerados nessa parte da análise. Algumas perguntas de orientação são:

- Que legislação federal, estadual ou municipal, decretos, portarias ou outros instrumentos regulatórios envolvem o problema? O que preveem tais regulamentações?
- Que interpretações judiciais foram dadas para casos excepcionais?
- De que forma a legislação está sendo implementada pelos órgãos competentes ou pelos destinatários da política pública? Há desvios de implementação? Quais são os motivos desses desvios?

*Análise sociocultural*

A análise sociocultural trata da verificação das instituições informais, ou seja, os hábitos, costumes, estilos e barreiras culturais que fazem que o problema se acentue. Para a realização da análise cultural, é necessário que o analista consiga abstrair-se, ou seja, que tente isolar sua própria visão, formação, sua tendência político-ideológica, seus pressupostos culturais e seus preconceitos para que não contaminem os resultados da análise. Abstrair é esforçar-se para que a própria análise não seja contextual, mais sim que venha iluminada por uma visão mais ampla do contexto. Algumas perguntas são úteis nesse processo:

1. Qual é o comportamento das pessoas diante do problema?
2. Que estratégias os atores afetados usam para driblar o problema?
3. Que tipo de fenômeno social envolve o problema?
4. Que barreiras culturais, hábitos e costumes influenciam o comportamento dos atores no problema?
5. Em que diferem os sintomas do problema nesse contexto em comparação a outros países, estados, municípios?

Não há necessidade de separar a contextualização histórica nas categorias supramencionadas. As dimensões política, econômica, jurídica e sociocultural são apenas indicativas para iluminar o processo de análise. Outras dimensões do contexto do problema podem aparecer e ser relevantes, como a tecnológica, a ambiental e a afetiva. Outras perguntas ou categorias podem e devem ser elaboradas de acordo com o caso específico.

### 2.2.2 Diagnóstico da amplitude do problema

Como já visto, existem problemas privados e problemas públicos. Um problema privado é aquele que acomete uma pessoa, organização ou grupo limitado de pessoas, e (ainda) não conseguiu força política para ser enquadrado como problema público. Um problema é público se consegue sensibilizar muitas pessoas e ganhar a atenção dos atores políticos, dos meios de comunicação e da sociedade. Um problema deixa de ser privado e passa a ser público quando afeta uma quantidade ou qualidade notável de pessoas (Secchi, 2013).

Por quantidade entende-se número ou proporção de pessoas de uma comunidade política. Quanto maior o número ou proporção de pessoas afetadas pelo problema, maior chance de ele ser visto como "público". Essa afirmação, apesar de intuitiva, não é regra. Em um pequeno município, o perigo de desmoronamento de uma encosta pode ser entendido como problema público, mesmo que afete apenas dez famílias. Nos Estados Unidos, até recentemente, não existia política de atenção pública e universal à saúde da sua população de mais de 300 milhões de habitantes.

Por essas questões, a definição de problema público também depende da "qualidade" das pessoas, no sentido de força política. Alguns grupos, mesmo que numerosos, não possuem voz política por falta de recursos ou capacidade organizacional. Exemplo destes são os aposentados. Outros atores, mesmo que individuais ou numericamente pequenos, possuem força política e conseguem influenciar a definição de problemas públicos e a formação da agenda governamental. Nesse grupo estão os próprios políticos, os banqueiros e os meios de comunicação.

Categorias numerosas e com força política, como os trabalhadores ou os empresários, são as que têm mais condições de delimitar os problemas públicos. Já as categorias pouco numerosas e com pouca força política, como os portadores de deficiência, tendem a ficar à margem do processo de identificação de problemas de caráter geral. As perguntas-chave para a análise da amplitude do problema são:

1. Quantos e quais atores são atingidos pelo problema no momento?
2. Quantos e quais atores correm o risco de serem atingidos pelo problema no futuro?

Respostas a essas duas perguntas, associadas a análises de distribuição do problema ou de seus efeitos diretos e indiretos sobre as pessoas em diferentes classes, bairros, estados, são tarefas importantes para o diagnóstico da amplitude do problema.

### 2.2.3 Diagnóstico da intensidade do problema

Se o diagnóstico de amplitude trata de quantos e quem o problema público atinge, o diagnóstico de intensidade refere-se à gravidade. Existem dois elementos nessa análise: uma é a intensidade absoluta e a outra é a intensidade relativa.

A intensidade absoluta de um problema reflete o quanto o problema é grave em si. A pergunta ideal para esse diagnóstico é: "Se nada for feito, o que vai acontecer?" Problemas públicos são mais graves quando, se nada for feito, vidas humanas podem ser perdidas, ameaçam o rompimento do tecido social, eliminam a possibilidade de emancipação individual ou prejudicam a sustentabilidade econômica, ambiental, política, social.

Cada grupo social tem sua interpretação de gravidade de problemas. Por exemplo, os industriais do século XIX e do início do século XX não percebiam as condições de trabalho das fábricas com jornadas de até 15 horas diárias como um problema grave. O analista de política pública deve trazer os seus valores e princípios para o relatório de análise de política pública e o diagnóstico de intensidade absoluta trata disso.

Outro aspecto é a intensidade relativa do problema. Ou seja, analisar o quanto o problema é grave comparado a outros problemas. Nas teorias de agenda pública (Cobb, Ross e Ross, 1976; Peters e Hogwood, 1985), fica evidente que alguns problemas, mesmo que graves (absolutamente), são menos graves se comparados a outros problemas. Em alguns países africanos, a qualidade da educação infantil é um problema gravíssimo, mas torna-se um problema menos intenso se comparado com a falta de comida que atinge as mesmas crianças. Em países como a Suécia, Dinamarca e Finlândia, onde valores pós-materialistas estão mais elevados na sociedade (Inglehart e Welzel, 2010), problemas como a degradação ambiental, a falta de transparência governamental e os desrespeitos à privacidade podem ser mais graves que problemas de ordem material (segurança, alimentação etc.).

FIGURA 2.6: ASCENSÃO E QUEDA DE TEMAS NA AGENDA.
Fonte: Com base em Peters e Hogwood (1985).

Fazendo uma abstração contextual para analisar a intensidade relativa do problema, o analista de política pública deve responder à seguinte pergunta: "Quanto esse problema é grave comparado a outros problemas da mesma comunidade política?".

A Figura 2.6 ajuda a visualizar a variação de intensidade dos temas gerais e problemas públicos específicos ao longo do tempo. Peters e Hogwood (1985) usaram dados de criação de organizações públicas e modificação de programas pelo Congresso norte-americano como indicadores da agenda governamental. É possível perceber, por exemplo, que problemas públicos relacionados à defesa nacional tiveram um pico de relevância durante a década de 1940 por causa da Segunda Guerra. Problemas relacionados à defesa do meio ambiente eram irrelevantes até a década de 1960, quando passaram a ganhar atenção social. Ao contrário, problemas relacionados aos transportes perderam força ao longo dos anos estudados. Esses são apenas exemplos de indicadores de relevância dos problemas para que o analista perceba que o elemento comparativo pode dizer muito sobre a intensidade de um problema.

Os atores políticos buscam sempre elevar seus problemas e suas soluções nas agendas. Essa atividade chama-se *problem advocacy*, quando promove a sensibilização social sobre um problema como o autismo, ou *policy advocacy*, quando promove uma alternativa de política pública como a descriminalização do aborto.

Por fim, a distribuição da intensidade do problema é questão importante, visto que os problemas acometem as pessoas de forma desigual. Uma epidemia de dengue pode estar afetando mais as populações que vivem em grandes centros urbanos na região Sudeste do Brasil, enquanto pode não estar afetando a população do Sul. A obesidade infantil pode estar mais relacionada a classes sociais carentes, devido a hábitos alimentares menos saudáveis. É importante trazer para a análise esses elementos de distribuição do problema nas categorias da população para auxiliar na delimitação do problema e na implementação focalizada da política pública.

### 2.2.4 Diagnóstico da tendência do problema

Existem alguns padrões de ocorrência do problema que ajudam o analista a diagnosticar a sua tendência. A análise de tendência é importante para projetar quanto o problema se intensificará, com consequências importantes sobre as opções de método de análise e das próprias alternativas de solução ao problema.

Existem basicamente cinco padrões para identificar a tendência de um problema. Para analisá-los, duas variáveis são importantes: a intensidade do problema e o tempo.

Análises de tendência podem ser realizadas em várias áreas de política pública. Para identificar e projetar uma tendência, são necessários indicadores analisados ao longo do tempo (séries históricas). Indicadores da tendência dos problemas públicos podem ser o número de editoriais ou reportagens em jornais (agenda da mídia), o número de casos (por exemplo, incêndios, ocorrências policiais etc.), o número de pronunciamentos dos legisladores em tribuna denunciando um problema (agenda política), ou os recursos destinados para cada programa ou projeto (agenda governamental).

## ANÁLISE DO PROBLEMA

### QUADRO 2.2: TIPOS DE TENDÊNCIAS DOS PROBLEMAS PÚBLICOS

| Descrição | Gráfico |
|---|---|
| Problemas súbitos: são problemas públicos que ocorrem de repente, sem uma periodicidade prevista, e que, mesmo que objetivamente estejam "estáveis", recebem um pico de atenção pública por causa de algum evento extraordinário. Passado o pico de atenção, em geral, esses problemas voltam aos seus padrões normais de intensidade. Exemplos de problemas súbitos são uma epidemia de uma doença desconhecida, uma onda de criminalidade, uma catástrofe climática ou um escândalo de corrupção que foi desvendado e ganhou atenção dos diversos atores. | 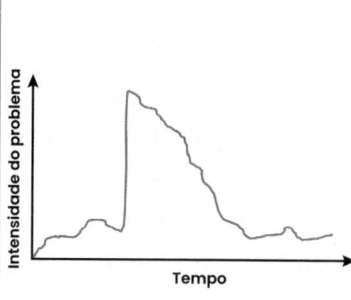 Intensidade do problema × Tempo |
| Problemas incrementais: são problemas públicos que se agravam de forma contínua e crescente ao longo do tempo, ou causam um desconforto progressivo nas pessoas. Um bom exemplo é a superlotação das vias urbanas nas grandes cidades (congestionamento). Outro exemplo é a progressiva burocratização (acúmulo de políticas regulatórias). | 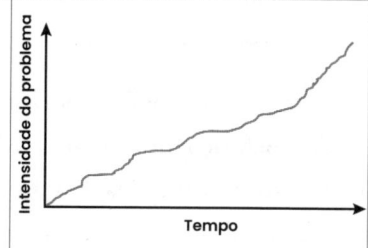 Intensidade do problema × Tempo |
| Problemas em declínio: são problemas públicos que perdem força ou atenção pública de forma progressiva. São problemas públicos incrementais ao avesso. Um exemplo é o analfabetismo no Brasil, que ao longo do tempo foi combatido e reduzido sucessivamente por programas governamentais na área de educação. | 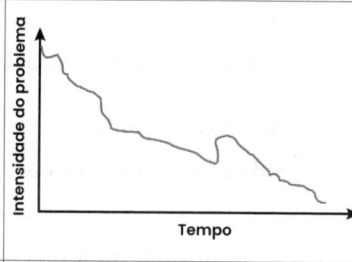 Intensidade do problema × Tempo |
| Problemas estáveis: são problemas públicos que mantêm constante gravidade ou mesma intensidade de atenção pública ao longo do tempo. Exemplos são a precariedade dos hospitais e das escolas públicas. | 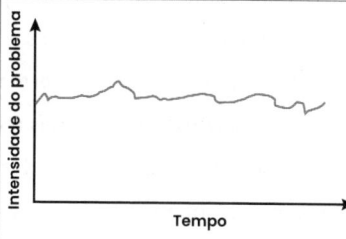 Intensidade do problema × Tempo |
| Problemas cíclicos: são problemas públicos que mantêm um padrão contínuo de aumento e diminuição de sua intensidade ao longo do tempo. Um exemplo é a falta de banheiros nas praias brasileiras que, apesar de constante, atrai a atenção pública em época de veraneio. A estiagem de temporada e as doenças respiratórias relacionadas ao frio também servem de exemplos. | 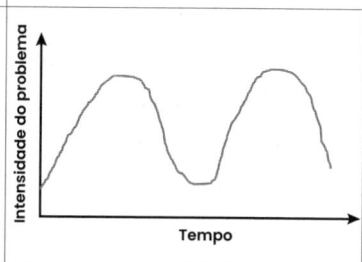 Intensidade do problema × Tempo |

## 2.3 Definição do problema

A definição do problema é a atividade de sintetizar em uma frase simples e direta a essência do problema que está sendo analisado. Com base na demanda do "cliente", e com o aprendizado decorrente do trabalho do diagnóstico, o analista de política já é capaz de formalizar o problema.

Essa recomendação parece simples, mas definir o problema pode ser o maior desafio de todo o processo, dada a dificuldade de separar o problema de suas causas e consequências e de delimitar o problema em uma frase que capture a sua essência.

Um problema público geralmente está relacionado a um excesso, uma escassez ou um risco. Alguns exemplos desses três elementos são:

- Excesso: muitas infestações nas lavouras; muitas drogas consumidas; muitos focos de proliferação do mosquito *aedes aegypti*; muito desperdício de dinheiro público.
- Escassez: baixa qualificação dos professores; poucos empregos disponíveis. escassez de água; falta de segurança nas ruas.
- Risco: risco de estouro de uma bolha imobiliária (preços inflacionados dos imóveis), risco de enchentes; riscos de acidentes aéreos; risco de propagação de um vírus.

*Seja específico*: quanto mais delimitado o problema, mais fácil será o posterior trabalho de análise das soluções (*solution analysis*). Uma definição do tipo "A oferta de serviços de atenção primária de saúde nos postos de saúde dos bairros Alvorada, Barreiras e Camaquã, do Município X, não está suprindo a demanda" é mais específica que a definição genérica "a saúde do município é lastimável".

*Escreva o problema em formato de afirmação descritiva*: o problema público deve ser uma assertiva clara e precisa, com descrição que permita a contestação, como "A taxa de reincidência criminal dos egressos de presídios brasileiros é de 70%". Evite escrever o problema em formatos interrogativos, típicos de trabalho teórico-acadêmico, como "Quais são as causas do processo de migração para grandes metrópoles?", ou em formato normativo/propositivo do tipo "O Brasil deve fazer alguma coisa para estancar a superpopulação das metrópoles".

*Quantifique o problema, se possível*: descrições de problema ganham força quando estão pautadas em evidências quanto a sua intensidade, amplitude ou tendência, elementos quantitativos que podem ser fruto do trabalho de diagnóstico do problema. Uma definição do tipo "O desemprego nas regiões metropolitanas de Recife, Salvador, Belo Horizonte, Rio de Janeiro, São Paulo e Porto Alegre chegou a 7,9% no primeiro trimestre de 2015, em tendência de alta comparada aos 7,2% do primeiro trimestre de 2014" é muito mais precisa que uma definição do tipo "O desemprego no Brasil aumentou".

*Evite confundir o problema com a solução*: em vez de formalizar assim: "Está faltando um órgão responsável pela fiscalização da febre aftosa na estrutura do governo do Estado", tente formular assim: "O estado do Rio Grande do Norte corre o risco de contaminação de febre aftosa do seu rebanho bovino". Será o trabalho de análise de política pública que deverá apontar alternativas de solução ao problema da febre aftosa, seja por meio de campanhas de vacinação, conscientização do produtor rural, fiscalização com a estrutura governamental já existente ou criação de nova estrutura governamental especializada.

Uma grande dificuldade de definir o problema público pode ocorrer quando existem interpretações contrastantes sobre a situação-problema ou quando não está bem claro o nível de análise.

### 2.3.1 Interpretações contrastantes do problema

A definição do problema é um instrumento de poder. Existem algumas situações em que o problema é entendido de maneira parecida por uma grande variedade de atores. Esses geralmente são os problemas estruturados e menos conflitantes. No entanto, outros problemas podem ser percebidos de maneira variada entre os atores políticos. Por exemplo, os problemas do desemprego, da degradação ambiental e da criminalidade podem ter entendimentos variados entre pessoas de direita (pró-mercado) e esquerda (pró-Estado). Se, para alguns, a criminalidade é vista como um problema de desvio de conduta individual, para outros é uma consequência de problemas sociais. Stone (2012) indica que existem interesses em jogo na definição do problema, visto que cada ator pode ter uma interpretação diferente e, por consequência, esperar outra ou nenhuma modificação no *status quo*.

Modelos de análise descritiva, como o das Coalizões de Defesa (Sabatier e Jenkins-Smith, 1993; Weible et al., 2011) e modelos de análise prescritiva, como a análise narrativa de política pública (Roe, 1994), deixam claro que muitos subsistemas de política pública são dominados por interesses antagônicos ou valores contrastantes. Cada grupo ou coalizão de defesa possui convicções (*beliefs*) e interesses que são capazes de construir narrativas consistentes com "mocinhos", "vilões" e "vítimas", com a apresentação de estatísticas, anedotas e argumentos lógicos. Apesar de internamente consistentes, as narrativas entram em conflito quando são contrapostas. Nesses casos, a definição do problema público tende a ser conflitante.

Um exemplo é o tema do desarmamento, que coloca em campos opostos pessoas favoráveis à liberalização do porte de arma e pessoas favoráveis à proibição. Vejamos algumas definições de problema público contrastantes para esse caso: "As armas de fogo são responsáveis por 70% dos homicídios cometidos no Brasil."[2] (Conjur, 2011).

Segundo Alessi (2015), desde 2004, quando o Estatuto do Desarmamento foi aprovado, a taxa de homicídios no país aumentou 1,34%.

Mesmo se ambas as definições forem consideradas consistentes, o primeiro problema público é coerente com as convicções e os interesses de coalizões de defesa em torno da proibição. Já a segunda definição é aceita pelo grupo liberalizante. O analista de política pública tem a sua frente um problema público conflitivo, polarizador e difícil de chegar a um consenso. O analista inicia seu trabalho com base em informações, interesses e convicções do demandante, mas talvez essa seja apenas uma das narrativas existentes em torno do problema. Nesses casos, o analista de política pública pode manter duas ou mais definições do problema público para depois, quando tiver mais informações; pode escolher uma, consolidar ambas ou encontrar uma definição alternativa.

## 2.4 Definição do objetivo

Após definido o problema em uma frase sintética, a última etapa é definir o objetivo que se quer alcançar com a política, o programa, o projeto ou a ação pública.

O objetivo da política pública é intimamente ligado ao problema público que foi definido. Os desafios da definição dos objetivos são estabelecer o grau de resolução

---

[2] Revista eletrônica *Consultor Jurídico* (www.conjur.com.br).

que se deseja alcançar e se as ações da política pública deverão ser focadas nas causas do problema, no problema em si ou nas suas consequências.

Quanto ao grau de resolução, a análise pode ser destinada a extinguir ou diminuir o problema. Um analista menos experiente pode até pensar que a política pública deve, por princípio, acabar com o problema. Um exemplo de sucesso de extinção de problema público foi a erradicação da varíola no Brasil na década de 1970 (Gazeta et al., 2005).

A realidade dos problemas públicos, no entanto, mostra que é difícil chegar à extinção por completo, especialmente dos problemas complexos (*wicked problems*). Exemplos são os problemas de corrupção, desigualdades sociais, desemprego e a favelização dos grandes centros urbanos. Nesses casos, o mais indicado é buscar mitigar, ou seja, diminuir o problema, combater alguma de suas causas ou consequências.

A relação entre causa, problema e consequência não é fácil de destrinchar. Vejamos a seguinte situação: muitas pessoas morrem por ano nas rodovias brasileiras. Muitas dessas mortes são derivadas de acidentes frontais entre os veículos. Muitas são as causas dos acidentes, porém as mais apontadas são a imprudência nas ultrapassagens, o excesso de velocidade, a embriaguez ao volante, a condição das estradas em via simples. Acima de todas essas questões está o modelo de transporte de passageiros, muito dependente do transporte rodoviário. Qual é o problema em análise? Qual deve ser o objetivo da política?

O analista pode estabelecer seu objetivo com base no problema "acidentes frontais", passando a tratar "morte nas rodovias" como apenas uma consequência e tendo como causas todos os elementos descritos. O analista pode subir um nível, apontando o problema público como a imprudência nas ultrapassagens, o excesso de velocidade, a embriaguez ao volante ou as pistas em via simples, e classificar "acidentes frontais" e "morte nas rodovias" como consequências. Por fim, pode passar o nível de análise do problema para o modelo de transporte, classificando como causa desse problema a falta visão de curto prazo dos governantes e a pressão pela manutenção do modelo atual feita pela indústria automotiva e o setor de transporte rodoviário.

Para efeito de clareza e didática, uma das técnicas úteis é desenhar a árvore do problema. Ela é uma representação gráfica da estrutura de problema, suas causas e suas consequências. No nível mais essencial, o analista encontra a causa (raiz), no nível intermediário está o problema (tronco) e no nível superficial aparece a consequência (ramos). É útil para o analista organizar o seu trabalho e, para os leitores do relatório de análise, contribui com o entendimento das delimitações.

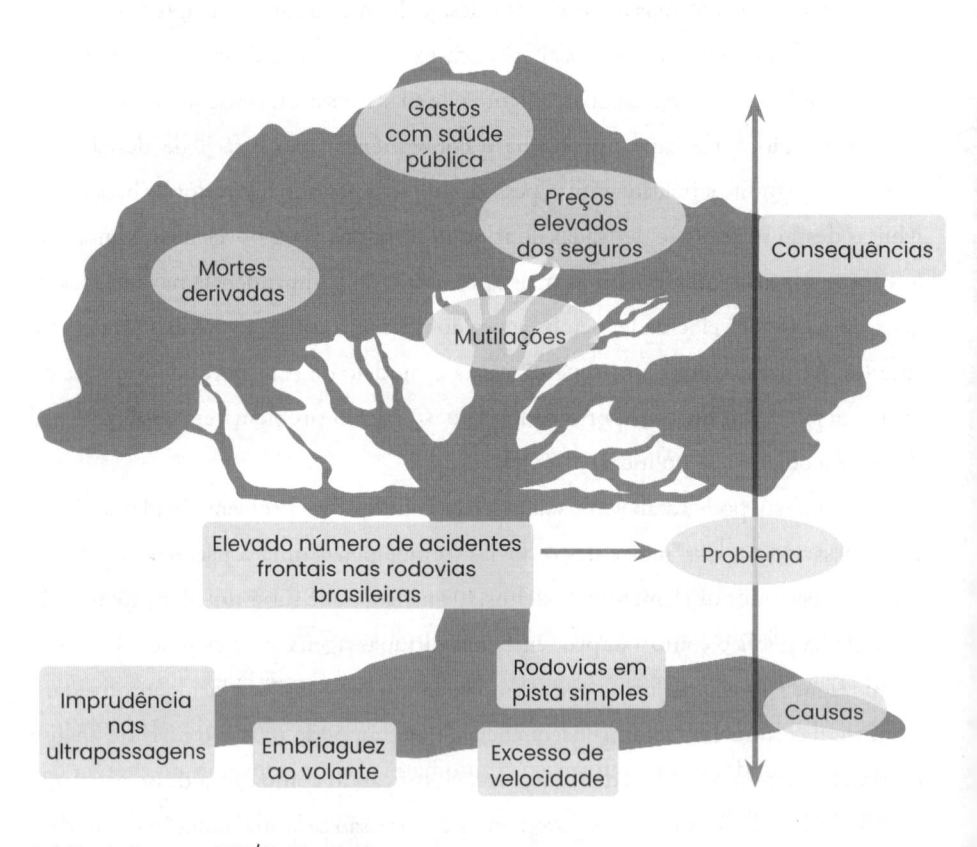

Crédito da imagem: NSM/Shutterstock.

FIGURA 2.7: ÁRVORE DO PROBLEMA – ACIDENTES FRONTAIS NAS RODOVIAS.

Evidentemente, a árvore de problemas é uma simplificação. Mas simplicidade é exatamente uma das qualidades esperadas em um relatório de análise de políticas públicas. Quanto melhor a árvore de problemas conseguir mostrar as múltiplas causas e as múltiplas consequências do problema, mais útil ela será para as próximas etapas do processo de análise. À medida que o problema público tiver sua definição ajustada, ou mesmo quando houver uma mudança no nível de análise acordado entre analista e destinatário, a composição da árvore de problemas também sofrerá alterações.

Na hora de definir o objetivo, é importante perceber que em cada nível de análise o problema é redefinido e, por consequência, suas causas e consequências também o são. Já deve ter ficado claro quanto o objetivo da política pública depende da definição do nível da análise (raiz, tronco ou ramos) (Giuliani, 1995). É mais fácil elaborar objetivos de política pública quando o problema é enquadrado na sua superficialidade (acidentes frontais), mas isso também pode levar a uma política pública ineficaz. No entanto, definir o objetivo muito próximo à raiz do problema (modelo de transporte) pode fazer com que seja impossível, ou muito caro, resolver o problema. Acertar a definição do objetivo é uma arte. Depende da habilidade e experiência do analista de política pública e da vontade política daqueles que encomendaram a análise.

Mas para facilitar o trabalho do analista, listamos algumas dicas para auxiliar na definição do objetivo:

1. O objetivo deve ser prático, voltado para o enfrentamento do problema (já definido) ou para alguma de suas causas ou consequências.
2. O objetivo deve ser específico: quanto mais bem delimitado, melhor será a compreensão do que se procura alcançar com a política pública.
3. O objetivo deve ser escrito com base em algum verbo no infinitivo: por exemplo: reduzir o tempo de espera da fila do posto de saúde do bairro Mangueirinha em 30%, ou, ainda, prover informações automatizadas do consumo de energia das escolas estaduais.
4. O objetivo deve ser quantificável, se possível; atribuir "metas" numéricas ajuda bastante no trabalho de geração de alternativas e, posteriormente, na escolha da alternativa mais adequada.

5. Múltiplos objetivos são recomendáveis, mas o analista de política pública deve estar ciente de que, quanto mais objetivos ele buscar atingir, mais complexa ficará a análise das soluções e maior será a probabilidade de *trade-offs* (dilemas) entre objetivos.

## 2.5 Exercícios de fixação

**Preparando o seu relatório de análise de política pública**

Com objetivo prático, elaboramos os seguintes formulários para auxiliá-lo na estruturação do seu relatório de análise de política pública. Preenchendo esses formulários, você estará sintetizando as informações essenciais que serão contidas no relatório.

A ficha de identificação servirá do começo até o final do trabalho de análise, pois ela delimita o ambiente em que está sendo construída a análise. Essa ficha é elemento não textual que deve ser inserido logo após a capa do Relatório.

**Ficha de identificação**

| | |
|---|---|
| Nome do(s) analista(s) | |
| Data de início da análise | |
| Data estimada para a conclusão da análise | |
| Destinatário do relatório (órgão, legislador, federação, meio de comunicação) | |
| Problema público (formalize o problema que está sendo analisado) | |
| Objetivo (formalize o objetivo que deseja ser alcançado com a política pública) | |
| Âmbito de aplicação da política pública (municipal, regional, estadual, nacional, internacional) | |
| Área(s) de política pública (saúde, educação, gestão etc.) | |

Desenhe a árvore do problema público em análise conforme as orientações dadas neste capítulo. De posse da árvore do problema, você poderá incluí-la como elemento ilustrativo do relatório de análise de política pública.

**Árvore do problema**

| Causas | Problema | Consequências |
|--------|----------|---------------|
|        |          |               |

Ao compor a árvore do problema, insira a definição formal do problema na linha central, as consequências previstas na linha superior e as causas na linha inferior. O número de causas e consequências variará de acordo com o caso. Mas a linha central deverá conter apenas uma definição/formalização do problema público analisado.

Preencha o mapa de atores que são diretamente interessados no problema público que você está analisando, conforme estrutura a seguir. Esse mapa de atores poderá servir para ilustrar a análise política que será consolidada no relatório de análise de política pública (veja exemplo nos Anexos 1 e 2 ao final do livro).

**Mapa de atores**

| Ator | Relação com o problema | Perspectiva e interesse |
|------|------------------------|-------------------------|
|      |                        |                         |
|      |                        |                         |
|      |                        |                         |
|      |                        |                         |
|      |                        |                         |
|      |                        |                         |

# 3 Escolha da abordagem de análise

*Este capítulo trata da escolha da abordagem para análise das soluções. Ao final deste capítulo, o analista deverá ser capaz de:*

1. Diferenciar a abordagem racionalista da abordagem argumentativa.
2. Identificar os fatores que favorecem a adoção da abordagem racionalista.
3. Identificar os fatores que favorecem a adoção da abordagem argumentativa.
4. Escolher a abordagem de análise mais adequada de acordo com o contexto.

Este livro foi escrito tendo em mente uma relação entre um analista e um demandante. O analista de política pública é a pessoa que faz o trabalho de coleta de dados, de organização de reuniões com atores e de elaboração de um relatório com recomendações. O "demandante" é a pessoa ou organização que encomendou o trabalho de análise, que pretende utilizar as informações para tomar uma decisão pública.

Quatro situações principais ensejam a encomenda de um relatório de análise de política pública:

1. O demandante não sabe ou tem dúvidas sobre o que fazer para enfrentar um problema público.
2. O demandante está em dúvida se adota a solução A ou B.
3. O demandante está em dúvida se vale a pena adotar a solução C ou se é melhor deixar as coisas como estão.

4. O demandante já decidiu que a solução D é a mais adequada, mas precisa de informações técnico-políticas que justifiquem a decisão que já tomou.

Em situações nas quais não há clareza das soluções, é recomendado ao analista usar toda a metodologia, percorrendo a análise do problema, a análise das soluções e a recomendação da política pública. Mesmo em situações em que já existem soluções aparentes (situações 2, 3 e 4), o analista de política pública pode percorrer toda a metodologia e surpreender o demandante com alguma ideia que ele não havia pensado, ou demonstrar por que a solução preferida por ele é subótima quando comparada a outra. Se o analista tiver independência para refletir criticamente, ele pode fazer análise de elementos que o demandante não havia solicitado. Mas, se não há margem de manobra e há imposição das alternativas de solução pelo demandante, o analista de política pública deverá obedecer à solicitação, excluindo da análise a seção de geração de alternativas (na abordagem racionalista).

À parte essa situação clássica, em que um tomador de decisão pede uma análise de política pública, existem outras situações em que a metodologia pode ser útil. O analista pode ser um funcionário público de carreira, um assessor parlamentar, um estudante universitário ou qualquer analista de organização pública, privada ou não governamental a quem foi dada a incumbência de análise, e o demandante pode ser o chefe do poder executivo, o parlamentar, o professor universitário, um meio de comunicação, uma associação comercial e industrial ou um órgão multilateral.

A partir do momento em que o analista de política pública conseguiu diagnosticar e formalizar o problema público, é possível entender que tipo de problema público se tem em mãos. O analista deve então decidir se vai percorrer um caminho racionalista, de cálculo e projeção, ou de participação, com argumentação coletiva, mediação de conflitos e estímulo à deliberação. Caberá ao analista de política pública, no seu planejamento da análise das soluções, ter a capacidade de observar e decidir qual das duas metodologias de análise é mais adequada ao seu contexto. Para conseguir tomar essa decisão, é necessário entender as características centrais da abordagem racionalista e da abordagem argumentativa.

A abordagem racionalista baseia-se em geração estruturada de alternativas (criatividade estruturada), com projeções políticas e econômicas densas. A escolha da alternativa de *policy* mais adequada é baseada em evidências. O trabalho de análise racionalista é assumido por um pesquisador ou um grupo de pesquisadores que colhem dados, fazem entrevistas, leem documentos e fazem projeções políticas e econômicas. É uma atividade mais parecida com a pesquisa científica, que é concluída com a redação de um relatório de análise. A abordagem racionalista é mais "positivista", no sentido de que a realidade objetiva (diagnóstico e prognóstico) deve ser revelada e relatada com base em evidências empíricas.

A abordagem argumentativa, por sua vez, baseia-se na participação de atores envolvidos na política pública. Com essa abordagem de análise, a realidade é apreendida por meio do diálogo e da argumentação entre os atores envolvidos. O papel do analista é o de promover reuniões e mediar as participações, construindo um ambiente favorável para a expressão dos argumentos e a construção coletiva das soluções para os problemas públicos. É uma atividade que se assemelha à do facilitador de reunião, que motiva e coordena a participação e sintetiza os argumentos para entender a complexidade sociopolítica em torno dos problemas e das soluções. É uma abordagem mais "construtivista" no sentido de que a realidade é socialmente construída por meio do confronto de razões e argumentos.

É possível adotar ambas abordagens simultaneamente ou uma mescla de alguns elementos de cada? Sim, evidentemente. Quanto maior o uso de ferramentas analíticas, maiores são as chances de o trabalho resultar mais profundo e sofisticado. No entanto, o ambiente de *policy* geralmente impõe restrições de recursos humanos, financeiros, organizacionais, tempo e habilidade para conduzir análises com ambas abordagens. Portanto, é necessário verificar qual delas é mais adequada ao contexto em que se encontra o analista.

A metodologia de análise de política pública consolidada neste livro é contingencial, ou seja, aponta caminhos alternativos (racionalista ou argumentativo) de acordo com o tipo de problema público e o perfil dos atores envolvidos. Ser contingencial corresponde a dizer que não há "método" ou "caminho" melhor. Cada situação ou contingência é que vai ditar qual dos dois caminhos é o mais adequado para gerar informações úteis para o processo decisório de política pública.

As teorias contingenciais de tomada de decisão, participação e análise de política pública propõem um corpo teórico suficiente para extrair alguns critérios necessários para a escolha da abordagem de análise. Esses fatores são o nível de estruturação do problema, o nível de urgência, a necessidade de legitimação das decisões, a habilidade do analista e dos potenciais participantes e a disponibilidade de recursos para a condução das análises.

Segundo Simon (1960), existem problemas estruturados e problemas desestruturados. Os problemas mais estruturados são aqueles recorrentes, de característica técnica e dos quais já existem informações disponíveis para o processo decisório. Problemas estruturados são resolvidos com procedimentos padrão e com o hábito consolidado. Por sua vez, os problemas desestruturados são problemas novos e não há um conhecimento acumulado sobre seus parâmetros. Também são chamados problemas complexos (*wicked problems*), em que a experiência e a intuição têm um grande papel para a sua resolução. Enquanto a abordagem racionalista é mais adequada para problemas estruturados, a abordagem argumentativa consegue lidar com problemas complexos

Urgência ou pressão pela escassez do tempo é outro fator que pode influenciar a escolha da abordagem de análise. O tempo é um recurso precioso, especialmente em situações de crise ou emergência. Em tais situações, o debate, a elaboração de posições individuais e o alcance de entendimento mútuo tendem a ser difíceis (Ben-Zur e Breznitz 1981; Papadakis et al., 1998; Gundersen e Boyer, 2012). Nessas situações, um indivíduo ou um grupo pequeno oferecem vantagem na pesquisa e entrega dos resultados de uma análise e recomendação antes que os custos de não decisão se tornem insuportáveis.

Legitimidade é relacionada à aceitação de autoridade (King, 2003). Os *stakeholders* e o público em geral consideram um processo decisório legítimo se for realizado por atores aceitáveis e se seguir um processo decisório correto e justificado (Dahl, 1998; Wallner, 2008). Isso também se aplica à análise e recomendação de política pública. Em algumas situações, a análise de política pública pode ser tachada de tendenciosa, desinformada ou inútil se não transcorrer um processo de participação e consulta direta com uma multiplicidade de atores. Outro impacto crucial da falta de legitimidade ocorre sobre o processo de implementação de uma política pública. Se a recomendação e a decisão afetam pessoas que foram excluídas do processo de análise, a implementação tem mais chance de ser conflituosa ou até bloqueada (Secchi, 2008). Nesses casos, naturalmente, a abordagem argumentativa é a mais indicada, envolvendo *stakeholders* em um processo participativo que pode aumentar a legitimidade da posterior decisão.

Existem muitas situações, no entanto, em que o analista de política pública é contratado por um demandante que quer uma recomendação objetiva para se posicionar no processo decisório. Esse tipo de análise está mais centrado nos valores e interesses do demandante do que na necessidade de legitimação com outros atores.

A abordagem racionalista pode trazer legitimidade suficiente entre analista e demandante nesse tipo de circunstância.

A habilidade decisória de um grupo inclui o conhecimento sobre o tema, *expertise* técnica, experiência política e criatividade. A habilidade é um fator relativo: a diferença entre a quantidade de informação e cognição distribuída entre outros atores participantes e a quantidade de informação e cognição concentrada no analista.

Em algumas situações, a análise argumentativa é preferida, pois o analista é novato ou incapaz de dar conta do tema sozinho e, para tanto, tem necessidade de informação, modelos mentais e perspectivas de outras pessoas para auxiliar na análise (Schön e Rein, 1994). Em outras situações, o analista é *expert* na área e a participação de pessoas desinformadas poderia agregar pouca capacidade analítica ao processo.

Outra questão relativa à habilidade é o domínio das ferramentas analíticas dos modelos racionalista e argumentativo. Alguns analistas têm formação acadêmica e experiência em econometria, criatividade estruturada, projeções baseadas em evidências para fazer recomendações políticas. Outros analistas podem ter mais experiência ou aptidão para construção coletiva, negociação e facilitação de grupos. No primeiro caso, a abordagem racionalista tem mais chances de dar bons frutos, e a abordagem argumentativa é mais adequada para o segundo caso. Por isso, a escolha é dependente do papel do analista e da sua habilidade para assumir tal papel (Weiss, 1989).

Resumindo o que foi tratado, o modelo racionalista é mais apropriado quando se lida com temas técnicos estruturados, quando a urgência é grande, quando há pouca necessidade de legitimar a análise e a decisão e quando a habilidade está concentrada no analista de política pública capaz de dominar as ferramentas racionalistas (e dali extrair boas soluções para o problema público em análise).

A abordagem argumentativa/participativa pode ser mais útil quando o problema em mãos é pouco estruturado, ou seja, quando é complexo e ambíguo, quando há tempo suficiente para engajar atores para participar e aprender uns com os outros e chegar a uma recomendação consensual, quando uma análise centrada no analista seria considerada pouco legítima ou parcial, e quando o analista não possui conhecimento ou cognição para chegar a uma recomendação sozinho. A abordagem argumentativa também é mais indicada para aqueles analistas que dominam as técnicas de construção compartilhada de consensos e processos participativos.

Um contexto fictício de análise de política pública ideal para a análise racionalista é o seguinte:

> Decisão sobre o nível aceitável de nitrato na água potável (tema altamente técnico/estruturado), feito por um comitê de analistas *experts* em química e saúde pública (baixa necessidade de legitimidade), no qual um processo amplo de participação de atores externos iria contribuir pouco para a análise (baixa habilidade dos participantes potenciais) num contexto de alta urgência.

Do contrário, um contexto adequado para análise participativa-argumentativa é o seguinte:

> Elaboração de um plano de desenvolvimento regional (problema pouco estruturado), que seria politicamente inaceitável se desenhado por poucos especialistas (alta necessidade de legitimidade) e em que seria benéfico envolver *stakeholders* locais como autoridades públicas, associações empresariais, universidades, ONGs (alta habilidade distribuída entre os *stakeholders*) em um contexto de baixa urgência.

Um contexto intermediário é o seguinte exemplo:

> Ambiente de análise e decisão sobre engenharia de tráfego em uma cidade (alta tecnicidade), no qual participantes leigos teriam pouca contribuição (baixa habilidade), mas os cidadãos e grupos de interesse não aceitariam ser excluídos do processo (alta necessidade de legitimação), em um contexto de urgência intermediária. Nesse tipo de "situação intermediária" não há resposta fácil para a escolha do modelo de análise de política pública, e a integração dos modelos racionalista e argumentativo pode ser necessária.

Três considerações são necessárias antes de escolher a abordagem de análise. A primeira é que esses fatores são mais parecidos com *continuum* do que com variáveis discretas (duais). Isso quer dizer que um tema/problema de política pública pode ter níveis intermediários de tecnicalidade, necessidade de legitimidade, urgência e habilidade.

A segunda consideração é que a designação de níveis (alto, intermediário, baixo) para cada fator é mais política do que técnica. Alguns atores podem interpretar, por exemplo, que um contexto decisório tem pouca necessidade de legitimação, enquanto outros atores estão clamando por envolvimento e participação. Outra situação é aquela em que o demandante da análise prefere que o analista use a abordagem argumentativa como pretexto para construir relações e alçar o seu capital político. A escolha da abordagem é muito dependente das intenções e interesses do demandante, do analista e dos demais atores envolvidos no subsistema de política pública.

A terceira consideração é que sempre há uma inter-relação entre esses fatores. Como fatores independentes, tecnicalidade, urgência, legitimidade e habilidade podem variar de intensidade em diferentes contextos e, nesses casos, não haverá uma resposta clara sobre qual método escolher.

Há também que reconhecer que a escolha é mais política do que técnica, visto que a forma de conduzir a análise pode influenciar sobremaneira a decisão e a futura implementação da política pública. Isso significa que, em algumas situações, os interesses em jogo favorecerão a adoção de métodos participativos, como casos em que o *policy-maker* quer ganhar respaldo político com a participação, além de legitimar as decisões e facilitar posterior implementação. Em outras situações, no entanto, o tomador de decisão pode ter interesse em apresentar soluções inovadoras, ou mesmo driblar conflitos com atores que venham a vetar qualquer mudança, ou propor medidas impopulares necessárias, mas que não passariam ilesas por um escrutínio detalhado dos destinatários da política pública.

As análises racionalista e argumentativa usam ferramentas e métodos diversos, mas ambas confluem para um mesmo propósito: estruturar uma recomendação de política pública.

## 3.1 Exercícios de fixação

**Preparando o seu relatório de análise de política pública**

Para facilitar a reflexão e a escolha da abordagem de análise, elaboramos nos quadros a seguir uma lista de assertivas que operacionalizam os conceitos tratados neste capítulo.

Para ajudá-lo a escolher a abordagem de análise mais adequada, assinale se concorda ou discorda das assertivas abaixo. Ao final do quadro, faça um somatório das posições concordantes e discordantes.

| Contexto favorável à análise racionalista | CONCORDA | DISCORDA |
|---|---|---|
| O problema público está bem delimitado. | | |
| O problema público tem características técnicas que superam as características políticas. | | |
| Existem documentos disponíveis, notícias relacionadas na internet, relatórios prévios, casos similares documentados em outros lugares (cidades, estados, países). | | |
| Esse é um problema antigo/recorrente, bem estabelecido. | | |
| Esse é um problema simples. | | |
| Cálculos e projeções são abordagens adequadas para escolher a melhor solução. | | |
| As alternativas para a resolução do problema são conhecidas. | | |
| Os objetivos são claros, o que falta é definir os meios. | | |
| Existem alternativas mutuamente exclusivas. | | |
| Os atores políticos esperam uma decisão técnica sobre a questão. | | |
| O tempo estimado para a realização de entrevistas, a leitura de documentos e a análise de dados de fontes dispersas é inferior ao tempo necessário para mobilização de atores para reuniões deliberativas. | | |
| Existe urgência ou crise e há necessidade de decisões imediatas. | | |
| O analista ou grupo de analistas possuem legitimidade para propor recomendações e serão aceitas pelos tomadores de decisão e implementadores da política. | | |
| O demandante do relatório prefere uma recomendação técnica baseada em evidências colhidas em processo de pesquisa. | | |

continua

continuação

| Contexto favorável à análise racionalista | CONCORDA | DISCORDA |
|---|---|---|
| Os atores políticos relacionados com o tema têm pouco a contribuir com informações. | | |
| O analista ou grupo de analistas não possuem poder para convocar e reunir atores políticos relevantes. | | |
| O analista ou equipe de analistas não são habilitados ou têm pouca experiência em reunir, mediar, negociar e sintetizar debates realizados entre atores políticos em um processo participativo. | | |
| O analista ou a equipe de analistas têm formação acadêmica e experiência em pesquisas, coleta e análise de dados. | | |
| O analista ou equipe de analistas são *experts* no tema em questão. | | |
| A reunião de diversos atores em um mesmo ambiente participativo geraria conflitos e constrangimentos desnecessários. | | |
| A coleta de informações individualizada com cada ator daria a eles maior liberdade para expressar sua verdadeira opinião e interesse. | | |
| TOTAL | | |

Observação: se a maioria das afirmativas for concordante com sua situação de *policy*, possivelmente a análise racionalista será a mais adequada para a prospecção de soluções, a projeção de resultados e a recomendação de política pública.

Faça o mesmo teste lendo as assertivas contidas no quadro a seguir. Ao final do quadro, faça um somatório das posições concordantes e discordantes.

| Contexto favorável à análise argumentativa | CONCORDA | DISCORDA |
|---|---|---|
| O problema público ainda precisa de debate e validação com os atores políticos. | | |
| O problema público tem características políticas que superam as características técnicas. | | |
| Há falta de documentos/relatórios sobre o assunto e as informações estão dispersas com os diversos atores. | | |
| Esse é um problema novo/inédito. | | |
| Esse é um problema complexo. | | |
| A conversa entre os atores políticos é necessária para destravar soluções. | | |
| As alternativas para resolução do problema são muitas ou de difícil definição. | | |

continua

continuação

| Contexto favorável à análise argumentativa | CONCORDA | DISCORDA |
|---|---|---|
| Os objetivos e os próprios meios de resolução são de difícil definição. | | |
| As alternativas para o enfrentamento desse problema podem ser utilizadas simultaneamente. | | |
| Existem muitos interesses políticos em jogo e os atores políticos exigem sentar à mesa de negociações. | | |
| O tempo necessário para mobilização de atores para reuniões deliberativas é inferior ao tempo estimado para realização de entrevistas, leitura de documentos e análise de dados de fontes dispersas. | | |
| Há tempo disponível para elaborar as recomendações com calma e envolvimento de atores. | | |
| Existe necessidade de envolver atores em processo de diálogo para construção de legitimidade. | | |
| O demandante do relatório prefere uma recomendação política baseada em participação de diversos atores. | | |
| Os atores políticos que poderiam ser envolvidos na discussão podem oferecer grandes contribuições informativas, cognição e experiência. | | |
| O analista ou grupo de analistas possuem poder para convocar e reunir os atores políticos relevantes para reuniões de discussão. | | |
| O analista ou a equipe de analistas têm capacidade de reunir, mediar e sintetizar debates entre atores políticos em um processo participativo. | | |
| O analista ou grupo de analistas não possuem habilidade de pesquisa e análise de dados. | | |
| O analista ou equipe de analistas são inexperientes com o tema em questão. | | |
| A reunião de diversos atores em um mesmo ambiente participativo geraria entendimentos, aprendizado mútuo e colaboração. | | |
| A coleta de informações coletivamente com todos os atores daria a eles maior motivação para expressar suas opiniões e interesses. | | |
| TOTAL | | |

Observação: se a maioria das afirmativas for concordante com sua situação de *policy*, possivelmente a análise argumentativa será a mais adequada para a prospecção de soluções, a projeção de resultados e a recomendação de política pública.

# 4 Análise das soluções: a abordagem racionalista

*Este capítulo trata da análise das soluções (solution analysis) usando a abordagem racionalista. Ao final deste capítulo, o analista deverá ser capaz de:*

1. Gerar alternativas por meio de técnicas de criatividade estruturada.
2. Detalhar as características das alternativas.
3. Estabelecer critérios e indicadores para avaliação das alternativas.
4. Projetar os resultados futuros das alternativas.
5. Confrontar, avaliar e hierarquizar as alternativas.

Tendo concluído o diagnóstico e a definição do problema (*problem analysis*), o analista passa a considerar as alternativas de solução e descobrir qual delas é a mais recomendada (*solution analysis*).

Como visto, analisar é estudar um fenômeno complexo por meio da fragmentação de suas partes e o estudo das inter-relações das partes para, assim, fazer aproximações de como funciona o todo. Racionalidade é a adequação de fins a meios. O fim (solução do problema público) deve comandar o meio (política pública).

Após a escolha da abordagem de análise, o analista que adotou o caminho racionalista deve então passar por três etapas para concluir o seu trabalho: gerar alternativas, estabelecer critérios e projetar os resultados.

## 4.1 Geração de alternativas

A atividade de geração de alternativas é uma das principais tarefas do analista de política pública que adota uma abordagem racionalista (Dror, 1971). Essa tarefa é provavelmente a parte mais divertida do trabalho de análise. É o momento intuitivo, rico em imaginação, no qual o analista deve usar sua criatividade.

Mas criatividade não é brincadeira. A área de *policy analysis* tem à disposição procedimentos para geração de alternativas que auxiliam o analista a pensar "fora da caixa". A capacidade criativa do analista de política pública é muito importante nessa etapa do trabalho de análise. Um dos grandes valores que o analista pode agregar ao relatório é apresentar alternativas de enfrentamento do problema que ele, seus colegas e a comunidade não haviam cogitado. Um trabalho de geração de alternativas que traga apenas soluções já conhecidas pode ser uma verdadeira decepção.

Para manter o trabalho de análise coeso, é importante que o analista traga para essa etapa o problema público que foi definido (veja o Capítulo 2). Como já visto anteriormente, a definição do problema é importante para a delimitação do escopo do trabalho. A definição do problema, no entanto, pode mudar ao longo do trabalho à medida que o analista vai ganhando mais maturidade quanto ao entendimento do contexto e aos interesses que envolvem o problema.

De posse do problema formalmente definido, o analista deve considerar a primeira alternativa: manter o *status quo*. Parece ser contraditório falar em manter o *status quo* quando um problema público foi identificado, no entanto, esse exercício é fundamental para avaliar as alternativas que serão geradas. Analistas de políticas públicas mais experientes sabem que existem pseudoproblemas, outras vezes há exagero no diagnóstico do problema público, ou interesses "não republicanos" no tratamento dos problemas, ou mesmo tendências de diminuição natural do problema ou da sua percepção na comunidade política. Em algumas situações, o *status quo* refere-se à existência de uma política pública em andamento e, em outras, representa a ausência total de política pública.

Por exemplo, um município pode estar sofrendo inflação localizada nos preços dos imóveis por causa da presença numerosa de trabalhadores de uma empreiteira que estão construindo uma usina hidrelétrica no rio que corta a cidade. Com o excesso de demanda por imóveis, os preços de venda e aluguel naturalmente sobem. Apesar de o problema ser real, generalizado e mensurável, o analista de política pública deve manter a alternativa "não fazer nada" entre suas opções, até porque pode existir uma previsão da conclusão da construção da usina dentro de um ano. O excesso de moradores indo embora pode fazer os preços retornarem aos patamares normais sem a intervenção pública.

Manter o *status quo* é sempre uma das alternativas na análise racionalista de política pública, que depois será especificada (quais os detalhes da situação atual?), projetada (o que acontecerá se nada for feito?) e comparada com as outras alternativas (vale a pena intervir no *status quo*?).

Além da alternativa *status quo*, o analista de política pública pode incluir na sua análise as chamadas soluções óbvias, ou seja, aquelas que já são defendidas por atores políticos de forma veemente, que estão já consolidadas no imaginário coletivo ou que são famosas pelo seu sucesso de aplicação em outros lugares. Incluir a solução óbvia e confrontá-la com outras alternativas que serão geradas é muito importante, visto que muitas vezes as soluções tidas como favoritas não conseguem sustentar-se em uma comparação minuciosa de custos, benefícios, viabilidade política e potencial de resolução do problema que as originou.

Segundo Weimer e Vining (2011), o número ideal de alternativas para um trabalho de *solution analysis* está entre três e sete alternativas. Bardach (2009) indica que duas ou três alternativas já são suficientes para um bom trabalho de análise racionalista de política pública. A recomendação que damos neste livro é que o número de alternativas fique em torno de quatro, sendo uma delas o *status quo*, outra uma solução óbvia e mais duas alternativas geradas de forma criativa.[1]

Esses números de alternativas não são "científicos", mas apenas uma recomendação. Um analista ou um grupo de analistas que possuem recursos, informações e tempo para análise devem aproveitar essa oportunidade para ampliar o leque de alternativas. Como essa situação de abundância de recursos não é corriqueira, há que otimizá-los para que as alternativas escolhidas para a análise possam ser exploradas, especificadas e seus resultados projetados com maior precisão.

A seguir apresentamos algumas técnicas de criatividade estruturada para a geração de alternativas de política pública. Cada uma das técnicas ajuda o analista a encontrar ideias, ou protoalternativas, que serão especificadas nas próximas etapas do trabalho de análise das soluções. É importante que o analista domine essas técnicas, que as experimente na prática para que a análise das soluções aconteça com qualidade.

---

[1] Naturalmente, há situações, que já foram apresentadas no Capítulo 2, em que existem apenas duas alternativas, como em situações em que o demandante solicita ao analista para confrontar uma solução pré-escolhida com o *status quo*, a fim de verificar se "vale a pena" levar a cabo aquela alternativa. Por exemplo, "Vale a pena construir uma creche no bairro X?". E, por fim, há situações em que o demandante já sabe qual é a alternativa escolhida, ficando para o analista o trabalho de estruturar essa solução em formato de política pública. Nesses dois casos, não há necessidade de gerar alternativas e o analista pode passar diretamente para a "especificação das alternativas", descrita mais adiante neste capítulo.

### 4.1.1 Benchmarking

*Benchmarking* é o processo de análise e sistematização de práticas referenciais com o objetivo de gerar ideias de melhoria para as suas próprias práticas (APQC, 2015). A ideia central do *benchmarking* é verificar casos concretos de aplicação de processo, operação, função, estratégia ou modelo organizacional que foram exitosos em outras situações para que eles sirvam de inspiração aos participantes do processo criativo.

O *benchmarking* aplicado à política pública é uma técnica de pesquisa utilizada para a geração de alternativas com base em experiências de casos de sucesso (*benchmarks*) (Bogan e English, 1996). O problema identificado raramente é peculiar ao local, ou seja, há grandes possibilidades de que ele acometa outras comunidades políticas. O analista de política pública pode usar o *benchmarking* para descobrir soluções análogas que outros órgãos públicos, em outras cidades, estados ou países, utilizaram para enfrentar o mesmo problema.

Políticas públicas voltadas para o enfrentamento de tabagismo, descriminalização de drogas brandas, aborto, congestionamento no trânsito, organismos geneticamente modificados, casamento homossexual, excesso de burocracia e tantos outros problemas públicos podem encontrar soluções muito interessantes ao olhar para soluções criativas adotadas em outros lugares.

Um analista de política pública deve organizar o seu trabalho de *benchmarking* nas seguintes fases:

1. Delimitação do escopo da busca: equivale a perguntar o que o analista de política pública quer encontrar. Como se trata de análise de solução (*solution analysis*), basta o analista recuperar o problema público que já foi identificado e definido (veja o Capítulo 2) e revertê-lo com a seguinte pergunta: "Como outros lugares resolveram o problema de ... (definição do problema público)?"
2. Delimitação das fontes de busca: uma análise de boas práticas pode delimitar a procura de soluções criativas em sua própria organização, na sua própria cidade ou região. No entanto, o potencial de inovação se amplia caso o analista amplie a busca a outros estados e outros países. As fontes de busca podem ser na própria área de política pública (por exemplo, saúde, educação, saneamento) ou em outras áreas de política pública que contenham ideias criativas para o enfrentamento do problema público. Ter conhecimento de língua estrangeira para ler e entender soluções adotadas em outros países amplia bastante a abrangência do *benchmarking*.

3. Coleta das boas práticas: independentemente da fonte de busca, a coleta de boas práticas é feita em documentos (físicos ou eletrônicos) ou com pessoas. Documentos ou bancos de dados contendo boas práticas são os vencedores de prêmios de qualidade no setor público no exterior, como o *United Nations Public Service Awards* (www.unpan.un.org), ou no Brasil (exemplos: Prêmio Hélio Beltrão, Prêmio Innovare, a biblioteca de boas práticas do Gespública), ou plataformas de troca de experiência internacionais, a Eurocities (www.eurocities.eu). A coleta de dados de pessoas é feita por meio de comunicação eletrônica, por telefone ou encontros presenciais com pessoas que possuem experiência prática (profissionais) ou conhecimento teórico (acadêmicos) (Weimer, 1993). Geralmente essas pessoas são capazes de indicar boas práticas existentes, ou mesmo outros documentos e pessoas que possam ajudar na coleta de dados. O analista de política pública deve ser objetivo nessa busca de fonte de inspiração: o que mais importa é encontrar ideias de soluções, sem grande necessidade de aprofundamento da análise de cada solução nessa etapa. Muitas vezes um telefonema ou e-mail para um ator-chave ou uma dedicação de pesquisa na internet são suficientes para "garimpar" boas práticas em qualquer área de política pública.
4. Seleção das alternativas mais promissoras. Depois de visualizar algumas experiências de sucesso em outros lugares, o analista de política pública já consegue perceber quais delas podem ser selecionadas para uma análise mais aprofundada. Bons critérios para essa seleção são ineditismo, simplicidade de implementação, potencial de impacto no problema público. O analista também deve observar se as alternativas à sua disposição atendem minimamente aos requisitos legais e de competência técnica, organizacional ou política do cliente que lhe solicitou a análise. Se as protoalternativas provenientes do *benchmarking* forem selecionadas para continuidade da análise de política pública, as fontes já consultadas pelo analista serão muito úteis nos próximos passos de detalhamento das alternativas.

A grande vantagem do *benchmarking* é a capacidade de encontrar soluções inusitadas e de sucesso para problemas que ocorrem ou ocorreram em outros lugares. O risco do *benchmarking* é a adaptação forçada ou sem a devida "redução sociológica" de um contexto para o outro (Ramos, 1966; Bergue e Klering, 2010). Isso quer dizer que soluções que funcionaram em um lugar podem até ser copiadas em sua essência, mas os detalhes da formatação da solução dependerão dos recursos, das instituições e do contexto político em torno do problema público em análise.

### 4.1.2 *Brainstorming*

*Brainstorming* ou tempestade de ideias é uma técnica de criatividade em grupo em que os participantes são solicitados a expor suas ideias de forma livre diante de uma questão ou problema (Osborn, 1953). Fazer um *brainstorm* significa colocar diversas pessoas em um mesmo ambiente e fazê-las pensar coletivamente em torno da geração de ideias criativas.

Em política pública, o processo de *brainstorming* pode ser organizado em três etapas:

1. Planejamento do *brainstorming*:
   a. Estabelecer o objetivo: como essa é uma ferramenta para a geração de alternativas de solução para o enfrentamento do problema, deve ficar claro para o analista e, posteriormente, para os participantes que o objetivo é apenas gerar ideias criativas para o enfrentamento do problema público já definido.
   b. Estabelecer o perfil e o tamanho do grupo: o ideal de um *brainstorming* é conseguir agrupar o máximo de pluralismo de modelos mentais em um único grupo. Quanto ao tamanho, um *brainstorming* pode também ser feito em grupos pequenos ou grandes, mas grupos intermediários de 4 a 12 pessoas são o suficiente (Patton e Sawicki, 1993). O perfil das pessoas que serão convidadas deve reforçar o pluralismo, juntando, quando possível, pessoas com diversidade em formação, idade, gênero e nível de entendimento sobre o problema público (*experts* ou não). Outra dica importante é manter pessoas que não tenham relação de hierarquia (chefe-subordinado), de maneira que se minimize o risco de a autoridade inibir a criatividade.
   c. Estabelecer o ambiente: a geração de ideias criativas pode acontecer mais facilmente em lugares que saiam da rotina, ou fora do ambiente de trabalho. O ambiente deve poder acomodar as pessoas de forma que todas consigam interagir e visualizar a todos, em um formato de semicírculo, por exemplo. Também é necessária uma mídia para visualização coletiva das ideias que vão sendo escritas, como um quadro, *flipchart* ou um projetor multimídia.
   d. Estabelecer o horário: cada pessoa tem diferentes ritmos e produtividade ao longo do dia. O horário da sessão deve evitar horários prejudiciais para a criatividade, como antes do almoço, logo após o almoço ou em horários em que as pessoas estão esgotadas por tarefas anteriores.

e. Definir o mediador e o relator: o mediador da sessão de *brainstorming* é a pessoa que deverá conduzir as falas, as interações, explicar e fazer cumprir as regras do *brainstorming*. O relator é a pessoa que vai anotar em local visível a todos as ideias que vão aparecendo. O analista de política pública pode executar ambas as funções, ou então delegar uma delas a alguma pessoa que seja capacitada para seguir e fazer aplicar as regras gerais do *brainstorming*.

2. Realização do *brainstorming*:

   a. Fazer a introdução: a primeira tarefa do mediador é explicar o objetivo da sessão de *brainstorming* e evidenciar o problema público que está sendo analisado. Uma introdução pode também contar com a leitura do diagnóstico do problema, a visualização de um vídeo ou notícia que forneça aos participantes as informações necessárias para que tenham inspiração para a geração das ideias.

   b. Explicar as regras: o mediador deve repassar aos participantes como será conduzido o processo, o papel de cada pessoa, em quanto tempo será realizado o *brainstorming* e retirar eventuais dúvidas antes de iniciar o processo. O relator deve escrever em lugar visível qual é o problema público sendo analisado, explicitando a definição já elaborada, de forma que evite desvios de assunto durante a sessão.

   c. Mediar a sessão: o mediador deverá estimular as pessoas a verbalizarem suas ideias sem nenhum constrangimento. Uma sessão de *brainstorming* busca o máximo de ideias criativas. O principal papel do mediador é garantir que qualquer opinião possa ser expressa. O grupo não deve coibir o pensamento livre ou descartar ideias absurdas. O grupo deve usar ao máximo sua criatividade, gerando, combinando ou mesmo repetindo o maior número possível de soluções criativas. No *brainstorming* não há julgamento nem hierarquia das ideias. O relator deve anotar todas num quadro ou *flipchart* visível a todos para que tenham noção do que já foi apresentado. O mediador deve estimular que todos expressem suas ideias, evitando que uma ou poucas pessoas dominem a sessão. Também é importante que cada pessoa fale múltiplas vezes, produzindo, fundindo e criando novas soluções. O mediador deve perceber o ciclo de geração de ideias e finalizar o processo assim que os participantes esgotarem suas criatividades, o que, em geral, leva de 15 a 45 minutos (Patton e Sawicki, 1993).

3. Seleção das ideias: exaurida a produção do máximo de ideias, cabe ao analista consolidar e eliminar algumas. Para a seleção das ideias mais adequadas, alguns critérios geralmente utilizados são o ineditismo, a simplicidade, o potencial de impacto no problema público, a viabilidade e a disponibilidade de informações para a posterior análise aprofundada. Portanto, cabe ao analista de política pública descartar ideias absurdas, inviáveis, muito complexas ou que tenham pouco potencial para extinguir o problema. Também é possível consolidar ideias de acordo com categorias, fundindo ideias parecidas e mantendo separadas aquelas com diferenças qualitativas. Um processo de *brainstorming* é concluído com sucesso se forem geradas uma, duas ou mais ideias para enfrentamento do problema público.

O *brainstorming* pode ser útil para a geração de ideias para a análise de política pública, provocando uma reação em cadeia (uma ideia pode gerar outra), melhorando ideias anteriores por confronto entre elas e recompensando o livre pensar (Patton e Sawicki, 1993). Da mesma forma que com o *benchmarking*, o *brainstorming* não esgota a análise das soluções, apenas auxilia a geração de protoalternativas que poderão ser aprofundadas, com posterior coleta de informação e detalhes, nos próximos passos da análise de política pública.

### 4.1.3 Redesenho incremental

Uma técnica menos radical para a geração de alternativas é o redesenho incremental, também conhecido como *tinkering* (Weimer, 1993). Essa técnica consiste na decomposição de uma política pública, programa ou serviço já existente e na modificação marginal de seus elementos.

Por exemplo, em um sistema de transporte de ônibus urbano, vários detalhes fazem parte do contrato de concessão pública entre a prefeitura e a empresa prestadora de serviço. Entre eles estão: as linhas, as paradas, os horários de funcionamento, os padrões mínimos de qualidade da frota, as tarifas, o papel do motorista, o papel do cobrador, entre muitos outros elementos do processo. Se o problema público identificado é o "elevado preço das passagens de ônibus urbano", várias alternativas incrementais podem ser cogitadas.

Uma decomposição simplificada do sistema de transporte nos permite visualizar algumas alternativas, como apresenta o Quadro 4.1.

## QUADRO 4.1: DECOMPOSIÇÃO DE UMA POLÍTICA

| Variável | Status quo | Alternativas usando decomposição |
|---|---|---|
| Modelo de provisão | Concessão pública para prestação por uma única empresa privada | Criar empresa pública de transporte<br>Liberar o mercado para competição |
| Linhas | 47 linhas ligando os bairros ao centro | Extinguir linhas<br>Criar terminais de integração<br>Criar linhas entre bairros |
| Paradas | 1.345 paradas de ônibus | Diminuir as paradas<br>Otimizar as paradas<br>Intercalar paradas nas linhas próximas ao centro |
| Horário de funcionamento | Das 5h às 23h59 | Diminuir o tempo de funcionamento de todas as linhas<br>Diminuir o tempo de funcionamento de algumas linhas e aumentar o de outras<br>Interromper linhas em horários menos movimentados e aumentar na hora de pico |
| Padrões mínimos de qualidade da frota | Ônibus com ar-condicionado com no máximo dez anos de existência, 22 cadeiras estofadas por ônibus | Retirar o ar-condicionado em algumas épocas do ano<br>Diminuir o número de cadeiras para aumentar a capacidade de lotação |
| Tarifa | R$ 3,00 integralmente pagos pelo usuário | Subsídio ou gratuidade para todas as linhas<br>Subsídio ou gratuidade para algumas linhas<br>Subsídio das passagens para algumas categorias (estudantes e aposentados)<br>Subsídio ou gratuidade nos fins de semana<br>Subsídio ou gratuidade nos horários de menor movimento |
| Papel do motorista | Dirigir | Dirigir e cobrar as tarifas dos passageiros<br>Dirigir, cobrar as tarifas dos passageiros e auxiliar passageiros com dificuldades |
| Papel do cobrador | Cobrar as tarifas dos passageiros, auxiliar passageiros com dificuldades | Extinguir o papel de cobrador em todas as linhas<br>Extinguir o papel de cobrador em algumas linhas<br>Manter cobradores apenas em horário de pico |

Uma política pública em vigor, como "concessão de transporte de ônibus urbano", na verdade, é um conjunto de elementos de um processo que faz com que características como preço, capacidade, qualidade, confiabilidade e segurança variem bastante. São as decisões quanto a esses elementos que fazem com que, por exemplo, o preço das passagens de ônibus esteja elevado.

Utilizando a técnica de redesenho incremental, o analista de política pública pode propor a modificação de um ou mais elementos para atingir o objetivo de resolução ou mitigação do problema público identificado. Algumas vezes, o problema é mais grave e exige a modificação de vários elementos; outras vezes a modificação de apenas um elemento faz com que o problema público possa ser solucionado ou diminuído drasticamente. O redesenho incremental permite a decomposição do processo e a recombinação de seus elementos, de maneira a produzir uma nova alternativa com base no que já está implementado.

Com base em May (1981), Patton e Sawicki (1993) e Bardach (2009), elencamos algumas opções para redesenho incremental de políticas públicas já existentes, que podem ser aplicadas em qualquer área:

- Tamanho: aumentar ou diminuir em amplitude, aumentar ou diminuir em profundidade, aumentar ou diminuir os recursos públicos, aumentar ou diminuir a frequência, multiplicar ou dividir, adicionar ou subtrair elementos.
- Localização: central ou dispersa, permanente ou temporária, móvel ou fixa, física ou eletrônica.
- Tempo: acelerado ou lento, frequente ou intermitente, permanente ou periódico, predeterminado ou aleatório, simultâneo ou sequencial.
- Financiamento: público ou privado, subsidiado ou integral, por unidade ou por extensão, à vista ou a prazo.
- Estrutura institucional: centralizada ou descentralizada, concentrada ou desconcentrada, por função, por produto, por processo ou por projeto.
- Regulação: genérica ou detalhada, geral ou por categoria, baseada em punição ou recompensa ou consciência, fiscalizada pelo poder público ou pela sociedade.

Essas opções não são exaustivas, mas ajudam o analista de política pública a imaginar em quais elementos da decomposição pode haver redesenhos incrementais. E são exatamente a decomposição do processo, a alternação de etapas do processo, a extinção de fases do processo ou de criação de etapas intermediárias no processo que podem dar um potencial criativo muito grande. Além de transporte urbano, a metodologia de redesenho incremental pode ser utilizada em problemas de filas em repartições públicas, prestação de serviços urbanos como coleta de lixo, desburocratização em diversos setores, congestionamentos no trânsito, repartição das receitas tributárias entre entes da federação e tantas outras áreas.

A grande limitação da técnica de redesenho incremental é que ela só pode ser utilizada em problemas em que já exista uma política, um programa ou um serviço em andamento. Ou seja, é uma técnica pautada na adaptação dos recursos ou estratégias de uma política pública já implementada e que necessita de ajustes.

### 4.1.4 *Nudge*

A técnica *Nudge* consiste em criar estímulos leves para a modificação do comportamento humano. Como uma política pública é uma diretriz que busca influenciar a ação humana, o analista de política pública pode usar a técnica *Nudge* para encontrar soluções simples, acessíveis, de baixo custo e eficazes.

A técnica *Nudge* tem base na psicologia social e na economia comportamental e refuta a ideia de que o ser humano seja sempre um maximizador de utilidade. De acordo com Thaler e Sustein (2008), a técnica *Nudge* parte do princípio de que muitos dos comportamentos públicos e privados das pessoas são automáticos, baseados em cinco vieses comportamentais:

- Ancoragem: a ação das pessoas é muito condicionada por parcelas de informação (âncoras).
- Disponibilidade heurística: a opinião das pessoas é muito condicionada pelos exemplos que elas têm à disposição.
- Representatividade heurística: a opinião das pessoas sobre o que ocorrerá no futuro é muito condicionada por eventos que ocorreram no passado.
- Resistência às mudanças: a ação das pessoas é muito condicionada pelo que elas já vinham fazendo no passado.
- Senso de manada: a ação das pessoas é muito condicionada pelo que seus pares fazem.

Usar *Nudge* significa estimular com toques leves a mudança desses comportamentos automáticos, sem precisar mudar o mecanismo de coordenação ou a política pública como um todo. O livro *Nudge* (Thaler e Sustein, 2008) traz muitos exemplos e mecanismos simples para provocar mudança do comportamento das pessoas em contexto de política pública. Alguns deles são:

- O problema de escassez de órgãos humanos prontos para transplante foi resolvido na Áustria com uma alteração simples na legislação, que tornou todos os cidadãos automaticamente doadores de órgãos. A taxa de consentimento na Áustria passou a 99% da população e o problema da escassez de órgãos foi praticamente extinto.
- Uma parte dos problemas de limpeza dos banheiros masculinos do aeroporto de Amsterdã, Holanda, foi resolvida com o desenho de uma mosca no urinol. Os frequentadores do banheiro, ao usar o urinol, passaram a automaticamente mirar na falsa mosca, diminuindo o respingo de urina no chão do banheiro em 80% e, por consequência, melhorando o odor e diminuindo os custos com limpeza dos banheiros.
- Um dos problemas no Colégio São Marcos, no Texas, era o baixo índice de seus ex-alunos que decidiam buscar a carreira universitária. A solução *Nudge* adotada pelo colégio foi requerer comprovante de inscrição em universidade para que o aluno pudesse ganhar o diploma do segundo grau. Nem todos os alunos seguiram a carreira universitária, mas esse requisito fez com que muitos passassem a considerar a possibilidade mais seriamente. Essa simples ação, aliada a programas de informação sobre os potenciais ganhos de uma carreira universitária, fez com que o número de egressos do Colégio São Marcos que frequentavam a universidade passasse de 11% para 45%.

O analista de política pública pode usar a técnica *Nudge* para gerar alternativas de política pública em diversas áreas. Para esse tipo de geração de ideias, é preciso "pensar fora da caixa", ou seja, evitar que o analista de política pública seja uma vítima daqueles cinco vieses comportamentais: ancoragem, disponibilidade heurística, representatividade heurística, resistência às mudanças e senso de manada (Thaler e Sustein, 2008).

Uma das grandes limitações dessa técnica é que nem todos os analistas de política pública são capazes de libertar-se de seus contextos e hábitos. No entanto, ter noção das possibilidades criativas já é um primeiro passo para gerar soluções criativas de forma estruturada.

### 4.1.5 Soluções genéricas

Por mais complexo e diversificado que seja o mundo das políticas públicas, as ferramentas para enfrentamento dos problemas públicos podem ser resumidas a poucos exemplares. Essas alternativas são chamadas soluções genéricas ou instrumentos de política pública (Bardach, 2009; Weimer e Vining, 2011; Ollaik e Medeiros, 2011; Howlett, Ramesh e Perl, 2013; Secchi, 2013; Secchi, 2014). Elas correspondem a estratégias de intervenção à disposição do analista de política pública.

QUADRO 4.2: SOLUÇÕES GENÉRICAS E SUAS VARIAÇÕES

| Solução genérica | Variações |
|---|---|
| Regulamentação | Proibir algo. Detalhar legislação. Elaborar regras mais claras e precisas. Determinar preços, quantidades, padrões de informação (rótulos obrigatórios). Aumentar penalidade por infração. Ampliar público suscetível à punição ou recompensa. Melhorar recompensa por bom comportamento. |
| Desregulamentação | Liberalizar algo. Simplificar legislação. Extinguir regras (desburocratização). Liberalizar preços, quantidades e padrões de informação. Diminuir penalidade por infração. Restringir público suscetível à punição ou recompensa. Diminuir recompensa por bom comportamento. |
| Aplicação da lei | Treinar ou aumentar o número da força de fiscalização. Criar unidade especializada ou envolver a população nos esforços de fiscalização. Aumentar ou diminuir a frequência e o rigor de punição. Aumentar ou diminuir a frequência das recompensas. Aumentar ou diminuir a abrangência do público-alvo da fiscalização. Facilitar ou dificultar as chances de os infratores recorrerem das punições. Facilitar ou dificultar o regime de recompensa. Criar sinalizadores automáticos (*fire alarms*). |
| Impostos e taxas | Criar ou abolir um imposto ou taxa. Alterar a alíquota. Alterar a base de cálculo. Alterar a abrangência do público pagante. Melhorar os mecanismos de coleta de um imposto ou taxa. |
| Empréstimo, subsídios e incentivos fiscais | Criar ou abolir um empréstimo, subsídio ou incentivo fiscal. Alterar o valor ou percentual. Alterar a base de cálculo do incentivo. Alterar a abrangência dos beneficiários. Melhorar os mecanismos de fornecimento do empréstimo, subsídio ou incentivo fiscal. |
| Prestação direta de serviço público | Criar um novo serviço, obra ou órgão público. Expandir um serviço, obra ou órgão existente. Aumentar o orçamento público destinado ao serviço, obra ou órgão. Focar a atuação dos serviços ou órgãos públicos. Juntar serviços, obras e órgãos em unidade centralizada. Melhorar o acesso público ao serviço, obra ou órgão público. |
| Privatização, terceirização e mercantilização de serviço público | Vender propriedade pública. Repassar prestação de serviço para entidade privada, mantendo a provisão pública. Manter a prestação de serviço por ente público cobrando provisão privada (mensalidade, anuidade, taxa). Repassar a prestação de serviço para entidade privada e tornar a provisão privada. Criar ou ampliar parceria público-privada. Criar ou ampliar mecanismo de vales (*vouchers*). |

continua

continuação

| Solução genérica | Variações |
|---|---|
| Informação ao público | Divulgar benefícios, prejuízos, riscos e certezas. Divulgar *rankings*. Padronizar formatação da informação. Simplificar e customizar apresentação da informação. Produzir e publicizar informação. Determinar transparência de informação. Dar assistência técnica. Capacitar. |
| Campanhas/ mobilização | Sensibilizar e alterar valores socialmente aceitos. Realizar mutirões. Articular manifestações. Articular campanhas e mobilização com outros atores. |
| Seguros governamentais | Instituir ou extinguir seguros governamentais (contra catástrofes, imprevistos). Expandir ou restringir público beneficiário dos seguros. Aumentar ou diminuir valor do prêmio do seguro. Facilitar ou dificultar recuperação da indenização do seguro. Obrigar, desobrigar e subsidiar seguros. |
| Transferência de renda | Criar ou abolir bolsas. Alterar o valor ou percentual das bolsas. Alterar a base de cálculo das bolsas. Alterar a abrangência dos beneficiários. Melhorar os mecanismos de fornecimento das bolsas. |
| Discriminação seletiva positiva | Criar ou abolir uma discriminação seletiva positiva (cotas). Alterar o percentual das quotas. Alterar a base discriminatória. Alterar a abrangência do público beneficiário. Melhorar mecanismos de distinção do público beneficiário. |
| Prêmios e concursos | Criar *rankings*, prêmios e concursos. Aumentar os benefícios aos vencedores. Ampliar o número ou a proporção de vencedores. Ampliar a abrangência. |
| Certificados e selos | Criar ou detalhar mecanismo de registro ou licença. Extinguir ou simplificar mecanismo de registro ou licença. Ampliar o número ou proporção de atores certificados. Ampliar a abrangência ou benefícios dos certificados ou selos. |

Cada uma dessas soluções genéricas é adequada para cada categoria de problema. Usando a teoria econômica, os problemas públicos podem ser enquadrados em algumas categorias: problemas de bem público, problemas de externalidade, problemas de monopólios naturais, problemas de assimetria de informação, problemas distributivos, problemas de mercados imaturos (com poucos competidores), problemas de custos de ajuste, entre outros (Weimer e Vining, 2011). Nessa lógica, as alternativas de soluções genéricas são aderentes à categoria de problema identificada. Por exemplo, para problemas de equidade de oportunidades, Weimer e Vining (2011) apontam que a criação de regulação é prioritária. Para falhas de mercado relacionadas a bens públicos, a solução genérica preferencial é a prestação direta de serviço público. Se o analista de políticas públicas consegue enquadrar o problema dentro daquelas categorias, fica mais fácil de escolher a solução genérica mais adequada.

O objetivo das soluções genéricas é alterar a estrutura de incentivos das pessoas, seja para induzi-las a fazer algo virtuoso ou restringi-las de continuar fazendo algo danoso para o interesse público. Por exemplo, se o problema público identificado é a falta de respeito à legislação no trânsito, as soluções genéricas mais prováveis são a maior regulamentação, a intensificação da fiscalização (aplicação das leis existentes), a criação de campanhas de conscientização. A especificação e a combinação dessas soluções genéricas vão delinear alternativas de políticas públicas mais adequadas para tentar mudar o comportamento dos motoristas.

É importante ressaltar que essas são soluções genéricas, ou seja, um ponto de partida para que o analista de políticas públicas estruture soluções. Portanto, elas são uma fonte de inspiração, apenas explicitam os mecanismos básicos de coordenação, que são conhecidos simbolicamente por cenouras, chicotes, sermões e soluções técnicas. Cabe ao analista especificar os detalhes de cada alternativa de política pública.

### 4.1.6 Especificação das alternativas

Especificar as alternativas significa detalhar os parâmetros daquelas ideias que surgiram dos processos de *benchmarking*, *brainstorming*, *Nudge*, redesenho incremental ou soluções genéricas.

No início deste capítulo, recomendamos que uma análise racionalista de política pública deve se restringir a aproximadamente quatro alternativas. Uma das alternativas é o *status quo*, outra possivelmente é uma alternativa óbvia. As demais alternativas que forem escolhidas para entrar no trabalho de especificação devem ter potencial de resolução/enfrentamento do problema público, ineditismo, simplicidade e viabilidade aparente. Não há regra definitiva para essa escolha, e a intuição e experiência do analista conta muito na hora de escolher quais alternativas merecem ser aprofundadas. Em geral, não há necessidade de aprofundar a análise de alternativas que impliquem custos exorbitantes, que firam princípios e valores da sociedade, que sejam ilegais ou extrapolem as responsabilidades do cliente (Patton e Sawicki, 1993).

Importante também atentar para que o analista não induza a uma alternativa vencedora. As alternativas escolhidas devem ser realmente competitivas, e não deve haver de antemão uma alternativa vitoriosa. A tentação de "torcer" por sua alternativa predileta pode fazer com que o analista a confronte apenas com alternativas visivelmente inferiores.

A especificação das alternativas não deve ser muito detalhada, para não parecer um pacote fechado, nem muito vaga, para não parecer que o analista foi relapso. Uma alternativa deve ser suficientemente especificada para que o destinatário ou os leitores do relatório tenham noção do que é a alternativa e que implicações gerais ela possa provocar em termos de custos, resistências ou dificuldades de implementação.

Nessa etapa, o trabalho do analista é transformar a protoalternativa (ideia genérica) em uma alternativa palpável.

QUADRO 4.3: ESPECIFICAÇÃO DE ALTERNATIVAS

| Protoalternativa (ideia genérica) | Alternativa especificada |
|---|---|
| Coleta seletiva do lixo: *status quo* | A coleta seletiva do lixo é feita pela Companhia de Resíduos Sólidos (CRS) da Prefeitura, que possui caminhões preparados para coletar dois tipos de lixo: reciclável e não reciclável. Os caminhões de lixo reciclável coletam papel, vidros, latas, plásticos e resíduos orgânicos, enquanto os caminhões de lixo não reciclável coletam o rejeito (material inútil para reutilização). Os cidadãos são responsáveis pela separação em compartimentos (contêineres) emprestados pela CRS e esses mesmos cidadãos são responsáveis por colocar os contêineres na calçada, nos horários especificados pela CRS para coleta. São multados os cidadãos que não separam o lixo corretamente e aqueles que deixam os contêineres nas calçadas em horário irregular. O lixo reciclável é levado para a central de reciclagem da CRS, que possui funcionários que fazem a triagem final dos resíduos. Latas, vidros, papel e plástico são vendidos para indústrias especializadas em reciclagem e o lixo orgânico é usado para distribuição para os agricultores do município como adubo pela Secretaria da Agricultura. O lixo não reciclável é destinado ao aterro sanitário do Consórcio Intermunicipal de Resíduos Sólidos. |
| Coleta seletiva de lixo: alternativa mercantilizadora | A coleta seletiva será concedida à iniciativa privada mediante concessão de serviço público, em que três concessionárias ficarão responsáveis pela coleta e tratamento do lixo reciclável e não reciclável. O cidadão não terá mais de pagar taxa de coleta de lixo à Prefeitura, mas terá de contratar anualmente o serviço de uma das concessionárias, a sua escolha. Não haverá monopólio territorial ou de tipo de lixo. Os preços serão estabelecidos em relação contratual entre concessionárias e cidadãos. Lei municipal regulamentará padrões mínimos de qualidade, regime contratual, regime de competição e limites de preços. A Companhia de Resíduos Sólidos (CRS) da Prefeitura manterá os serviços gratuitos de coleta de lixo nas comunidades carentes de Vila Cruzeiro, Macunaíma e Morro da Caixa. |

O leitor/analista já deve ter percebido o quanto é importante a especificação da alternativa para a análise das soluções de política pública. Se a ideia de "coleta seletiva de lixo" surgiu por meio de *benchmarking*, redesenho incremental ou outra forma, isso pouco importa. O que importa é esse processo de geração de alternativas ser criativo e permitir um detalhamento útil das alternativas para as próximas etapas do processo de análise.

No exemplo dado, é possível perceber que são as especificações da alternativa que darão à luz a análise de custo, a viabilidade técnica e política e o potencial de acabar com o problema público. Se a especificação tiver algum tipo de modificação, como retirar do cidadão a responsabilidade de separação do lixo e colocá-la sobre as concessionárias, os custos de triagem do lixo serão diferentes, a qualidade da separação será diferente, assim como será desnecessária a imposição de multas aos cidadãos que não cumprirem com as regras de separação dos resíduos.

Assim que escolhidas e especificadas as alternativas de política pública a serem analisadas, o analista já pode partir para definir os critérios e indicadores de avaliação.

## 4.2 Definição de critérios e indicadores

Uma análise de política pública é um esforço de criação de alternativas conjugado com uma avaliação preditiva dessas alternativas por meio de critérios e indicadores (Secchi, 2013).

Os critérios podem ser vistos como macro-objetivos ou justificativas para alguma mudança de *policy*. São valores ou princípios que estão presentes na sociedade, tais como eficiência, eficácia e equidade. Os indicadores são as operacionalizações desses princípios de maneira que possam ser mensurados e que as alternativas possam ser comparadas com base em algo palpável.

Por exemplo, duas medidas de combate à inflação podem estar em consideração pelo governo: aumentar a taxa de juros ou reduzir os gastos públicos. Um critério que o governo pode adotar em sua decisão é "eficácia", ou seja, a capacidade de reduzir o problema por meio do indicador de "inflação mensal de acordo com o Índice de Preço ao Consumidor Amplo (IPCA)". Outro critério pode ser a "equidade", mensurada nesse caso por meio de um indicador de "inflação mensal (IPCA) sobre as classes A, B, C, D e E". Um critério pode ter mais de um indicador e uma análise de política pública pode usar vários critérios para auxiliar a tomada de decisão.

Os critérios e indicadores são os elementos sobre os quais os potenciais resultados das alternativas de políticas públicas serão avaliados e ranqueados. Nesse sentido, critérios e indicadores não avaliam as alternativas em si, mas, sim, os futuros cenários que são derivados da aplicação da alternativa (Bardach, 2009).

### 4.2.1 Critérios

No momento de estabelecimento de critérios, é explicitada a normatividade, ou seja, a essência valorativa que pauta a tomada de decisão (afinal, o que importa?). "Os critérios são mecanismos lógicos que servem como base para escolhas ou julgamentos." (Secchi, 2013, p. 50).

Os critérios mais utilizados para confrontar resultados de alternativas são (Weimer e Vining, 2011; Bardach, 2009; Secchi, 2013):

- Viabilidade política: trata-se da capacidade de angariar apoios políticos e de evitar oponentes políticos. Algumas perguntas que podem relacionar-se são: existem condições políticas favoráveis para a implementação dessas alternativas? Existem grupos políticos suficientemente fortes apoiando as mudanças? Qual das alternativas tem maior chance de angariar apoios políticos? Qual das alternativas será vetada por atores políticos relevantes?
- Simplicidade: trata-se da facilidade de implementação da alternativa em termos operacionais. Algumas perguntas de orientação são: quão complicada será a implementação de cada alternativa? Qual delas é mais simples de implementar?
- Custo: trata-se da utilização de recursos (*inputs*). No confronto de alternativas de política pública, as perguntas relacionadas são: quanto custará cada alternativa? Qual alternativa consumirá menos recursos?
- Produtividade: trata-se da capacidade de produtividade (*outputs*). Equivale a perguntar: quanto produzirá cada alternativa? Qual alternativa trará mais benefícios?
- Eficiência: trata-se da relação entre *outputs* e *inputs*. É a relação entre custo e produtividade: qual é a razão entre custo e produtividade? Qual alternativa trará melhor relação custo-benefício?
- Eficácia/Efetividade (*effectiveness*): trata-se da capacidade de alcançar o objetivo de resolver ou diminuir o problema. Algumas perguntas relacionadas são: qual

dessas alternativas tem mais chance de mitigar o problema? Que efeitos positivos na vida das pessoas elas trazem?
- Equidade: trata-se da capacidade de distribuição igual/desigual de benefícios ou custos. As perguntas-chave são: qual das alternativas trará melhor justiça social (redistribuição)? Qual das alternativas é a que trará a melhor distribuição dos benefícios (ou custos) entre os destinatários da política pública?
- Legalidade: trata-se da capacidade de preservação e respeito ao aparato institucional formal existente. Avaliações que utilizam esse critério estão preocupadas em saber: qual das alternativas não trará problemas de legalidade ou constitucionalidade? Qual das alternativas terá menos chance de ser interpelada judicialmente?
- Perenidade: capacidade de manutenção da alternativa de política pública a longo prazo. As perguntas norteadoras são: quanto essas alternativas impactam no longo prazo? Qual das alternativas tem mais chance de manter-se funcional independentemente das futuras mudanças políticas e econômicas?

Esses critérios não são exaustivos. Outros critérios substantivos podem ser criados pelo analista de políticas públicas de acordo com o problema: respeito à privacidade, construção do senso de comunidade, resiliência, preservação da autonomia, respeito ao meio ambiente, qualidade do serviço público, entre outros.

Uma avaliação de alternativas pode ser instrumentalizada com vários critérios. A pessoa ou organização que encomendou o relatório de análise de política pública é que deve dar pistas ao analista de quais critérios são fundamentais para a análise. O papel do analista nesse caso é debater esses critérios com seu "cliente" e alertá-lo sobre os dilemas que existem na escolha deles. Muitas vezes um critério é contraditório com outro. A qualidade do serviço público, por exemplo, pode ser contraditória com o critério de economicidade (menor custo).

Apesar de ser possível realizar a avaliação alternativa de política pública com apenas um critério (por exemplo, custo), geralmente existe necessidade de analisar por mais ângulos. Políticos em geral enfatizam a viabilidade política, economistas podem preferir eficiência, administradores podem dar maior peso para a eficácia, juristas muitas vezes preferem respeitar a legalidade. Por isso, uma análise que venha a buscar "benefício social agregado" deve estar pautada em mais de um critério, de modo que amplie os prismas. Não há uma regra numérica nessa escolha, mas algo entre três e quatro critérios são geralmente necessários para uma avaliação mais ampla das alternativas e suas consequências.

## 4.2.2 Indicadores

Com base nos critérios, há que operacionalizá-los em forma de indicadores. Os indicadores nada mais são que substitutos operacionais dos critérios. Um indicador de eficácia de ensino (aprendizado) na matéria é a nota do aluno. Um indicador de capacidade de resposta (responsividade) do corpo de bombeiro é o tempo necessário para extinguir um incêndio.

Em uma avaliação *ex ante*, os indicadores são usados para simplificar, objetivar e, se possível, mensurar o potencial desempenho de alguma alternativa de política pública. Os indicadores podem, no entanto, levar a reducionismos prejudiciais. Por exemplo, a nota do aluno é um indicador de aprendizado, mas não necessariamente é um indicador correto ou completo sobre todo o processo de aprendizagem. Para evitar esses reducionismos e melhorar a avaliação das alternativas, o Tribunal de Contas da União (TCU) criou um manual com dicas sobre que tipos de indicadores são os que melhor operacionalizam os critérios. Segundo o TCU (2000), os indicadores devem ter:

- Representatividade: devem conseguir retratar o critério de forma eficaz.
- Homogeneidade: devem permitir a análise de fenômenos de forma igualitária em várias categorias.
- Praticidade: devem ser úteis para o esforço avaliativo.
- Validade: devem ser relativos ao fenômeno que se está estudando.
- Independência: devem evitar estar vinculados a outros fenômenos que enviesariam a análise.
- Confiabilidade: devem ser pautados em informações que retratam o fenômeno.
- Seletividade: devem ser limitados a aspectos essenciais do fenômeno.
- Simplicidade: devem ser intuitivos, de fácil compreensão.
- Cobertura: devem cobrir o objeto de estudo de forma ampla.
- Economicidade: devem ser baratos para coletar e sistematizar as informações.
- Acessibilidade: devem ser fáceis para encontrar as informações.
- Estabilidade: devem evitar maior variação de sua forma de verificação ao longo do tempo.

Em um trabalho de análise de política pública, cada critério deve ser operacionalizado por pelo menos um indicador. Se o analista possuir tempo e recursos, pode incluir mais indicadores para a análise de cada critério. Uma análise é mais completa com mais indicadores. É como ter mais mecanismos para diagnosticar uma doença: temperatura corporal, batimentos cardíacos, pressão arterial, nível de glicose no sangue são alguns dos indicadores para operacionalizar o que chamamos "saúde do paciente".

As alternativas, os critérios e os indicadores construídos até o momento são colocados em uma matriz de avaliação (Quadro 4.4).

QUADRO 4.4: MATRIZ DE AVALIAÇÃO: ALTERNATIVAS PARA O COMBATE ÀS EXPLOSÕES DE CAIXAS ELETRÔNICOS DA CAIXA ECONÔMICA FEDERAL

| Critério | Indicador | Peso | Status quo | Contratação de vigias noturnos | Instalação de câmeras de vigilância | Inserção de tecnologia com tinta azul que inutiliza as cédulas de caixas eletrônicos explodidos |
|---|---|---|---|---|---|---|
| Custo | Custos de implementação | 5% | | | | |
| | Custos anuais de manutenção da solução | 10% | | | | |
| Eficácia | Percentual de redução das explosões | 20% | | | | |
| | Perdas anuais evitadas | 55% | | | | |
| Simplicidade | Dias necessários para a implementação | 5% | | | | |
| Viabilidade política | Resistência ou apoio de atores relevantes | 5% | | | | |

Além das alternativas, critérios e indicadores, a tabela de avaliação pode conter a pesagem dos critérios e indicadores. Se o analista de política pública ou o demandante decidir não estabelecer pesos, existe uma implícita suposição de que os critérios e indicadores influenciarão de forma homogênea a decisão. No entanto, raras são as vezes em que isso acontece.

Dar pesos para os critérios e indicadores significa hierarquizá-los, ou seja, dizer quais são mais relevantes para a tomada de decisão. Se há escassez absoluta de recursos, possivelmente os critérios economicidade (custo) e eficiência (custo-benefício) receberão mais peso. Se o político que encomendou o relatório é populista, possivelmente ele colocará o máximo peso em "produtividade" (número de beneficiários). Esses dilemas valorativos representam a parte filosófico-moral da análise de política pública. Um analista de princípios e com sensibilidade social não deixará que seu trabalho de análise seja enviesado por visões parciais sobre o problema público e as alternativas em análise. O momento de negociar critérios, indicadores e pesos com o demandante é um momento-chave da análise e pode determinar o resultado da recomendação.

Não estabelecemos pesos como "requisito" para a análise, pois eles só servem para análises quantitativas. Se todos os indicadores estabelecidos provocarem a busca de números, então estabelecer pesos a esses indicadores será bastante indicado. Mas quando os indicadores são qualitativos e as pesagens são inúteis, os dilemas entre as variáveis terão de ser resolvidos com a intuição do analista.

## 4.3 Projeção de resultados

A etapa de projeção de resultados é a mais "científica" do processo de análise de política pública. Fazer uma projeção de resultados é praticar "futurologia", mas uma futurologia embasada em dados (projeções), teorias/pressupostos (predições) e na própria experiência do analista (conjecturas) (Dunn, 1981).

Nessa etapa de análise das soluções, os potenciais resultados das alternativas determinarão a escolha da política pública mais adequada. Para cada indicador que operacionaliza os critérios de avaliação, há que estimar os resultados para cada alternativa proposta.

Por exemplo, os analistas de política pública podem tentar avaliar três alternativas de obras públicas para a solução do congestionamento em uma via da cidade: duplicação horizontal da via (com desapropriações ao longo da via), duplicação vertical da via (construção de uma via suspensa sobre a original) e construção de um túnel (construção de uma via sob a original). Um dos critérios de avaliação pode ser "economicidade", usando um indicador de orçamento previsto para a obra e um indicador relacionado ao tempo necessário para a conclusão da obra. O analista de política pública deverá coletar dados sobre o custo e o número de horas necessárias para a conclusão de cada uma das alternativas por meio de informações fornecidas por engenheiros ou empreiteiras. Também poderá buscar informações sobre obras similares na mesma cidade ou em outras cidades e fazer aproximações com as características peculiares daquela obra específica (configuração do terreno, vizinhança etc.) para então estimar a necessidade de recursos para as três alternativas em análise. Se houver outros critérios e indicadores, o analista deve fazer estimativas para cada um deles.

Em muitas situações de análise de política pública, essas informações não estão prontas. O analista de políticas públicas deve buscá-las para fazer as suas projeções. São essas informações que geram consistência, credibilidade e valor agregado ao relatório de análise de política pública.

As técnicas de projeção de resultados mais utilizadas pela metodologia racional-empiricista são a análise custo-benefício (ACB), análise custo-efetividade (ACE) e a análise de viabilidade política e de implementação (AVPI). Vejamos cada uma a seguir.

### 4.3.1 Análise custo-benefício (ACB)

A análise custo-benefício (ACB) é um método de auxílio à tomada de decisão sobre algum projeto que tem como objetivo maximizar a eficiência. A ACB ajuda o analista a verificar se os benefícios da política, do programa ou da ação superam os seus custos para iniciar, ampliar ou descontinuar o projeto. Também conhecida como avaliação econômica de projetos, a ACB consiste em mapear os potenciais efeitos positivos e negativos de cada alternativa, classificá-los como custos ou benefícios, quantificá-los em unidades monetárias, confrontar custos e benefícios e hierarquizar as alternativas de acordo com o potencial de bem-estar social agregado.

A eficiência na utilização de recursos escassos e finitos está no âmago de uma ACB. Se os recursos fossem infinitos, não existiriam dilemas e não haveria necessidade desse tipo de cálculo. Como visto, o conceito de eficiência econômica é a relação entre benefícios e custos. A eficiência é um dos valores mais presentes em análises racionalistas e a ACB é o principal método para esse fim.

A análise custo-benefício também é feita por indivíduos e organizações privadas. No âmbito individual ou familiar, a ACB é feita intuitivamente. Por exemplo, uma família com o dilema entre passar as férias no litoral do seu estado ou fazer uma viagem para Buenos Aires pode comparar as duas opções em termos de facilidade e preço (custos), ineditismo e diversão (benefícios). Raras vezes uma família vai desagregar e quantificar os custos e benefícios em categorias de impacto e fazer um cálculo de benefício familiar agregado. Mesmo assim, uma família pode estudar os potenciais ganhos e os potenciais custos de cada alternativa para tomar decisões com mais racionalidade do que apenas na intuição ou emoção.

Uma indústria que deve escolher entre construir uma fábrica no exterior ou ampliar a produtividade local aumentando as exportações pode comparar variáveis como custo da construção da nova fábrica, custo da ampliação do seu parque fabril local, custos tributários de exportação (local) e importação (país de destino), possibilidade de customização do produto para o gosto do consumidor estrangeiro, qualificação da mão de obra. Nessas situações, a opção mais eficiente será aquela que trouxer maximização dos benefícios e minimização dos custos.

No caso de políticas públicas, a lógica da aplicação da ACB é a mesma. A grande diferença é que os custos e benefícios não são privados, mas públicos. Qualquer alternativa de política pública, seja uma obra, uma regulamentação, uma campanha ou um programa, traz certamente custos e tem potencial para trazer benefícios. A ACB busca monetizar, ou seja, transformar em valores monetários os custos e benefícios para que se tenha mais exatidão quanto ao impacto da política pública (Weimer e Vining, 2011).

Na análise custo-benefício aplicada à política pública, tenta-se descobrir:

1. Se os benefícios sociais de cada alternativa superarão os seus custos sociais, ou seja, se vale a pena investir nessa política pública (Bardach, 2009).
2. Qual das alternativas trará melhor razão custo-benefício (RCB), ou seja, qual delas será a mais eficiente do ponto de vista econômico.
3. Qual das alternativas trará maior valor social agregado, ou seja, qual delas tem potencial de trazer maior valor presente líquido (VPL), que são os benefícios líquidos à coletividade.

De acordo com Barros e Lima (2012), a ACB ou avaliação econômica de projetos pode acontecer em três momentos: *ex ante*, *in itinere* e *ex post*. Uma avaliação *ex ante* é aquela feita sobre um projeto que ainda não foi implementado; a avalição *in itinere* é feita durante o andamento do projeto (monitoramento); e a avaliação *ex post* acontece após o encerramento do projeto. Como este livro trata de análise prospectiva de políticas públicas, a metodologia de ACB aqui apresentada refere-se à avaliação *ex ante*, com o objetivo de gerar informações e recomendações para a tomada de decisão sobre políticas públicas futuras ou para a alteração em políticas públicas já existentes.

Os passos para a realização de uma análise custo-benefício são:

1. Delimitar:
    a. Alternativas: escolher quais alternativas de solução serão analisadas. Se o analista de política pública está lendo este livro em sequência, as alternativas já foram delimitadas nesse mesmo capítulo (Seção 4.1).
    b. Categorias de impacto (positivas e negativas): apontar os pontos positivos (benefícios) e os pontos negativos (custos) que são relevantes para a análise. A forma de construção de matriz de avaliação explicada na Seção 4.2 pode ser aproveitada para essa delimitação.
    c. Território: estabelecer os limites geográficos dos impactos positivos e negativos da política pública. A rigor, uma política pública, mesmo que circunscrita a um local, tem potencial para impactar o mundo inteiro. Mas, por questões de praticidade, o estudo pode ser limitado ao território mais afetado ou de acordo com o nível de governo. Em geral, adotam-se categorias municipais, regionais (por exemplo, região metropolitana), estaduais e nacionais. Em casos que tratam de problemas transnacionais, como o aquecimento global ou o tráfico de drogas, a delimitação geográfica deve ser ampliada para conter os demais países potencialmente envolvidos. A delimitação geográfica de análise é uma importante decisão e depende da sensibilidade do analista de política.
    d. Tempo: informar até quando a análise prospectiva deve considerar os seus efeitos. Para evitar que uma política seja apenas calculada quanto aos seus custos e benefícios de curto prazo, ou dentro de um mandato de governo, aconselha-se delimitar um tempo superior a quatro ou cinco anos. Naturalmente, cursos de ação mais operacionais podem adotar uma delimitação mais curta. Os efeitos da política pública podem ser delimitados para décadas, como nos casos de investimentos em grandes projetos de infraestrutura ou regras da política previdenciária, que podem ser analisadas em um arco temporal de 30, 40 ou 50 anos. Essa também é uma delimitação discricionária ao analista.
    e. Atores: apontar quais indivíduos ou grupos serão afetados pela decisão, seja pelos custos ou pelos benefícios. O mapa de atores, já desenvolvido no Capítulo

2, pode ser reaproveitado nesta etapa da análise. Também cabe ao analista a decisão de incluir ou deixar de fora alguns atores na análise. Quanto mais ampla a delimitação, mais completa (e complexa) será a análise.

2. Coletar informações: para compor uma análise, devemos buscar informações. Considerando que a delimitação geográfica, das alternativas e dos atores são autoexplicativas ou já foram coletadas nas fases anteriores do processo de análise, a coleta de informações centra-se nos potenciais custos e benefícios. A coleta de dados em análise de políticas públicas é uma tarefa que exige bastante dedicação e perspicácia. As fontes de informações geralmente são dispersas e podem ser documentos (leis, relatórios anteriores, artigos de jornais etc.) ou pessoas (especialistas, diretores, professores). A coleta de informações concentra-se em "buracos informacionais", ou seja, aqueles elementos necessários para preencher o quadro analítico. A busca de dados é direcionada e objetiva, coletando o dado sobre informação financeira, sobre tendência do fenômeno etc.

3. Monetizar: um requisito para a realização da análise custo-benefício é que todos os custos e todos os benefícios sejam convertidos em unidades monetárias. Se as informações coletadas já estão especificadas em unidades monetárias, não há necessidade de monetizar. Mas, em muitas situações, custos e benefícios "qualitativos" devem ser quantificados. Por exemplo, o benefício gerado pelo saneamento básico para um bairro representa a melhoria da qualidade de vida das pessoas do bairro, a redução do gasto público relacionado com doenças, a redução dos gastos com tratamento de água, os ganhos ambientais. Os custos podem estar relacionados ao investimento direto no saneamento básico, como as obras serem realizadas, e aos custos indiretos, como o incômodo gerado pela abertura das valas para passagem das tubulações. A análise custo-benefício exige que esses custos (obras, incômodo) e benefícios (qualidade de vida, redução de gastos, ganhos ambientais) sejam "monetizados", ou seja, transformados em unidades de dinheiro. Para fazer isso, o analista pode usar preços de mercado, preços-sombra (*shadow prices*) e simulações de propensão a pagar:

    a. Preços de mercado: se algum custo ou benefício que pode ser gerado com uma política pública já possui preço no mercado, o analista pode adotá-lo ou adaptá-lo para sua análise. Por exemplo, a oferta de vagas públicas para tratamento de dependentes químicos pode ter como base para análise os preços já praticados por ONGs especializadas que cobram o tratamento das famílias dos dependentes.

b. Preços-sombra: para recursos que não possuem valor em mercado, como a vida e o tempo, o analista de política pública pode usar *proxies*, ou substitutivos chamados preços-sombra. Os preços-sombra são calculados com base em estimativas feitas por especialistas, companhias de seguro e as próprias agências governamentais. Por exemplo, de acordo com Boardman et al. (1996), uma vida salva nos Estados Unidos equivale a entre 2 e 3 milhões de dólares, enquanto o custo social de um assalto é de US$ 27 mil dólares. Se não existirem preços--sombra calculados, o analista pode usar sua criatividade para estimá-los. Por exemplo, o custo do tempo perdido por uma pessoa em um engarrafamento no trânsito pode ser estimado com a metade do valor do seu salário (por hora ou por minuto), ou, se o engarrafamento atrasá-lo para o trabalho, o custo do tempo será equivalente ao valor integral do seu salário (Boardman et al., 1996). Se o analista possui dados de salário médio dos trabalhadores, ou por categoria, e possui informações de quilometragem ou tempo de engarrafamento, ele consegue calcular o custo social do engarrafamento por dia e fazer projeções anuais.

c. Propensão a pagar: também utilizada como técnica de monetização de serviços ou produtos não disponíveis no mercado, a propensão a pagar equivale ao valor que um indivíduo pagaria em situação hipotética. Para mensurar a propensão a pagar, o analista de política pública pode fazer um levantamento (*survey*), perguntando aos potenciais beneficiários quanto estariam dispostos a pagar pelos benefícios gerados por alguma política, como a pavimentação de uma rua. Outra forma de medir a propensão a pagar é pela observação de comportamento de outros beneficiários que já pagam pelo benefício, como a diferença entre o IPTU médio pago pelos moradores de ruas pavimentadas e o IPTU dos moradores de ruas não pavimentadas.

4. Aplicar uma taxa de desconto (risco e tempo): como a análise custo-benefício que informa decisões é prospectiva (relativa ao futuro), existe sempre a chance de o evento futuro ocorrer ou não (risco) e há necessidade de dar equivalência monetária para eventos que aconteçam em diferentes pontos no tempo. Para conseguir ponderar tais incertezas e isolar a assincronia dos custos e benefícios, o analista de

política pública deve aplicar uma taxa de desconto sobre aqueles valores monetizados. Taxa de desconto nominal é aquela dada pelos órgãos oficiais ou estabelecida pelo próprio analista para realizar os cálculos, enquanto a taxa de desconto real é equivalente à nominal considerando a inflação. O cálculo dos valores presentes por risco e por tempo é feito com as seguintes fórmulas (Wrimer e Vining, 2011):

*Para risco:* Valor presente = Valor esperado × taxa de certeza

*Para tempo:* Valor presente = $\dfrac{\text{Valor esperado}}{(1 + \text{taxa de desconto real})^{tempo}}$

Sendo que:

Taxa de desconto real = $\dfrac{(\text{taxa de desconto nominal} - \text{inflação})}{(1 + \text{inflação})}$

Por exemplo, se nada for feito com relação aos engarrafamentos no trânsito, que causam prejuízo social de R$ 50 mil por dia, temos 99% de certeza de que um novo engarrafamento vai acontecer na próxima sexta-feira, e o valor presente desse engarrafamento futuro é de R$ 49,5 mil reais. Para aplicar a taxa de desconto de certeza, o analista de política pública deve ter uma noção empírica ou base teórica para avaliar o tamanho do risco. Algumas análises podem considerar que o risco é zero (taxa de certeza = 100%) e, para tanto, não há necessidade de descontar os valores. Com relação ao tempo, custos e benefícios são reais na atualidade e descontados no futuro. Um benefício no presente é mais valorizado que no futuro. O governo promete que os ganhos com a exploração do petróleo do fundo do mar vai gerar uma renda anual de R$ 8 bilhões apenas daqui a cinco anos, e o custo para instalação das plataformas equivale a R$ 15 bilhões desembolsados ao final do primeiro ano. Se aplicarmos uma taxa de desconto (real) anual de 7%, teremos custos descontados para R$ 14.018 bilhões[2] e benefícios descontados para R$ 5,704 bilhões daqui a cinco anos e R$ 5,331 bilhões daqui a seis anos, e assim por diante. O valor da taxa de desconto é decisão do analista e deve ser coerente e justificada. Agências governamentais nos Estados Unidos e no Canadá indicam taxa de desconto entre 8% e 10% ao ano (Boardman et al., 1996). Quanto maior a valorização dos recursos no tempo presente, maior é a taxa de desconto (ou seja,

---

[2] Valor presente = $\dfrac{\text{R\$ 15 bilhões}}{(1 + 0{,}07)^1}$
Valor presente = R$ 14,018 bilhões

valores futuros valem menos). Se essa análise projeta diversos momentos futuros, cabe ao analista aplicar a devida taxa de desconto de risco ou de tempo para cada um dos períodos.

5. Comparar as alternativas e seus impactos: a partir do momento em que o analista identificou, monetizou e descontou todos os potenciais impactos positivos (benefícios) e negativos (custos), ele estará pronto para fazer a relação custo-benefício de cada alternativa. Essa relação pode ser feita de duas formas: subtraindo-se os custos dos benefícios (valor presente líquido), que serve para identificar se cada uma das alternativas é viável (os benefícios superam os custos), ou dividindo-se os benefícios pelos custos (razão custo-benefício), que serve para identificar quanto cada unidade monetária investida reflete em benefício da população (Barros e Lima, 2012).

*Valor presente líquido (VPL)* = total de benefícios − total de custos

$$\text{Razão custo-benefício (RCB)} = \frac{\text{total de benefícios}}{\text{total de custos}}$$

Mesmo que em tese todas as alternativas analisadas possam passar na análise custo-benefício (VPL positivo ou RCB acima de 1), ela serve para mostrar qual das alternativas é a que tem potencial de trazer maior valor social agregado para a sociedade. Ou seja, se há recursos escassos e as alternativas são mutuamente exclusivas, o analista pode indicar qual delas potencialmente trará maior eficiência. Em situações nas quais o VPL e o RCB indicam diferentes alternativas como a melhor, Boardman et al. (1996) aconselham adotar o VPL como critério de escolha.

Para percorrer esses passos, utilizaremos um exemplo prático acompanhado da explicação metodológica. O exemplo deve ser lido como um guia para a lógica de fazer uma ACB para que o leitor perceba os dilemas, as dificuldades e a criatividade que deve ser utilizada para empreender essa tarefa de pesquisa e sistematização. Portanto, a leitura deve ser menos centrada na exatidão dos valores (que são fictícios) e mais centrada no "como fazer uma ACB":

1. Onde buscar informações sobre custos e benefícios.
2. Como ser criativo e detalhista ao monetizar os valores de custos e benefícios.
3. Como aplicar taxas de desconto relativas a tempo e risco.
4. Como descobrir qual das alternativas é a que traz melhor relação custo-benefício (RCB) e melhor valor presente líquido (VPL).

## EXEMPLO: ANÁLISE CUSTO-BENEFÍCIO PARA O TRANSPORTE ESCOLAR

Na cidade de Terra da Fartura, no interior, o transporte escolar de crianças provenientes de áreas rurais é feito por uma empresa privada. O contrato entre empresa e prefeitura vai expirar no próximo ano e desde já o gabinete está pensando se vai renovar o contrato, abrir nova licitação ou comprar uma frota de cinco ônibus para prover diretamente o serviço. Nas discussões entre os membros do gabinete surgiram algumas considerações: 1. o preço da atual concessão foi considerado acima do mercado e um novo processo licitatório poderia gerar competição, diminuindo o preço e economizando dinheiro para a prefeitura; 2. o processo licitatório leva tempo, demanda recursos e nem sempre é capaz de atrair empresas que façam o serviço com a mesma qualidade; 3. a prefeitura tem gastos muito altos com contratação de ônibus de empresas privadas para finalidade extra, como o transporte para excursões e visitas de estudo, e uma frota própria poderia ajudar a resolver esse problema.

1. Delimitação das alternativas: como já visto na descrição, essa análise custo-benefício concentra-se nas três alternativas presentes no enunciado: renovação do contrato, nova licitação ou aquisição de frota.
2. Delimitação das categorias de impacto: pelo lado dos custos: custos de transporte (mão de obra, combustível, manutenção, seguro), custos administrativos (licitação, gestão da frota, custo de oportunidade, custo da compra dos ônibus, custo na gestão de contrato). Pelo lado dos benefícios: o próprio transporte dos alunos, a disponibilidade de ônibus para excursões e visitas de estudo, o valor de venda dos veículos ao final de dez anos de utilização e o recebimento de uma verba proveniente de um Programa Nacional de Transporte Escolar (PNTE), em que o governo federal transfere recursos aos municípios que oferecem transporte para moradores de suas zonas rurais.
3. Delimitação geográfica: no caso do exemplo, a delimitação geográfica pode ser o próprio município de Terra da Fartura, pois os custos e benefícios são circunscritos ao município, bem como à grande maioria dos atores.
4. Delimitação temporal: no exemplo, a delimitação temporal pode ser de dez anos, uma vez que o contrato de concessão obedece a esse prazo.

5. Delimitação dos atores: no caso da concessão de transporte urbano municipal, os atores são os alunos, as famílias dos alunos, os professores, a direção das escolas, a empresa que atualmente desfruta da concessão, outras empresas de transportes, empresas que vendem ônibus, a Secretaria de Educação, a Secretaria de Administração, o prefeito, os vereadores.

O analista então construiu o esqueleto da matriz de avaliação para formalizar as delimitações das categorias de impacto referentes a custos (linhas) e as modalidades alternativas de transporte escolar em análise (colunas).

QUADRO 4.5: MATRIZ DE CUSTOS DO TRANSPORTE ESCOLAR

|  |  | Renovação | Nova concessão | Frota própria |
|---|---|---|---|---|
| Custo com transporte | Mão de obra |  |  |  |
|  | Combustível |  |  |  |
|  | Manutenção |  |  |  |
|  | Seguro |  |  |  |
| Custos administrativos | Licitação |  |  |  |
|  | Gestão da frota |  |  |  |
|  | Custo de oportunidade |  |  |  |
|  | Custo da compra dos ônibus |  |  |  |
|  | Gestão de contrato |  |  |  |
| Custos totais |  |  |  |  |

Para preencher esse quadro, o analista de política pública precisou fazer alguns esforços de pesquisa e alguns cálculos.

O primeiro cálculo foi sobre o investimento necessário para montar a frota de cinco ônibus próprios. O analista consultou a Tabela de Preço Médio de Veículos (Tabela Fipe) e verificou que o preço de um ônibus escolar novo está em torno de R$ 200.000,00, perfazendo um investimento estimado de R$ 1.000.000,00 em cinco ônibus.[3]

---

[3] O valor da compra dos cinco ônibus é R$ 1 milhão. Para fins comparativos, decidiu-se dividir esse valor em base anual (R$ 100.000,00) dos dez anos de exercício para fins comparativos de custos com as outras alternativas.

Para o cálculo do preço da mão de obra com motoristas, o analista solicitou ao Departamento de Recursos Humanos a tabela salarial da prefeitura. Identificou que o salário médio dos motoristas é de R$ 1.500,00, e os desembolsos mensais da prefeitura giram em torno de R$ 2.295,00 se considerados os benefícios. Como serão necessários cinco motoristas para os eventuais cinco novos ônibus, o analista identificou uma expectativa de gasto de R$ 2.295,00 (salários + 53% de benefícios e 13º salário) vezes cinco servidores, por 12 meses, totalizando uma despesa anual de R$ 137.700,00.

Para o cálculo do valor que poderá ser gasto com combustível, o analista solicitou ao Departamento de Transportes da Prefeitura o consumo médio de diesel por litro de ônibus tipo escolar. O Departamento informou que esse gasto gira em torno de quatro quilômetros por litro (4 km/l). Para identificar o percurso, o analista foi à Secretaria de Educação solicitar a quilometragem diária feita pelas rotas já existentes. Sabendo que o preço do óleo diesel está em R$ 2,5 no posto de gasolina fornecedor da prefeitura, ficou então fácil descobrir o valor total gasto anual com combustível: R$ 21.875,00, considerando cinco ônibus percorrendo uma rota média de 35 quilômetros por dia, em 200 dias letivos.

Com relação à manutenção, a Secretaria de Administração calcula um gasto anual médio de 1,5%, sendo próximo a 0,5% nos primeiros anos e próximo a 4% quando os ônibus ficarem mais velhos. Isso significa que serão gastos anualmente R$ 15.000,00 com troca de óleo, troca de pneus e outros tipos de manutenção da frota. A título comparativo, os gastos de manutenção da frota representam 68,71% dos gastos com combustível.

No cálculo do seguro, o analista voltou a consultar a Secretaria de Administração para identificar o valor gasto anualmente com seguros de veículos de grande porte e identificou que gasta 8,7% do valor dos veículos ao ano. Portanto, a expectativa é gastar em torno de R$ 17.400,00 por ano em cada veículo, somando R$ 87.000,00.

As projeções para as hipóteses de renovação e nova concessão foram independentes dessa discriminação anterior. Como a prefeitura realiza um contrato de concessão, com pagamento integral ao contratado, e faz reajustes anuais, toda a preocupação com manutenção, pagamento de motoristas, seguro e combustível fica sob responsabilidade do contratado. Para o cálculo do valor empenhado para a renovação do contrato de concessão, o analista recuperou na Secretaria de Administração o valor da concessão no último ano e aplicou o reajuste contratual, chegando a um valor de R$ 290.000,00 anuais para o serviço de transporte escolar. Já para o cálculo da projeção de preços para a nova concessão, o analista consultou Secretários de Administração de municípios vizinhos e descobriu que, em vários municípios, novas concessões reduzem entre 15% e 25% o preço do contrato. Com base nessas informações, o analista decidiu aplicar uma redução média de 20% sobre o contrato atual para projetar o valor provável a ser pago por uma eventual concessão nova: R$ 232.000,00.

No entanto, abrir nova concessão exige processo licitatório que também impõe despesas. Analisando os gastos com licitações anteriores, o analista projetou R$ 9.500,00 para as hipóteses de nova concessão e compra de frota própria (que também exige licitação). A única alternativa que não impõe tais gastos é a renovação do contrato atual de concessão.

No caso da compra da frota de cinco ônibus, o analista também se viu obrigado a calcular valores com gestão da frota, custo de oportunidade e, claro, o investimento previsto com a imobilização (compra) de cinco ônibus escolares. Esses gastos não são necessários caso a prefeitura decida conceder o serviço para empresa privada.

Para o cálculo dos custos com gestão da frota, o analista visitou o Departamento de Transporte da Prefeitura para verificar a quantidade de carros. Como a compra de novos ônibus imporia um aumento em 4% do tamanho da frota (implicando espaço para estacionamento e outros gastos relativos à gestão da frota), o analista aplicou o valor de 4% sobre o valor do salário do responsável em gerenciar a frota da prefeitura, que está em R$ 2.295,00 (salários + 53% de benefícios e 13º salário) por mês, somando um gasto de R$ 91,80 (4% de R$ 2.295,00) adicionais por mês, ou R$ 1.101,60 por ano.

O custo de oportunidade foi calculado com base nos rendimentos de poupança (8% a.a.) sobre os valores dos veículos, o que equivale a dizer que, se a prefeitura não incorresse nesse investimento, ganharia R$ 8.000,00 ao ano caso aplicasse na poupança os R$ 100.000,00 referentes à parcela anual destinada à compra dos ônibus.[4]

O custo previsto para a compra de cinco ônibus, como já visto, foi calculado em R$ 1 milhão para os cinco ônibus, valores buscados na tabela Fipe.

---

[4] O valor R$ 8.000,00 de custo de oportunidade é calculado em base anual para efeitos comparativos com os outros custos das alternativas. No Quadro 4.8, ao final, é feito o cálculo de custo de oportunidade decenal.

A única despesa adicional na hipótese de manutenção da frota terceirizada (da frota de ônibus escolar) seria a gestão de contrato de terceirizados. A prefeitura dispõe de um setor de gestão de contratos e o trabalho desse setor aumentaria 10% caso fossem mantidas as concessões. Visto que esse setor tem despesa anual de R$ 39.000,00, o gasto adicional seria de R$ 3.900,00.

Os valores coletados pelo analista de políticas públicas foram sintetizados no Quadro 4.6:

QUADRO 4.6: PROJEÇÃO DE CUSTOS ANUAIS COM TRANSPORTE ESCOLAR (VALOR NOMINAL)

| | | Renovação | Nova concessão | Frota própria |
|---|---|---|---|---|
| Custo com transporte | Mão de obra | R$ 290.000,00 | R$ 232.000,00 | R$ 137.700,00 |
| | Combustível | | | R$ 21.875,00 |
| | Manutenção | | | R$ 15.000,00 |
| | Seguro | | | R$ 87.000,00 |
| Custos administrativos | Licitação | R$ – | R$ 9.500,00 | R$ 9.500,00 |
| | Gestão da frota | R$ – | R$ – | R$ 1.101,60 |
| | Custo de oportunidade | R$ – | R$ – | R$ 8.000,00 |
| | Custo da compra dos ônibus | R$ – | R$ – | R$ 100.000,00 |
| | Gestão de contrato | R$ 3.900,00 | R$ 3.900,00 | R$ – |
| Custos totais | | R$ 293.900,00 | R$ 245.400,00 | R$ 280.176,60 |

Perceba que a monetização de todos os custos foi realizada por meio de preços de mercado já praticados pelas empresas fornecedoras (combustível, manutenção, nova frota e novos contratos) e pela própria prefeitura (salários, benefícios, gestão de contratos etc.). O analista de política pública buscou cada uma das informações na fonte mais apropriada para ter um senso dos custos parciais e totais de cada alternativa.

Para a projeção dos benefícios, ficou estabelecido que os itens de verificação seriam transportes aos alunos, disponibilidade de ônibus para excursões e visitas de estudo, verbas do Fundo Nacional de Transporte Escolar e receitas provenientes da venda dos ônibus usados ao final dos dez anos.

Com base nos dados atuais de transporte, o analista de política pública consegue fazer um cálculo do benefício do transporte dos alunos. São 400 alunos que usam o transporte escolar no município. Eles são divididos em cinco ônibus que transportam em média 40 alunos nos trajetos casa-escola (ida) e escola-casa (volta) no período da manhã, e esses mesmos ônibus transportam outros 40 alunos no período da tarde. O total equivale a 800 transportes individuais diários (400 alunos × 2 viagens). O analista monetizou esses valores de acordo com o mercado, pesquisando o preço de passagem para estudante praticado nos ônibus dos municípios vizinhos: R$ 1,50. Em uma projeção anual de 200 dias letivos, o benefício do transporte aos alunos chega a R$ 240.000,00 por ano (200 dias letivos × 800 transportes × R$ 1,50).

Para monetizar o segundo item de benefício, "Disponibilidade de ônibus para excursões, visitas de estudos e eventos esportivos", a aplicação de preço-sombra é necessária. Na reunião do gabinete da prefeitura foi argumentado que esse benefício é um dos principais para a alternativa de aquisição de frota própria. Restou ao analista verificar o tamanho/dimensão desse benefício, com base no acréscimo estimado de viagens para eventos extras. Infelizmente a Secretaria de Administração não possui dados exatos de quantas viagens e quilômetros foram percorridos nos anos anteriores com atividades desse gênero. Mas organizando uma reunião com o Secretário de Administração, o Diretor de Cultura, a Diretora de Ensino e o presidente da Fundação Municipal de Esportes, o analista conseguiu identificar que nos anos anteriores houve uma necessidade anual aproximada de 2.000 quilômetros em 40 viagens extras, com uma média de 50 km por viagem, incluindo transporte festival da canção, festival de dança, festival de teatro, jogos escolares fora do município e transporte de moradores de áreas rurais para eventos especiais no município. Projetando o futuro, os especialistas conseguiram estimar que haveria um acréscimo em 40% no número de viagens especiais com frota própria, totalizando um acréscimo líquido de 800 km em viagens, visto que em anos anteriores muitas viagens eram vetadas pela prefeitura por questões de contenção de gastos e pela indisponibilidade dos terceirizados para atender a todas as demandas da prefeitura. Para o cálculo do benefício de transporte para atividades culturais e esportivas, o analista utilizou um preço-sombra de R$ 10,00 por pessoa transportada. Segundo a Secretaria de Administração, há uma ocupação média de 29 pessoas por transporte realizado para atividades especiais. Como o grupo calculou uma demanda de 40 viagens extras, ficou fácil calcular o benefício anual de disponibilidade de ônibus para viagens extras: R$ 11.600,00 (40 viagens × 29 pessoas × R$ 10,00).

Para o cálculo dos benefícios oriundos do Fundo Nacional de Transporte Escolar (FNTE), o analista de política pública leu o regulamento no website do governo federal e identificou que o município receberá R$ 150,00 por aluno por ano caso forneça transporte escolar a moradores de zonas rurais, seja por meio de concessão para transportadores privados, seja com frota própria. Como o sistema de transporte vai beneficiar 400 estudantes da rede municipal de ensino, o município receberá R$ 60.000,00 ao ano como incentivo do governo federal.

Por fim, para o cálculo dos valores esperados com a alienação (venda) dos cinco ônibus ao final dos dez anos, o analista de políticas públicas consultou a Tabela de Preço Médio de Veículos (Tabela Fipe) e percebeu que o valor de mercado dos ônibus é de 40% do valor de compra do veículo zero quilômetro. Portanto, existe uma expectativa de receber R$ 80.000,00 por ônibus, ou R$ 400.000,00 com a venda dos cinco ônibus da prefeitura após os dez anos de utilização. Desse valor, desconta-se o valor de R$ 9.500,00 referentes aos gastos com um processo licitatório de alienação (R$ 390.500,00), ou para fins comparativos, R$ 39.050,00 por ano.

QUADRO 4.7: PROJEÇÃO DE BENEFÍCIOS ANUAIS COM TRANSPORTE ESCOLAR (VALOR NOMINAL)

|  |  | Renovação | Nova concessão | Frota própria |
|---|---|---|---|---|
| Benefícios de transporte | Transporte dos alunos | 240.000,00 | 240.000,00 | 240.000,00 |
| | Disponibilidade de ônibus para excursões e visitas de estudos, eventos esportivos | – | – | 11.600,00 |
| Benefícios com transferências governamentais | Verba do FNTE | 60.000,00 | 60.000,00 | 60.000,00 |
| Benefícios com alienação | Receitas com venda dos ônibus usados ao final dos dez anos | | | 39.050,00 |
| Benefícios totais | | 300.000,00 | 300.000,00 | 350.650,00 |

Tendo delimitado as alternativas e os critérios e indicadores, coletado informações e transformado todas as informações em unidades monetárias (monetização), o analista passa para a quarta etapa da ACB: aplicar a taxa de desconto.

A primeira taxa de desconto que o analista aplica refere-se ao risco, ou seja, ao percentual de certeza que se tem de que cada uma das projeções vai realmente acontecer. Não necessariamente todas as categorias de impacto (indicadores) implicam risco.

Pelo lado dos custos, o analista identificou que os custos com mão de obra, gestão da frota e gestão de contrato são todos dependentes do valor de mão de obra. Visto que o salário dos servidores cresce acima da inflação em razão de benefícios como triênios, o analista calculou que há 90% de chance de esses itens serem 9% mais caros nos próximos dez anos. Multiplicando 90% por 9%, o analista conclui que pode aplicar uma adição de 8,1% (ao final de dez anos) aos valores correspondentes dos quatro itens que são fortemente dependentes de reajustes salariais.

Ainda pelo lado dos custos, o analista consultou o *site* da Agência Nacional do Petróleo (ANP) e encontrou a informação de que há uma tendência histórica de aumento do preço dos combustíveis. Como o preço dos combustíveis flutua, mas mantém uma trajetória de valorização, o analista achou prudente aplicar uma taxa de 50% de chance de o preço do combustível estar 20% mais caro ao final dos dez anos.

Pelo lado dos benefícios, o analista aplicou uma taxa de certeza de 80% de continuidade da verba do FNTE, visto que no arco de dez anos é possível que haja mudanças no comando do governo federal ou mesmo que o governo seja impelido a descontinuar o programa por causa de estresse fiscal. O analista descontou os 20% de risco ao longo dos dez anos. Com relação às possíveis receitas referentes à alienação dos ônibus, o analista aplicou uma taxa de risco de 50% de receber 10% a menos que o mercado, ou seja, existe 95% de chance de a prefeitura conseguir receber o valor da Tabela Fipe com a venda dos ônibus após dez anos. No caso dos ônibus terceirizados, há também o benefício da reposição imediata dos ônibus em caso de acidente ou problema mecânico. O restante dos itens de custos e benefícios foi considerado de baixo risco e o analista decidiu então não aplicar desconto relativo a risco/incerteza.

QUADRO 4.8: PROJEÇÃO DECENAL DE CUSTOS E BENEFÍCIOS (VALOR DESCONTADO PELO RISCO)

| | | Renovação | Nova concessão | Frota própria |
|---|---|---|---|---|
| Custo com transporte | Mão de obra | R$ 2.900.000,00 | R$ 2.320.000,00 | R$ 1.437.628,73 |
| | Combustível | | | R$ 230.609,27 |
| | Manutenção | | | R$ 150.000,00 |
| | Seguro | | | R$ 870.000,00 |
| Custos administrativos | Licitação | R$ 0,00 – | R$ 9.500,00 | R$ 9.500,00 |
| | Gestão da frota | R$ 0,00 – | R$ 0,00 | R$ 11.501,03 |
| | Custo de oportunidade | R$ 0,00 – | R$ 0,00 | R$ 80.000,00 |
| | Custo da compra dos ônibus | R$ 0,00 – | R$ 0,00 | R$ 1.000.000,00 |
| | Gestão de contrato | R$ 28.752,57 | R$ 28.752,57 | R$ 0,00 |
| Custos totais | | R$ 2.928.752,57 | R$ 2.358.252,57 | R$ 3.789.239,03 |
| Benefícios com transporte | Transporte dos alunos | R$ 2.400.000,00 | R$ 2.400.000,00 | R$ 2.400.000,00 |
| | Disponibilidade de ônibus para excursões e visitas de estudos, eventos esportivos | R$ 0,00 | R$ 0,00 | R$ 116.000,00 |
| Benefícios com transferências governamentais | Verba do FNTE | R$ 531.792,73 | R$ 531.792,73 | R$ 531.792,73 |
| Benefícios com alienação | Receitas com leilão dos ônibus usados ao final dos dez anos | R$ 0,00 – | R$ 0,00 | R$ 370.975,00 |
| Benefícios totais | | R$ 2.931.792,73 | R$ 2.931.792,73 | R$ 3.418.767,73 |

O desconto com relação ao tempo foi feito dentro do arco temporal delimitado. Nesse caso, o analista já havia delimitado os dez anos referentes à duração dos contratos terceirizados, que coincidem com o tempo necessário para depreciação da frota. Para cada um dos anos sucessivos, uma taxa de desconto nominal de 8% a.a. foi aplicada no início do período. A decisão dessa taxa de desconto adotada pelo analista tomou como base Boardman et al. (1996), que recomendam uma taxa de desconto anual entre 8% e 10%. Para o cálculo da taxa de desconto real, o analista utilizou a fórmula:

$$\text{Taxa de desconto real} = \frac{(\text{taxa de desconto nominal} - \text{inflação})}{(1 + \text{inflação})}$$

Com base em projeções do Banco Central, o analista aplicou uma expectativa anual de inflação de 6% e chegou à taxa de desconto real de 1,886792% ao ano.

Nos itens de custo referentes a custos administrativos com licitação e no custo da compra do ônibus não foi aplicado desconto, pois esses valores seriam desembolsáveis no presente; e, no benefício de alienação (venda dos ônibus), o analista aplicou a taxa de desconto apenas para depois dos dez anos, pois os valores seriam recebidos apenas ao final do período. Todos os outros itens sofreram desconto progressivo de base anual, que depois foram agregados ao decênio.[5]

Após ter descontado os riscos e padronizado temporalmente as expectativas de custos e benefícios que ocorrerão no futuro, o analista concluiu sua ACB comparando custos e benefícios para as três alternativas.

Os custos para a alternativa de renovação do atual contrato de concessão somaram R$ 2.696.360,30, contra um benefício de R$ 2.699.159,22.

Os custos para a alternativa de nova licitação para concessão foram menores: R$ 2.171.882,46, com benefício esperado de R$ 2.699.159,22 para o período analisado (dez anos).

Os custos para a alternativa aquisição de frota própria de ônibus foi muito maior que as alternativas de concessão: R$ 3.568.670,76, e também estão projetadas a trazer mais benefícios para a prefeitura: R$ 3.113.681,89.

---

[5] Para fins de clareza, a aplicação da taxa de desconto relativa ao tempo é dependente dos desembolsos ou receitas. Por exemplo, se a expectativa de receber receita com a venda dos ônibus é apenas daqui a dez anos, o analista aplica a taxa única de desconto sobre os dez anos. Se, no entanto, a expectativa é receber anualmente transferências governamentais (por exemplo, FNTE), a taxa de desconto será elevada a zero para o tempo presente, elevada à primeira potência para o ano seguinte, elevada à segunda potência para daqui a dois anos etc. O valor esperado ao final de dez anos é igual ao somatório dos valores presentes para cada um dos dez anos descontados.

QUADRO 4.9: PROJEÇÃO DECENAL DE CUSTOS E BENEFÍCIOS (VALOR PRESENTE)

| | | Renovação | Nova concessão | Frota própria |
|---|---|---|---|---|
| Custo com transporte | Mão de obra | R$ 2.669.889,20 | R$ 2.135.911,36 | R$ 1.323.554,97 |
| | Combustível | | | R$ 212.310,76 |
| | Manutenção | | | R$ 138.097,72 |
| | Seguro | | | R$ 800.966,76 |
| Custos administrativos | Licitação | R$ 0,00 | R$ 9.500,00 | R$ 9.500,00 |
| | Gestão da frota | R$ 0,00 | R$ 0,00 | R$ 10.588,44 |
| | Custo de oportunidade | R$ 0,00 | R$ 0,00 | R$ 736.521,16 |
| | Custo da compra dos ônibus | R$ 0,00 | R$ 0,00 | R$ 1.000.000,00 |
| | Gestão de contrato | R$ 26.471,10 | R$ 26.471,10 | R$ 0,00 |
| Custos totais | | R$ 2.696.360,30 | R$ 2.171.882,46 | R$ 3.568.670,76 |
| Benefícios com transporte | Transporte dos alunos | R$ 2.209.563,47 | R$ 2.209.563,47 | R$ 2.209.563,47 |
| | Disponibilidade de ônibus para excursões e visitas de estudos, eventos esportivos | R$ 0,00 | R$ 0,00 | R$ 106.795,57 |
| Benefícios com transferências governamentais | Verba do FNTE | R$ 489.595,75 | R$ 489.595,75 | R$ 489.595,75 |
| Benefícios com alienação | Receitas com leilão dos ônibus usados ao final dos dez anos | R$ 0,00 | R$ 0,00 | R$ 307.727,10 |
| Benefícios totais | | R$ 2.699.159,22 | R$ 2.699.159,22 | R$ 3.113.681,89 |

A pergunta final é: qual das três alternativas é a mais adequada para a prefeitura?

Aplicando as fórmulas de valor presente líquido (VPL) e razão custo-benefício (RCB), o analista encontrou as respostas:

$$VPL = total\ de\ benefícios - total\ de\ custos$$

$$RCB: \frac{\text{total de benefícios}}{\text{total de custos}}$$

VPL Renovação = R$ 2.798,92 e RCB Renovação = 100,10%

VPL Nova concessão = R$ 527.276,76; RCB Nova concessão = 124,28%

VPL Frota própria = R$ (454.988,87); RCB Frota própria = 87,25%

O analista montou o seguinte gráfico para deixar essa resposta bastante clara para os tomadores de decisão:

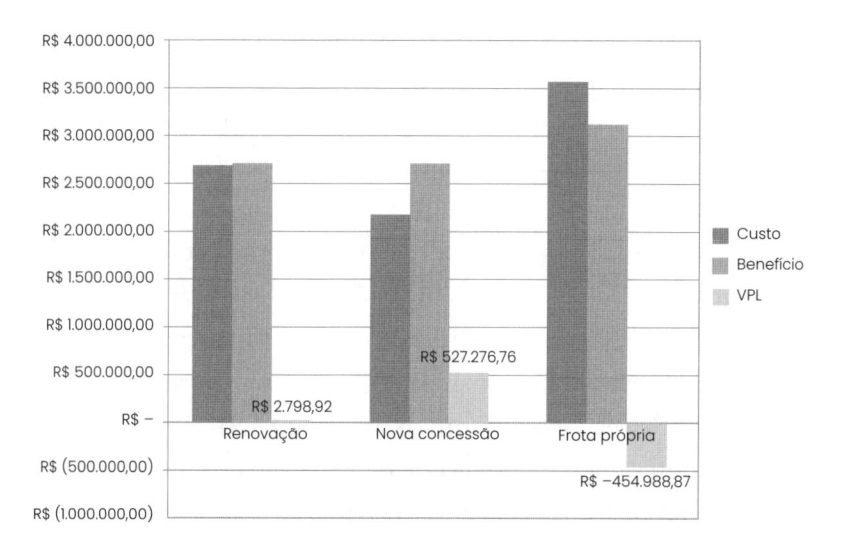

FIGURA 4.1: VALOR PRESENTE LÍQUIDO (VPL) DAS TRÊS ALTERNATIVAS PARA TRANSPORTE ESCOLAR.

Com base no valor presente líquido (VPL) e na razão custo-benefício (RCB), a alternativa mais eficiente para a prefeitura é proceder com uma nova licitação para conceder o serviço de transporte escolar para alguma empresa privada. Essa alternativa cria a expectativa de gerar R$ 527.276,76 em benefícios líquidos para o bem-estar dos munícipes e com uma taxa de eficiência (RCB) de 1,2428.

O exemplo mostra que o analista de política pública teve uma tarefa simples, mas trabalhosa, de coleta de informações para a composição da ACB. As fontes de dados foram múltiplas e o trabalho de coleta dependeu de consulta a websistes, documentos, solicitação de informações a colegas e realização de reuniões. Cada uma das coletas de informações foi centrada nos "buracos informativos", ou parâmetros necessários para estruturar a análise. O Quadro 4.10 detalha esse esforço. Nele, é mostrado que o analista consultou 14 fontes de dados a fim de conseguir sanar o déficit de informação em 26 buracos informativos, utilizando diversas técnicas de coleta de dados, como: análise documental, grupo focal e entrevista pessoal ou por telefone. Cada um desses esforços exigem dedicação e seriedade por parte do analista.

Para a prefeitura de Terra da Fartura, ficam evidentes os benefícios desse esforço de análise. Caso a prefeitura tivesse sido seduzida por argumentos superficiais de composição de nova frota ou mesmo ter adotado o caminho mais "fácil" de renovação da atual concessão, deixaria de escolher a alternativa de nova concessão que, pelos cálculos do analista, é a que possui maior potencial de trazer eficiência para o gasto público.

A relevância da ACB fica mais evidente se pensarmos em fazer um trabalho de ACB do próprio estudo do analista. Supondo que o seu salário mensal seja de R$ 5.000,00 (R$ 7.650,00 com benefícios) e que o analista tenha dedicado uma semana de trabalho para a realização dessa ACB sobre transporte escolar, pode-se concluir que a prefeitura de Terra da Fartura teria gasto R$ 1.912,50 com uma semana de trabalho do analista, que resultou em evitar uma adoção de alternativa errada que deixaria de gerar R$ 524.477,84 em VPL (hipótese de renovação), ou mesmo um prejuízo de R$ 454.988,87 no caso de adoção da alternativa de frota própria.

Quando analistas de políticas públicas bem treinados passarem a ocupar posições técnicas e estratégicas nas administrações públicas, muito gasto público inútil pode ser evitado. A análise custo-benefício é uma das ferramentas mais importantes para confrontar decisões públicas pouco embasadas ou feitas de acordo com interesses particulares.

As limitações da análise custo-benefício também são conhecidas: a) ignora questões políticas, morais e distributivas; b) depende de parâmetros bem fundamentados; c) depende de monetização de todos os custos e benefícios.

A ACB, por buscar o "bem-estar social agregado", tem pouca capacidade de lidar com a distribuição dos benefícios (e custos) entre os atores envolvidos. Como o foco da ACB é a eficiência, elementos como viabilidade política e facilidade de implementação não são propriamente capturados. Por exemplo, uma política de extinção de

QUADRO 4.10: FONTES E PROCEDIMENTOS DE COLETA DE DADOS PARA ACB (TRANSPORTE ESCOLAR)

| Fonte da informação | Procedimento de coleta | Buraco informativo (parâmetro) |
|---|---|---|
| Tabela salarial da Prefeitura | Análise documental (leitura dirigida) | Salário e benefícios dos motoristas. |
| Departamento de Transportes | Entrevista pessoal (consulta direta) | Gastos com transporte escolar, gastos com gestão da frota. |
| Secretaria de Educação da Prefeitura | Entrevista pessoal (consulta direta) | Quilometragem diária do percurso de transporte, número de alunos beneficiados com transporte, propensão a pagar por transporte privado. |
| Secretaria de Administração da Prefeitura | Entrevista pessoal (consulta direta) | Preço do combustível licitado, gastos com manutenção de frota, taxa de depreciação de veículos pesados, gastos com seguro, preço de renovação do contrato (reajuste), gastos com nova licitação, gastos com licitação para alienação da frota. |
| Tabela Fipe | Análise documental (consulta ao website) | Preço para aquisição de ônibus escolar, preço para alienação de ônibus escolares. |
| Secretários de Administração de municípios vizinhos | Entrevista pessoal (consultas por telefone) | Preços médios com novas concessões, preço de passagem de ônibus praticado no mercado. |
| Website do Banco Central | Análise documental (consulta ao website) | Rendimento médio da poupança, expectativa de inflação para o decênio. |
| Setor de Gestão de Contratos | Entrevista pessoal (consulta direta) | Gastos com gestão de contratos. |
| Reunião com secretários de Administração, Diretor de Cultura, Diretor de Ensino, presidente da FME | Grupo focal | Benefícios gerados pela disponibilidade de frota própria para atividades extraescolares. |
| Regulamento do FNTE | Análise documental (consulta ao website) | Benefícios de transferência governamental pelo FNTE. |
| Coordenadoria de Recursos Humanos | Entrevista pessoal (consulta direta) | Custos trabalhistas e benefícios projetados para dez anos. |
| Website da Agência Nacional do Petróleo (ANP) | Análise documental (consulta ao website) | Projeção do preço do combustível para dez anos. |
| Livro de Boardman et al. (1996) | Análise documental (leitura dirigida) | Taxa de desconto de tempo recomendada. |

agências dos Correios em municípios pequenos que só trazem déficits orçamentários pode até ser considerada uma política eficiente, mas fere direitos individuais e aprofunda a desigualdade de prestação de serviços entre os grandes e os pequenos centros urbanos. O elemento distributivo é o maior empecilho da análise custo-benefício aplicada à política pública. Por isso, a ACB é considerada uma das ferramentas disponíveis para a tomada de decisão que compõem a análise de política pública. Se o analista de política pública precisar considerar outros critérios além da eficiência, como eficácia, equidade ou viabilidade política, ele deverá usar mais ferramentas analíticas para complementar aquilo que a ACB não oferece.

Como visto, os parâmetros para a condução de uma ACB devem ser muito bem fundamentados. Se um dos elementos da análise varia, os resultados da ACB podem levar a recomendações totalmente diferentes. Decisões do analista com relação à taxa de desconto, à taxa de risco, à monetização dos impactos e às próprias categorias de impacto podem sofrer críticas e, se mal respondidas, tiram a credibilidade da análise e do próprio analista que a realizou.[6] Por isso, o analista deve conduzir a ACB com extremo cuidado e detalhamento e justificar suas escolhas de parâmetros. De qualquer maneira, a ACB sofistica o debate em torno de alternativas reconhecidas e força os críticos a se especializarem também na matéria, fugindo de "achismos" e generalidades. Nesse sentido, o maior valor agregado de uma ACB não é o apontamento da alternativa mais "eficiente", que é o produto da análise, mas sim o processo de análise em si, que educa, sofistica o debate e eleva a responsabilidade na elaboração de qualquer política pública.

Cabe ainda ressaltar que a ACB depende da monetização de todos os custos e benefícios, o que nem sempre é viável. Em geral, custos são mais fáceis de monetizar, pois dependem de coleta de informações de recursos necessários para levar a cabo a alternativa de política pública. Já os benefícios, que não encontram correspondentes precificados no mercado, dependem daquilo que foi chamado *proxies*, ou substitutivos, para o cálculo dos benefícios por meio de preços-sombra e propensão a pagar. Qual é o benefício social agregado do ar puro? Qual é o benefício social agregado

---

[6] Existem técnicas para estimar a robustez dos parâmetros. A principal delas chama-se análise de sensibilidade (*sensitivity analysis*), que consiste em fazer alterações nos parâmetros individualmente para ver o quanto eles alteram os resultados no cálculo da eficiência ou na ordem das alternativas. A pergunta básica desse tipo de teste é: "Quanto esse parâmetro pode suportar estar errado a ponto de comprometer a análise?" (Bardach, 2009, p. 44). Técnicas detalhadas para realização de teste de sensibilidade podem ser encontradas em Patton e Sawicki (1993), Boardman et al. (1996) e Weimer e Vining (2011).

da proteção de uma espécie em extinção? Quando os benefícios de uma alternativa de política pública são muito difíceis de monetizar, ou a monetização apresenta resultados tão artificiais como contestáveis, a opção que o analista de política pública tem para evitar uma ACB é realizar uma análise custo-efetividade (ACE), que é detalhada a seguir.

### 4.3.2 Análise custo-efetividade (ACE)

A análise custo-efetividade (ACE) é um método de auxílio à tomada de decisão sobre algum projeto com base na efetividade. Eficácia ou efetividade (*effectiveness*) é a capacidade para alcançar objetivos. O objetivo da ACE é verificar quanto os objetivos são alcançados por unidade monetária despendida, ou quantas unidades monetárias são necessárias para o alcance de uma unidade do objetivo. Objetivos na área de política pública podem ser vidas salvas, crianças vacinadas, desmatamento evitado, empregos gerados, estudantes formados, criminosos reintegrados à vida em sociedade.

A ACE é utilizada como alternativa à ACB nos casos em que é difícil realizar a monetização de benefícios ou custos sociais. Por exemplo, pode ser fácil identificar os custos orçamentários de uma campanha para o incentivo à doação de medula, mas difícil transformar em unidades monetárias os benefícios dessa campanha. Nesses casos, a ACE é mais útil que a ACB, pois aquela compara o custo das alternativas com os potenciais benefícios em termos de objetivo alcançado ou taxa de sucesso esperada.

Os passos para a realização de uma análise custo-efetividade são:

1. Delimitar:
   a. Alternativas (conforme já apresentado na seção de ACB).
   b. Categorias de impacto: estabelecer o objetivo e as categorias de custos que são relevantes para a análise. É muito importante estabelecer um objetivo que expresse uma variável quantificável, que torne possível calcular a efetividade (grau de alcance do objetivo). Com relação às categorias de custos, a tarefa é idêntica ao que já foi apresentado na ACB.
   c. Área geográfica: (conforme já apresentado na seção de ACB).
   d. Tempo: (conforme já apresentado na seção de ACB).
   e. Atores: (conforme já apresentado na seção de ACB).

2. Coletar informações: (conforme já apresentado na seção de ACB).
3. Monetizar: para a análise dos custos, a tarefa é feita da mesma forma já expressa na seção de ACB, enquanto os benefícios não são monetizados, mas sim mantidos em unidades de objetivos alcançados.
4. Aplicar uma taxa de desconto (tempo): se os custos estimados forem referentes a desembolsos em diferentes momentos no tempo, há necessidade de aplicar taxa de desconto de tempo. Quanto à taxa de desconto de risco, não há necessidade de aplicar, visto que só são computados os custos orçamentários que certamente serão necessários para a implementação de cada alternativa de política pública.
5. Comparar as alternativas e seus impactos: a partir do momento em que o analista identificou, monetizou e descontou todos os potenciais impactos negativos (custos) e efetuou a projeção de alcance de objetivo, ele estará pronto para fazer a relação custo-benefício de cada alternativa. Essa relação pode ser feita de duas formas:

    a. o *input* fixo (é dado o valor monetário do *input*, e comparam-se os benefícios das alternativas com relação a esse valor fixo) é dado pela fórmula
    $$CE = \frac{\text{Indicador de efetividade}}{\text{custo}}; \text{ ou}$$

    b. o *outcome* fixo (a unidade de objetivo alcançado é fixa, e compara-se a variação de custo das alternativas), pela fórmula
    $$CE = \frac{\text{Custo}}{\text{indicador de efetividade}}$$

É o analista que escolhe qual das duas formas deve ser empregada, e, geralmente, adota-se o formato em que os resultados são mais intuitivos (fáceis de entender).

Para facilitar a compreensão, apresentamos dois quadros de comparação de ACE, o primeiro com a forma de *input* fixo (Quadro 4.11) e o segundo com a forma de *outcome* fixo (Quadro 4.12).

QUADRO 4.11: COMPARAÇÃO DE ALTERNATIVAS PARA ACE – *INPUT* FIXO

| Objetivo: rins transplantados | Alternativa A | Alternativa B | Alternativa C |
|---|---|---|---|
| Relação custo-efetividade | 3 rins transplantados R$ 1.000,00 | 4 rins transplantados R$ 1.000,00 | 9 rins transplantados R$ 1.000,00 |

QUADRO 4.12: COMPARAÇÃO DE ALTERNATIVAS PARA ACE – *OUTCOME* FIXO

| Objetivo: espécies de araras salvas da extinção | Alternativa A | Alternativa B | Alternativa C |
|---|---|---|---|
| Relação custo-efetividade | R$ 230.000,00 1 espécie salva | R$ 120.000,00 1 espécie salva | R$ 200.000,00 1 espécie salva |

No Quadro 4.11, a alternativa com melhor relação custo-efetividade é a alternativa C, pois cada R$ 1.000,00 viabiliza o transplante de 9 rins, comparado a 3 (alternativa A) e 4 (alternativa B). No Quadro 4.12, a melhor alternativa é a B, pois utiliza menos recursos (R$ 120.000,00) para salvar uma espécie. Perceba que a alternativa com melhor relação custo-efetividade na forma de custo fixo é aquela que apresenta maior alcance de objetivo (relação positiva: quanto maior, melhor), enquanto na forma *outcome* fixo o sentido é negativo, pois se busca economizar recursos financeiros para o alcance do objetivo (quanto menor o gasto, melhor).

### 4.3.3 Análise de viabilidade política e de implementação (AVPI)

Um dos maiores entraves para a resolução de um problema público é a viabilidade política e de implementação. Alternativas de política pública que parecem perfeitas "no papel" muitas vezes são rechaçadas por atores políticos nas fases de decisão e implementação. Empreendedores de política pública e analistas menos experientes partem do falso pressuposto de que a alternativa será aprovada e implementada da forma exata que foi desenhada. Tão ou mais importante que entender elementos técnicos e financeiros é compreender os aspectos políticos que envolvem a política pública. Análises de políticas públicas são consideradas incompletas se negligenciam essa variável.

Para não cometer tal erro, analistas de política pública geralmente consideram um dos critérios de análise a viabilidade política e de implementação. É preciso verificar se as alternativas são capazes de angariar apoios políticos fortes o suficiente para superar os oponentes políticos, tanto na fase pré-decisória (elaboração e tomada de decisão) quanto na fase pós-decisória (implementação) do ciclo de política pública.

Para a análise de viabilidade política na fase pré-decisória, Meltsner (1972, p. 863) indica o agrupamento dos atores em três categorias: apoiadores, neutros e opositores. Os apoiadores são aqueles atores que têm forte interesse na resolução do problema e que já demostraram simpatia pela proposta de solução. Os neutros são aqueles que ainda não se expressaram ou cuja posição é incerta quanto ao problema e solução. Os opositores são aqueles que poderão ser prejudicados pela alternativa ou pela própria resolução do problema.

Com isso é possível construir um mapa de posicionamento dos atores relevantes em torno de cada alternativa. Se o analista de política pública está seguindo a metodologia, a explicação de como mapear os atores relevantes já foi realizada na Seção 2.2.1. Esses atores já mapeados na fase de análise do problema podem ser complementados por mais atores que podem surgir com a análise das soluções, pois nem sempre são exatamente os mesmos atores envolvidos.

Para construir o mapa de posicionamento diante das alternativas, devemos classificar aqueles atores já mapeados. Apresentamos um exemplo de mapa de posicionamento dos partidos políticos antes da votação do sistema eleitoral, um dos itens da tentativa de reforma política.

QUADRO 4.13: MAPA DE POSICIONAMENTO DOS ATORES NA FASE PRÉ-DECISÓRIA

|  | *Status quo* (Sistema proporcional com lista aberta) | Sistema proporcional com lista fechada | Sistema distrital misto | Distritão |
|---|---|---|---|---|
| Apoiadores |  | PC do B | PSDB, PPS, PV | PMDB, DEM, PTB, PSC, PC do B |
| Neutros | PMDB, DEM, PTB, PSC, SDD, PV, PROS, PSD, PSDB, PSB, PR, PRB, PDT, PPS, PSOL, PT, PC do B |  | DEM, PROS | PV, SDD, PROS, PSD, PSDB |
| Opositores |  | PT, PMDB, DEM, PTB, PSC, SDD, PV, PROS, PSD, PSDB, PSB, PR, PRB, PDT, PPS, PSOL | PMDB, PT, PRB, PSD, PR, PTB, PSB, PDT, SDD, PC do B, PSOL, PSC | PT, PSB, PR, PSOL, PRB, PDT, PPS |

Fonte: Elaboração do autor com base em *Jornal do Comércio* (2015), *Pragmatismo Político* (2015), Ulhôa e Resende (2015), *Araruna Online* (2015).

Esse mapa de posicionamento dos atores mostra apenas o posicionamento explícito. Esses posicionamentos podem sofrer alteração no decorrer do tempo. Outra questão importante é a correlação de forças, ou seja, os recursos políticos que cada ator possui. Alguns atores são mais fortes que outros e têm poder de veto sobre a aprovação de alternativas. Outros atores, mesmo sem possuir assento na arena decisória, podem fazer campanhas de *policy advocacy*, mobilizar outras forças políticas e influenciar a opinião pública e os próprios tomadores de decisão.

A pergunta central que o analista deve responder é: quais as chances políticas de cada alternativa ser aprovada? Todas as informações e mapas de atores devem ser fontes de organização analítica para a resposta a essa pergunta. Muitas vezes uma solução tecnicamente ótima não é aprovada por ferir os interesses de atores políticos com muitos recursos (econômicos, organizacionais etc.).

Mesmo considerando que a alternativa seja aprovada pelos tomadores de decisão, é preciso também antecipar a viabilidade política da implementação de cada alternativa. Novamente, o centro da atenção analítica são os atores, que podem ser os mesmos da fase pré-decisória, mas podem ser outros atores os responsáveis pela implementação ou destinatários da política pública como burocratas, empresas e cidadãos.

Algumas perguntas que ajudam o analista na análise da viabilidade política de implementação são:

- Existe(m) liderança(s) forte(s) e engajada(s) no avanço dessa alternativa?
- Existem atores com recursos e interesses a favor da implementação dessa alternativa?
- Existem atores com recursos e interesses contrários à implementação dessa alternativa?
- Existe uma crise ou urgência percebida pelos atores relevantes que os força a tentar enfrentar o problema público?
- Existem recursos financeiros para implementação?
- Existe aparato legal que dê base para a implementação?
- Existem implementadores capacitados e interessados no sucesso da política?
- Existe apoio popular e dos meios de comunicação para implementação dessa solução?

Um dos cálculos possíveis para analisar a viabilidade política de implementação é o proposto por Pressman e Wildavsky (1973), que trata do potencial de sucesso de implementação. Para isso, é necessário mapear de trás para a frente todos os momentos decisivos de implementação e os atores que serão envolvidos em cada momento do processo. Após elaborar o mapeamento, o analista deve atribuir um percentual das chances de concordância dos atores relevantes que garantam a implementação da política pública. A taxa de sucesso da política pública será o resultado da multiplicação dos percentuais de concordância em cada momento decisivo de implementação.

Um exemplo: duas alternativas de política pública estão sendo consideradas para aprovação no Congresso para obrigar os caminhoneiros a descansarem durante suas jornadas. O argumento central é que o regime de transporte sem descanso incentiva o motorista a enfrentar a estrada mesmo cansado, aumentando as chances de acidente. As duas alternativas em análise são de descanso de 30 minutos, obrigatoriamente, após terem viajado 5h30, e descanso de 30 minutos, obrigatoriamente, após terem viajado apenas 4 horas.

QUADRO 4.14: CÁLCULO DO POTENCIAL DE SUCESSO DE IMPLEMENTAÇÃO

| Momento decisivo de implementação | Atores envolvidos | Chance de sucesso 5h30 | Chance de sucesso 4 horas |
|---|---|---|---|
| Obediência dos caminhoneiros | Caminhoneiros | 80% | 50% |
| Fiscalização da implementação da legislação | Polícia Rodoviária Federal | 100% | 90% |
| Efetividade das multas aplicadas aos infratores | Polícia Rodoviária Federal, caminhoneiros | 80% | 80% |
| Existência de espaço suficiente e adequado para os descansos | Postos de gasolina | 50% | 35% |
| Apoio das entidades patronais | Empresas transportadoras | 50% | 40% |
| Apoio de demais stakeholders | Empresas contratantes do transporte | 45% | 40% |
| Apoio dos sindicatos dos caminhoneiros | Sindicato dos caminhoneiros, caminhoneiros | 70% | 90% |
| Capacidade de feedback e correção da política pelas agências reguladoras | Agência Nacional de Transporte Terrestre | 60% | 70% |
| **Potencial de sucesso de implementação (taxa cumulativa)** | | 3,0240% | 1,2701% |

Como pode ser percebido no exemplo, ambas as alternativas de política pública foram calculadas com um baixo potencial de sucesso de implementação. Pode-se dizer de antemão que ambas frustrarão em muito as expectativas dos *policy-makers* no Congresso. No entanto, a análise mostra que a alternativa de obrigatoriedade de descanso de 30 minutos após 5h30 de viagem tem maior aceitação dos atores e maior capacidade de fiscalização e reação das autoridades governamentais. O potencial dessa alternativa é calculado em 3,024%, enquanto a alternativa mais restritiva (4 horas de viagem) levaria a um potencial de sucesso de implementação de apenas 1,2701%. Esses números parecem assustadores, mas, por mais que sejam frutos de uma conjectura do analista, eles dizem bastante sobre as taxas de sucesso de grande parte das políticas públicas que são implementadas. Muitas das políticas, após um tempo de implementação, são revistas, corrigidas ou até mesmo extintas por sua incapacidade de resolver o problema que a originou.

Para melhor informar a análise de viabilidade política, seja de decisão ou de implementação, o analista de política pública deve ampliar as suas fontes de consulta, para tentar entender os potenciais comportamentos, interesses e crenças dos atores relevantes.

Algumas fontes de informação que podem ajudar a análise de viabilidade política são:

a. Teste de empatia (*the other guy's shoes*): de posse de informações já coletadas na fase de análise do problema, o analista pode fazer um teste de empatia, ou seja, colocar-se no lugar de cada um dos atores relevantes e se perguntar: "O que eu faria se fosse tal ator e essa alternativa fosse implementada?"
b. Perguntar diretamente ao ator (político, *policy-taker*, burocrata): o analista pode ir diretamente ao ator relevante e perguntar a ele(s) qual seria a sua reação caso tal alternativa fosse cogitada para implementação. Muitas vezes as respostas dos atores não são 100% sinceras, mas essa pergunta direta pode compor o mosaico analítico de força decisiva.
c. Fazer perguntas cruzadas a outros atores: o analista também pode consultar outros atores relevantes, sejam eles aliados ou opositores ou neutros às alternativas em análise, e fazer a pergunta: "Como você acredita que tal ator reagiria caso tal alternativa fosse implementada?"

d. Perguntar a especialistas: o analista pode buscar informações sobre os possíveis comportamentos dos atores relevantes com especialistas, que estudam ou trabalham com o tema.
e. Perguntar ao demandante do trabalho de *policy analysis*: é bastante salutar ao analista de política pública perguntar ao seu próprio "cliente" como os atores relevantes se comportariam diante das alternativas. Talvez a declaração seja parcial ou interessada, mas é importante o analista saber para não gerar surpresas ou falhas de informação na hora da entrega do relatório de análise de política pública.
f. Observar casos similares: o analista pode também verificar os comportamentos prováveis dos atores relevantes em situações em que a alternativa de política pública já foi implementada em outros lugares (outras cidades, outros países etc.), ou mesmo como se comportaram em situações similares no passado os atores relevantes que serão afetados pela futura política pública. Essa análise pode ser feita com acesso a documentos, notícias de jornal, entrevistas por telefone ou presenciais.

Para finalizar a análise, é importante que o analista triangule as informações, ou seja, confronte-as a ponto de tirar conclusões mais próximas da realidade. Quanto mais acesso a informações o analista tiver, maior será a probabilidade de que ele tenha de fazer uma previsão realista da viabilidade política das alternativas. Mesmo assim, em qualquer análise prospectiva existe a chance de que as previsões sejam erradas, pois seres humanos mudam de comportamento e posicionamento ao longo do tempo.

A avaliação de viabilidade política é eminentemente qualitativa. Essa análise deve ser apresentada em forma descritiva no relatório de análise de política pública, fazendo um balanço geral sobre a viabilidade. Alternativamente, o analista também pode quantificar essa avaliação qualitativa, atribuindo uma nota de 0 a 10 para a viabilidade. Essa nota depende muito da percepção e sensibilidade do analista, sendo atribuída a nota 10 a alternativas que têm muita chance de ser aprovadas e implementadas, e notas mais baixas a alternativas que dependem de muitos atores ou sofrem forte oposição e apresentam fraquezas financeiras, técnicas ou jurídicas.

Segundo Steiss e Daneke (1980), outros fatores que atrapalham a viabilidade é quando existe um baixo grau de consenso político aliado a uma alta magnitude de mudança. Alternativas que provocam pouca mudança e agregam consensos têm mais chances de ser decididas e implementadas. Em geral, a alternativa *status quo*, quando confrontada com as demais políticas, é a que mais facilmente atinge valores mais altos, pois já está em vigor. No entanto, quando o *status quo* é insuportável para uma gama muito ampla de atores e fere interesses de atores relevantes, ela pode ser considerada uma alternativa politicamente inviável. As demais alternativas podem ser confrontadas com o *status quo* para ter uma avaliação comparativa de viabilidade política. Nesse caso, a avaliação não é absoluta, mas relativa, respondendo a questões do tipo: quanto essa alternativa tem chance de angariar apoios políticos comparada ao *status quo*? A nota atribuída a cada uma das alternativas pode compor a matriz de tomada de decisão.

### 4.3.4 Outros métodos para projeção de resultados

Os métodos apresentados anteriormente são todos voltados para a análise de um tipo de critério que faz parte da análise de política pública. Por exemplo, a análise custo-benefício é a abordagem mais precisa para comparar a **eficiência e o custo** das alternativas; a análise custo-efetividade contribui para estudar o **custo, a produtividade e a eficácia;** a análise de viabilidade política e de implementação deve ser utilizada para critérios de **viabilidade, legalidade e simplicidade.** Os métodos que apresentamos a seguir são úteis para informar o analista na construção daqueles critérios e indicadores:

> **Prospecção de cenários**: a técnica de prospecção de cenário consiste na projeção de situações futuras incertas sob três condições: cenário favorável, cenário desfavorável e cenário realista (mais provável). Geralmente os cenários mostram: problemas de implementação, esvaziamento do *issue* na agenda, boicotes políticos, demoras, captura do programa por oportunistas, custos além do esperado, ocorrência de algum escândalo como fraude, desperdício e abuso; e complexidade administrativa/insegurança jurídica, que faz com que o cidadão não tenha segurança sobre qual regulamentação deve seguir (Bardach, 2009; Rattner, 1979; Marcial e Grumbach, 2008). A prospecção de cenários pode ser útil, por exemplo, para a projeção da taxa de desconto e de risco na análise custo-benefício, do comportamento mais provável dos atores relevantes na análise de viabilidade política, da taxa de inflação

e da demanda por serviço público. Um bom livro com detalhamento de como proceder na prospecção de cenários é o de Marcial e Grumbach (2008).

**Método Delphi:** método inicialmente utilizado pelo *think tank* norte-americano Rand Corporation para análises de política pública (Wrigth e Giovinazzo, 2000), e que se baseia nas experiências de vários especialistas, colhidas de forma independente. Em vez de o analista fazer uma estimativa sozinho, com as informações que já possui, com a abordagem Delphi ele consulta individualmente alguns especialistas por e-mail, telefone ou ao vivo. Em uma primeira rodada, o analista pergunta qual a opinião deles sobre o que pode ocorrer num tempo futuro, por exemplo, qual será o preço dos painéis fotovoltaicos daqui a cinco anos, ou qual será o comportamento do sindicato dos professores caso certa legislação trabalhista seja aprovada. Esses especialistas podem ser acadêmicos que estudam a matéria, políticos que vivem a área de política pública específica ou o próprio cliente da análise de política pública. O número de analistas não é fixo, porém, quanto mais opiniões, mais representatividade estatística terá. Após coletadas as informações dos diversos especialistas, o analista as compara e as agrega (por frequência ou por classe de argumento) para ter uma visão da "média" das opiniões. Numa segunda rodada, o analista volta a consultar os mesmos especialistas, apresentando a "média" das opiniões e perguntando se o especialista gostaria de ajustar/modificar sua previsão e suas razões para fazê-lo. O analista volta a consolidar as estimativas dos especialistas e repete o processo de consulta até que ocorra uma convergência das estimativas para o que seria uma resposta "correta". O processo é encerrado com base em um critério pré-definido, que pode ser a quantidade de rodadas, a consecução de consenso, ou até haver estabilidade de resultados. A abordagem Delphi pode ser usada para fazer projeções de qualquer evento futuro, seja de análise custo-benefício, análise custo-efetividade, análise de viabilidade de implementação. Dois artigos que detalham a abordagem Delphi de forma simples e direta são os de Kayo e Securato (1997) e Wright e Giovinazzo (2000).

### 4.3.5 Comparação, avaliação e hierarquização de alternativas

O mais importante de um trabalho de análise de política pública é, como se deve esperar, a própria análise. Após ter em mãos as informações das projeções, predições e conjecturas, o analista deve construir textos que contenham sua reflexão sobre esses dados. Ou seja, ele deve compará-los, escrever sobre a consistência desses dados, as variações possíveis. Em outras palavras, deve instrumentalizar o tomador de decisão com informações úteis. As formas de apresentar as informações provenientes da avaliação preditiva são alternativamente:

1. Apresentar cada uma das alternativas e inserir parágrafos individuais para a análise de cada um dos critérios/indicadores.
2. Apresentar cada um dos critérios, inserindo parágrafos individuais para a análise de cada alternativa.

Para finalizar o trabalho de análise, entretanto, há que fazer uma síntese para simplificação das informações de forma que sejam confrontadas e hierarquizadas todas as alternativas com relação aos critérios e indicadores construídos.

Essa síntese deve ser feita na matriz de síntese de avaliação. Os elementos quantitativos são fáceis de sintetizar, necessitando inserir apenas o número para cada célula. Já os elementos textuais qualitativos devem expressar a essência do argumento desenvolvido na construção textual anterior.

Recuperamos a matriz de avaliação elaborada nesse mesmo capítulo (Quadro 4.4) para ilustrar como deve ser feito o seu preenchimento.

Por fim, se o analista deseja deixar a sua análise ainda mais técnica, ele deve converter os valores e conteúdos da matriz síntese de avaliação em valores escaláveis. A atribuição desses valores pode ser feita:

- Comparando valores absolutos, como a razão entre as projeções para cada indicador de cada alternativa e as projeções dos indicadores da melhor alternativa, fazendo com que a nota seja relativa ao *benchmark entre alternativas*.
- Comparando os valores com relação ao *standard* ideal (histórico ou de outro lugar), como a razão entre os valores das projeções das alternativas e o *benchmark externo*.
- Comparando elementos qualitativos, como no caso do critério de "viabilidade política". Como é difícil mensurar o indicador "resistência ou apoio de atores relevantes", o analista pode atribuir uma nota de maneira impressionista. Recomenda-se validar esse tipo de nota com o demandante ou com outros especialistas, para que a avaliação do analista não seja muito discrepante da de outros atores interessados no relatório de análise.

QUADRO 4.15: MATRIZ DE SÍNTESE DE AVALIAÇÃO: ALTERNATIVAS PARA O COMBATE ÀS EXPLOSÕES DE CAIXAS ELETRÔNICOS DA CAIXA ECONÔMICA FEDERAL

| Critério | Indicador | Peso | Status quo | Contratação de vigias noturnos | Instalação de câmeras de vigilância | Inserção de tecnologia com tinta azul que inutiliza as cédulas de caixas eletrônicos explodidos |
|---|---|---|---|---|---|---|
| Custo | Custos de implementação | 5% | 0,00 | R$ 210.000,00 | R$ 19.000.000,00 | R$ 5.600.000,00 |
| | Custos anuais de manutenção da solução | 10% | 0,00 | R$ 5.800.000,00 | R$ 3.780.000,00 | R$ 7.000.000.00 |
| Eficácia | Percentual de redução das explosões | 20% | -14% | 94% | 32% | 83% |
| | Perdas anuais evitadas | 55% | R$ 0,00 | R$ 46.060.000,00 | R$ 15.360.000,00 | R$ 39.840.000,00 |
| Simplicidade | Dias necessários para a implementação | 5% | 0 | 90 | 270 | 180 |
| Viabilidade política | Resistência ou apoio de atores relevantes | 5% | Continuidade de reclamação dos gerentes de agências e repercussão negativa nos meios de comunicação | Nenhuma resistência; é a alternativa preferida pelos gerentes | Repercussão negativa de pequena monta sobre questões de privacidade por parte dos clientes | Nenhuma resistência |

O cálculo da nota final ponderada é simplesmente o resultado do somatório da multiplicação da nota de cada alternativa pelo peso de cada critério/indicador. Esses pesos e notas devem ser negociados com o demandante da análise, que é, afinal de contas, o destinatário principal do relatório. Negociar não quer dizer "mudar tudo para agradar ao cliente". A cada aspecto em que o demandante sugerir mudanças, o analista deve contra-argumentar com a justificativa para tal nota ou tal peso.

A matriz de tomada de decisão deixa visível qual é a alternativa mais indicada. No caso do exemplo, a contratação de vigias noturnos recebem nota média de 9,425, muito superior às outras alternativas, visto que obteve notas altas (10) nos indicadores que mais pesavam para a avaliação geral das alternativas.

QUADRO 4.16: MATRIZ DE TOMADA DE DECISÃO: ALTERNATIVAS PARA O COMBATE ÀS EXPLOSÕES DE CAIXAS ELETRÔNICOS DA CAIXA ECONÔMICA FEDERAL

| Critério | Indicador | Peso | Status quo | Contratação de vigias noturnos | Instalação de câmeras de vigilância | Inserção de tecnologia com tinta azul que inutiliza as cédulas de caixas eletrônicos explodidos |
|---|---|---|---|---|---|---|
| Custo | Custos de implementação | 5% | 10 | 9,5 | 2 | 6 |
| | Custos anuais de manutenção da solução | 10% | 10 | 6 | 7 | 5 |
| Eficácia | Percentual de redução das explosões | 20% | 0 | 10 | 3,9 | 8,9 |
| | Perdas anuais evitadas | 55% | 0 | 10 | 3,3 | 8,6 |
| Simplicidade | Dias necessários para a implementação | 5% | 10 | 7 | 3 | 5 |
| Viabilidade política | Resistência ou apoio de atores relevantes | 5% | 3 | 10 | 8 | 9,5 |
| | | 100% | 2,15 | (9,425) | 3,945 | 8,035 |

É importante ressaltar que sensíveis mudanças de pesos e de notas podem alterar a ordem das alternativas. Isso acontece quando as alternativas possuem notas muito parecidas, ou seja, quando não há uma alternativa claramente vencedora. A maioria das situações de análise de política pública é assim, afinal, se houvesse uma alternativa evidentemente melhor que as outras, pouca seria a necessidade de um trabalho de análise.

O que o analista não pode perder de vista é que a sua maior contribuição é a análise, a geração de argumentos, de dados, de informações necessárias para pautar a tomada de decisão do destinatário da análise. A matriz de tomada de decisão é apenas um instrumento didático, uma tentativa de síntese artificial de toda uma análise construída.

## 4.4 Exercícios de fixação

**Preparando o seu relatório de análise de política pública**

Com objetivo prático, elaboramos os seguintes formulários para auxiliá-lo na estruturação do seu relatório de análise de política pública. Preenchendo esses formulários, você estará sintetizando as informações essenciais que estarão contidas no relatório.

**Especificação das alternativas:** a especificação das alternativas é elemento textual que deve ser inserido no relatório de análise de políticas públicas.

1. Elabore um título/nome para cada uma das alternativas geradas.
2. Elabore um texto que contenha a especificação de cada uma das alternativas, seguindo as recomendações da Seção 4.1.6 deste capítulo (Especificação das alternativas).

**Matriz de avaliação:** a matriz de avaliação é elemento textual que deve ser inserido no relatório de análise de políticas públicas. Construa a sua matriz de avaliação no seguinte molde:

| Critério | Indicador | Peso | Status quo | Alternativa 1 | Alternativa 2 | Alternativa 3 |
|---|---|---|---|---|---|---|
| Critério X | Indicador M | | | | | |
| Critério Y | Indicador N | | | | | |
| Critério Z | Indicador O | | | | | |
| | | | | | | |
| | | | | | | |

Os critérios devem ser estabelecidos em comum acordo entre você (analista) e o demandante (destinatário da análise). Como vimos, os indicadores podem ser múltiplos para operacionalização dos critérios. Após coletar todos os dados, você poderá construir a Matriz de Síntese de Avaliação preenchendo cada célula com informações quantitativas e qualitativas e, por fim, elaborar a Matriz de Tomada de Decisão, transformando as informações das células em notas, para projeção da alternativa mais adequada.

# 5 Análise das soluções: a abordagem argumentativa

> Este capítulo trata da análise das soluções (solution analysis) utilizando a abordagem argumentativa. Ao final deste capítulo, o analista terá capacidade para:
>
> 1. Planejar e organizar fóruns de política pública.
> 2. Mediar e facilitar reuniões de fóruns de política pública.
> 3. Relatar as discussões de fóruns de política pública.
> 4. Mapear argumentos.

Retomando a sequência inicial do processo de análise prescritiva de política pública, o diagnóstico e a definição do problema (*problem analysis*) são sucedidos pela análise das soluções (*solution analysis*).

Caso o analista tenha adotado a abordagem argumentativa para realizar a análise das soluções, ele dependerá da participação de mais pessoas. Como já visto, a abordagem argumentativa está baseada na coprodução de soluções, no debate e na argumentação de atores envolvidos com o problema público.

A participação e o debate plural são importantes para rever os pressupostos, as causas e definições do problema público em análise de forma iterativa. O analista de política pública pode ter sua interpretação do problema contestada pelos atores envolvidos no processo de participação, ou mesmo perceber que a delimitação que havia estabelecido é restritiva, ampla ou fora de contexto.

O processo argumentativo acontece em um fórum de política pública (*policy forum*),[1] que é uma reunião de atores políticos relevantes para a análise de alternativas

---

[1] Aqui usamos de forma intercambiada os termos *fórum de política pública, reunião, debate, encontro deliberativo*. Apesar de estes conceitos não serem idênticos, o sentido que buscamos dar ao leitor é de uma reunião em que se identifica, debate e recomenda uma solução para o enfrentamento de um problema público.

de solução para o problema público. No Brasil, os fóruns de política pública recebem nomes variados, como reunião do conselho municipal, assembleia do orçamento participativo, reunião do plano diretor, encontro setorial, conferências estaduais, regionais ou nacionais ou qualquer reunião ou audiência que venha a debater um problema público ou uma solução para ele.

Os fóruns de política pública podem ser multitemáticos, quando lidam com vários problemas e assuntos em uma mesma reunião, ou monotemáticos, quando focam um problema específico em reunião especializada (*ad hoc*). Para fins didáticos, a descrição da metodologia argumentativa tomará como referência a realização de reuniões *ad hoc*, realizadas para o tratamento de um problema monotemático. Com base nessa metodologia, o analista poderá adaptá-la para a realização de reuniões multitemáticas ou mesmo para a replicação em uma série de reuniões distribuídas ao longo do tempo.

## 5.1 Planejamento e organização do fórum de política pública

O primeiro passo de um processo de análise argumentativa de política pública é o planejamento e a organização da participação. Para tanto, é necessário planejar o encontro entre os atores políticos, estabelecendo o conjunto de temas que serão tratados (pauta), o horário, o local e os recursos necessários para que os debates ocorram. Também é necessário estar atento para iniciar a divulgação com antecedência suficiente para a chamada do processo participativo.

Planejar significa delinear objetivos, métodos e antever dificuldades para poder driblá-las. Organizar significa mapear as funções, distribuir responsabilidades e definir o fluxo do trabalho ao longo do tempo.

Em um planejamento de fórum de política pública existem cinco elementos centrais que precisam ser definidos:

- Conteúdo (objetivo e pauta) – O que será debatido?
- Participantes (quantidade e variedade dos atores) – Quem participará do debate?
- Local (espaço físico, *layout*, equipamentos) – Onde será feito o debate?

- Tempo (horário, sequência) – Quando será realizado o debate?
- Método (papéis, dinâmicas) – Como será conduzido o debate?

### 5.1.1 Definição do objetivo e pauta da reunião

Com relação ao primeiro ponto (conteúdo), o objetivo da reunião deve ser claro. Uma reunião sem objetivo claro tem grandes chances de desvirtuar-se e frustrar os participantes. De antemão, o analista de política pública deve saber o que a reunião deve produzir em termos de informações, decisões e engajamentos. Existem três tipos genéricos de objetivos: informar algo (reunião educativa), debater algo (reunião consultiva) ou decidir algo (reunião deliberativa) (Trompman, 1996).

A definição do objetivo é o primeiro passo para o planejamento e organização da reunião. Um objetivo claro e verificável é aquele que gera um entendimento compartilhado e que, após a realização da reunião, permita a avaliação do cumprimento de suas expectativas. O estabelecimento do objetivo e a forma de anúncio deve possibilitar aos participantes e ao analista um entendimento homogêneo dos propósitos da reunião.

Três exemplos de objetivos claros e verificáveis são:

a. Debater a natureza e as características do problema da evasão escolar no ensino médio do município de Crato, no Ceará (objetivo informativo).
b. Identificar e debater alternativas para o enfrentamento do desrespeito dos pescadores à legislação em defesa do caranguejo-uçá no estado do Pará (objetivo consultivo).
c. Deliberar sobre a alteração do Plano Diretor no que toca a imposição de limite de oito andares para novos projetos de construção de prédios nos bairros do município de São Paulo (objetivo deliberativo).

Naturalmente, uma reunião ou fórum pode ter inúmeros objetivos, de acordo com a disponibilidade de tempo, o interesse dos atores e o conteúdo previsto.

Com relação ao conteúdo, o estabelecimento da pauta do fórum é um dos elementos fundamentais. A pauta é o conjunto de temas que serão debatidos no momento da reunião, subdividida em etapas. Essa separação da reunião, mesmo que artificial, é importante para dar objetividade e também para gerar transições, evitando o cansaço.

Exemplo de pauta de reunião:

1. 14h00 – Abertura e boas-vindas.
2. 14h05 – Apresentação do analista (moderador) ou da equipe de coordenação do fórum.
3. 14h10 – Apresentação dos objetivos da reunião e repasse da pauta.
4. 14h15 – Apresentação individual dos participantes.
5. 14h45 – Apresentação de conteúdo informativo (sensibilização sobre o tema, histórico, contexto etc.).
6. 15h00 – Debate.
7. 17h00 – Definição dos próximos passos.
8. 17h15 – Avaliação da reunião.
9. 17h30 – Encerramento.

O exemplo anterior é genérico e a alocação de tempo para cada etapa da reunião deve considerar as necessidades. Essa flexibilidade permite organizar reuniões que durem minutos, horas ou dias. O importante é alocar tempo suficiente para atingir os objetivos do fórum.

A abertura e as boas-vindas feitas pelo analista e aqueles que coordenam o fórum são o primeiro passo. O repasse da pauta e dos objetivos da reunião também é importante para que todos tenham noção do que se busca atingir no encontro. É recomendável deixar a pauta em lugar visível a todos (ou em vias impressas individuais) durante todo o processo para que as pessoas possam manter atenção e objetividade na reunião, bem como não exceder o tempo. É recomendável também fazer a apresentação de todos os presentes nos casos em que existam pessoas desconhecidas no ambiente. Se houver pouco tempo disponível para a reunião, ou se o custo do tempo de cada participante for alto, a apresentação individual pode ser dispensada ou feita brevemente. Um grupo que passa a se conhecer tende a diminuir a inibição e o formalismo. Além disso, é um momento de expressividade individual, importante para a percepção da pluralidade do grupo (Bosch, 2002).

A sensibilização em geral é utilizada para apresentação de conteúdo informativo sobre o(s) tema(s) da reunião. Serve para relatar o histórico e a situação atual, homogeneizar entendimentos e tirar dúvidas dos presentes. Uma das formas é a apresentação oral pelo analista ou por algum convidado, ou a projeção de algum conteúdo multimídia ou mesmo a leitura de pontos-chave, estatísticas ou relato dos temas que serão debatidos. Se o analista já produziu e enviou de antemão o conteúdo do diagnóstico e a definição do problema, esse material pode ser útil na etapa de sensibilização para que os participantes tenham conhecimento básico e para que possam propor revisões e complementações ao material já produzido pelo analista.

Uma estratégia para criar uma base de entendimento mínimo para a reunião é enviar algum tipo de material de apoio para leitura prévia dos participantes. Se o trabalho de análise do problema foi concluído e produziu um texto sobre o assunto, esse material de apoio também pode ser útil para todos os leitores.

Aliado ao material, o analista deve mandar instruções de como ele deve ser lido, qual o propósito da leitura e como serão aproveitados o conteúdo e as reflexões da leitura na reunião a ser realizada. Esse texto, de preferência curto e ilustrativo, pode ser acompanhado de anexos, notícias e estatísticas para gerar evidências para a reunião, diminuindo "achismos". Outro efeito positivo é que essas informações podem ser contraditórias com as fontes dos participantes, estimulando-os a buscar outros dados e informações para enriquecer o debate.

O debate é a essência da reunião. É a etapa que deve consumir mais tempo nas interações. O debate deve ser organizado com a dinâmica mais apropriada para o alcance dos objetivos (veja seção de mediação). Por fim, a reunião encaminha-se para o final com a definição dos próximos passos (encaminhamentos, decisões, responsabilidades, prazos), avaliação da reunião (verificação dos objetivos da reunião e *feedback* coletivo) e o encerramento propriamente dito.

### 5.1.2 Planejamento da quantidade e pluralidade dos participantes

Um fórum de política pública pode ser composto de poucas pessoas até centenas. Não existe regra para o tamanho do grupo, mas, em geral, os extremos não são recomendados. Por um lado, pouca gente em um encontro pode significar pouca legitimidade, pouco interesse e pouca base cognitiva para lidar com o problema, com as alternativas e, eventualmente, com a deliberação. Por outro lado, grupos numericamente grandes são prejudiciais para a manutenção do foco, além da impossibilidade de fazer com que todos participem e cumpram os tempos programados. Existe, no entanto, o efeito educativo da participação, que faz com que mais pessoas aprendam sobre o tema em debate e criem um senso de pertencimento, além do efeito político de aumento de legitimidade ao chamar mais participantes. Para definição do número de pessoas que devem participar de um fórum de política pública, há que considerar inicialmente o objetivo, a urgência, a tecnicidade do tema, a necessidade de legitimação (Simon, 1977; Papadakis, Liouskas e Chambers, 1998; Irvin e Stansbury, 2004; Gundersen e Boyer, 2012; Secchi, Feijó e Ito, 2015).

A variedade dos atores também é definição importante. A pergunta é: "Quem devemos convidar para o debate?" Muitas vezes essa definição é estatutária, se o fórum de política pública já contém um regulamento que aponta quem são os atores que devem fazer parte das discussões — como câmaras e conselhos que já possuem representantes, e estes devem ser os chamados. No caso de fóruns *ad hoc*, chamados pelo analista especificamente, a variedade dos participantes dependerá do conteúdo a ser debatido e de regras institucionais. Se não houver barreira de entrada, podem--se chamar *experts*, atores formuladores, implementadores (burocratas e/ou atores não governamentais) e os próprios destinatários da política pública ou afetados pelo problema público.

O pluralismo deve pautar a escolha, visto que, quanto mais diferenciado for o *background* e ponto de vista dos participantes, mais chance de enriquecer a análise das soluções. Variedade de *background* significa chamar pessoas com formações acadêmicas diversas, com experiências diferentes. Pontos de vista diferentes podem ser alcançados com a participação de atores apoiadores, atores neutros e opositores. O benefício da variedade é a dissolução de conflitos e preconceitos, além de multiplicação das perspectivas com relação ao problema e às soluções em análise.

É importante ter uma previsibilidade do número de pessoas que participarão da reunião para que seja escolhido um local com tamanho adequado e que comporte o melhor *layout* para a discussão. Se essa tarefa for impossível, uma alternativa é realizar inscrições antecipadas para ter ideia do número de pessoas, limitando o número de vagas de acordo com o ambiente já escolhido. Se a reunião já possui participantes natos (por exemplo, conselho, assembleia), não existe essa preocupação de previsibilidade numérica.

Para aumentar as chances de sucesso em termos numéricos e de variedade de participantes, o trabalho de convite/convocação deve tomar alguns cuidados:

- Quando convidar? Quanto maior for a antecedência do convite, maior será a chance de as pessoas programarem-se para estar presentes. Deve-se tomar cuidado com convites muito antecipados. Nesse caso, é recomendável enviar lembretes às pessoas para que não se esqueçam do compromisso. Se necessário, pode-se organizar um sistema de inscrições e confirmação de presença.

- O que constar no convite? Conteúdos mínimos para o convite são os organizadores do evento (quem está chamando a reunião), o objetivo do encontro, a pauta, data, horário, local. Se o local é desconhecido ou novo, é aconselhável incluir instruções de como chegar nele (localização, andar, questões de estacionamento etc.). Se o evento exige preparação dos participantes, é importante incluir algumas observações no convite sobre as instruções de leitura do material de apoio, ou perguntas que deverão ser respondidas pelos presentes.
- Como convidar? Os convites por meio escrito, seja por e-mail ou carta, são úteis para formalização. O *design* do convite também é importante, dando destaque às palavras-chave, com *layout* atrativo, com símbolos ou imagens de apoio, conciso em sua escrita e replicável para divulgação. O analista de política pública deve ficar atento a elementos comportamentais que envolvem o convite aos participantes, como realizar convite presencial com alguma visita a atores-chave por telefone ou por mídias sociais. Esses reforços direcionados aumentam a chance de quórum e pluralidade de participantes.

### 5.1.3 Planejamento do espaço físico, *layout* e equipamentos

A grande preocupação com espaço físico e *layout* é que sejam adequados aos participantes e aos objetivos da reunião. O tamanho do público esperado define o tamanho do espaço físico necessário, e o objetivo da reunião define o *layout*.

Em reuniões com objetivo informativo e com grande número esperado de presentes, pode-se organizar a sala em formato tradicional auditório, em que as cadeiras ficam dispostas de forma sequencial e apontadas para o parlatório. Em reuniões com objetivos consultivo e deliberativo, o ideal é dispor as cadeiras em formato de ferradura (semicírculo) ou uma grande mesa de reuniões para que todos possam visualizar os demais participantes, o que facilita a troca de informações.

As diferentes formas de organização de uma reunião estão sistematizadas no Quadro 5.1.

QUADRO 5.1: TIPOS DE *LAYOUT* PARA REUNIÕES

| Formato | Adequado para |
|---|---|
| Tradicional (coordenador à frente da plateia) | Repasse de informações que estão concentradas no coordenador |
| Ferradura/semicírculo | Debate de ideias, troca de informações, deliberações |
| Separação em pequenos grupos | Debate de ideias, aumento da participação individual |
| Trabalhos individualizados | Reflexão individual, expressão individual escrita |

Fonte: Bosch, 2002.

Em qualquer dos casos, há que se preocupar com um ponto de convergência de visualização para as anotações das discussões, que podem ser um quadro, *flipchart* ou equipamento de projeção. É importante que os organizadores da reunião preparem o ambiente antes do seu início, dispondo as cadeiras e mesas, testando equipamentos de áudio, vídeo e internet, regulando ambientação térmica e a luminosidade. Reuniões mal organizadas perdem valioso tempo inicial com esses tipos de ajustes, distraindo o objetivo e desmotivando as pessoas.

A localização da sala ou ambiente também deve levar em consideração a facilidade de acesso, a estética do ambiente, o prévio conhecimento da localização por parte dos participantes, a disponibilidade de estacionamento etc. Cada um desses pontos pode influenciar o número de participantes que se farão presentes e a qualidade da reunião. Por isso, o planejamento e organização desses detalhes "logísticos" devem ser preocupações do analista de políticas públicas.

Como alternativa ao espaço físico em discussões cara a cara, os organizadores podem também cogitar reuniões virtuais, seja para todos os participantes, ou para uma parcela que tem dificuldades de deslocamento físico. As teleconferências apresentam algumas vantagens e desvantagens com relação aos fóruns presenciais, que são listadas no Quadro 5.2.

QUADRO 5.2: VANTAGENS E DESVANTAGENS DAS REUNIÕES VIRTUAIS

| Vantagens | Desvantagens |
|---|---|
| Menor custo | Menor intimidade |
| Facilidade de encontro de participantes geograficamente dispersos | Maior possibilidade de distração dos participantes |
| Diminuição do efeito "retórico" | Restrição à construção de relações entre os participantes |
| Possibilidade de aprofundamento dos argumentos com pesquisa simultânea na internet | Menor velocidade e flexibilidade nas trocas de informações |

Se o debate virtual for realizado na forma escrita, outras vantagens são apontadas: escrita simultânea por vários membros, fácil coordenação da escrita e organização do conteúdo, memória instantânea do que foi escrito e decidido, ênfase no mérito do argumento (em vez de no *status* do participante), estímulo à participação dos mais tímidos ou daqueles que têm dificuldade de se expressar oralmente (Norbäck, 2012).

### 5.1.4 Planejamento do tempo (horário, sequência)

A mesma orientação aos participantes e ao objetivo se aplica a decisões relativas ao horário e aos tempos do fórum de política pública. O dia e horário para início de uma reunião devem ser customizados aos hábitos e às disponibilidades daqueles que potencialmente participarão. Se todos os participantes são pessoas internas à administração pública (por exemplo, servidores de carreira, assessores), o horário de trabalho é o mais adequado. Quando a reunião depende da participação de cidadãos comuns, políticos ou *experts* ligados a outras organizações ou universidades, há que tentar adequar os horários à possibilidade da presença destes, possivelmente em horário noturno (durante a semana) ou durante o dia no fim de semana.

Esse é outro fator crítico de sucesso do fórum, visto que, se o horário da reunião for mal escolhido, pode haver baixo quórum, impossibilitando a participação de atores-chave e, por consequência, frustrar os objetivos da reunião.

Quanto ao horário de início, há que considerar os elementos culturais com relação a atrasos. Em alguns lugares e algumas organizações, existe uma cultura de pontualidade, enquanto, em outros, os atrasos são considerados naturais. Nestes últimos casos, é necessário que a organização do fórum reserve na programação 30 minutos para inscrições dos participantes antes do início da reunião. Além da "cultura do atraso", outros fatores que interferem na pontualidade são o tamanho e a coesão do grupo, o bom exemplo do mediador e a internalização das regras do fórum pelos participantes.

Quanto ao tempo para cada etapa da reunião, cada situação exigirá maior ou menor tempo. Mas é indicado um tempo máximo de cada sessão entre 45 minutos e uma hora, que é o tempo necessário para a manutenção do ciclo de atenção médio em adultos (*attention span*) (Garber, 2013). Reuniões que duram muito tempo podem tornar-se monótonas e improdutivas. Por isso, é importante alocar tempos mais curtos entre as sessões, estabelecer horário de pausa (café, descanso, interação informal) e não exagerar no tempo alocado para a finalização da reunião, mantendo-a inferior a quatro horas.

### 5.1.5 Planejamento da abordagem (papéis e dinâmicas)

É necessário planejar quem serão as pessoas que participarão da equipe de facilitação do fórum. O analista de política pública pode desempenhar uma função ou mais, a depender da disponibilidade de outras pessoas de colaborar com o processo. Distribuir responsabilidades deixará o trabalho mais previsível, evitando duplicidade, sobrecarga e conflitos de papéis, além de responsabilidades esquecidas.

Dois papéis são fundamentais: o coordenador, também chamado mediador ou facilitador, e o relator.

O mediador é o facilitador metodológico, com domínio sobre a abordagem de condução de fóruns de política pública. Ele deve conhecer a pauta, o objetivo, ter noção do perfil do grupo, entender do processo de comunicação e cooperação. Em geral, o analista de política pública pode assumir esse papel, pois já possui clareza sobre o problema público que será debatido. O facilitador é a pessoa que coordena a reunião, buscando deixá-la organizada, plural e eficaz (Bosch, 2002).

O relator é o responsável por registrar as intervenções e argumentos dos participantes. O relator também pode ser o responsável por fazer a inscrição e a ordem das falas, além de controlar o tempo. O relato é fundamental para manter a memória da reunião, mapear argumentos e, posteriormente, compor a ata ou o relatório da reunião. O perfil ideal para um relator é o de pessoa atenta, com capacidade de síntese, capacidade de entender a essência do argumento, capacidade de tradução fidedigna das posições dos participantes e a atitude imparcial com relação a valores conflitantes.

Se o analista de política pública não dispuser do auxílio de alguém para ser o relator, pode-se optar por gravar a sessão com equipamento de áudio ou áudio e vídeo para que depois se possa fazer um relato. Nesse caso, a gravação deve ser comunicada e receber a anuência dos presentes.

Se, pelo contrário, mais pessoas participarem da equipe de facilitação além do analista de política pública, os papéis de coordenador, relator, controlador do tempo, tomador de inscrições para as falas, auxiliar de suporte (microfone, água, *coffee break*), entre outros, podem ser distribuídos entre mais pessoas. O importante é que a equipe seja capaz de realizar as tarefas de forma harmônica, com cada qual sabendo de antemão suas responsabilidades.

Um dos elementos essenciais do planejamento é estabelecer a abordagem de interação. A definição da abordagem de interação é tão importante que pode potencializar ou inibir a expressão das vontades ou interesses dos atores. De acordo com Fung (2006), os três elementos que determinam o nível de participação em uma arena de política pública são:

- Acesso: definir quem pode participar e qual é o poder de participação de cada um (voz, voto etc.).
- Tipo de interação: definir a abordagem de discussão, desde método mais restritivo (unidirecional) até método mais inclusivo (multidirecional).
- Grau de influência: definir o quanto as discussões realizadas têm efeito vinculante, ou seja, se os resultados das discussões são consultivos ou deliberativos.

Se o fórum for destinado à tomada de decisão, é necessário estabelecer com antecedência o estilo de decisão. Basicamente existem dois estilos: o modelo de decisão (agregação de preferências) e o modelo deliberativo (construção de consenso) (Avritzer, 2000; Secchi, 2013).

O modelo de decisão é aquele em que as expressões individuais são tomadas para a composição da decisão por meio de regra de maioria. Pela abordagem de decisão, todos os participantes expressam suas opiniões, vontades, preferências sobre dado tema, trazendo os argumentos que acreditam ser necessários para o convencimento dos demais. Ao final, a coordenação do fórum abre um processo de votação em que cada pessoa indica qual alternativa lhe parece mais adequada para o enfrentamento do problema identificado. A alternativa que receber maior proporção de votos é a indicada como preferencial entre aquele grupo.

O modelo deliberativo é aquele em que existe uma amálgama das posições individuais em favor de um consenso. Consenso não significa necessariamente unanimidade, mas sim a busca de um sentido comum, ou seja, uma construção de um posicionamento com base na ponderação das diversas opiniões e interesses. No modelo deliberativo, as pessoas falam e escutam sucessivamente, expõem seus argumentos e buscam encontrar soluções intermediárias, negociadas. Buscam-se também o convencimento e a mudança de posicionamento individuais a favor da construção coletiva. O analista de política pública que conduz um processo deliberativo deve estar atento às preferências, aos pontos sensíveis da discussão e às zonas de resistência para evitar que o processo emperre.

### 5.1.6 Outras precauções antes de iniciar

Algumas precauções devem ser tomadas antes da realização da reunião, sendo papel do analista de política pública antecipá-la.

a. Distribuir a pauta e os objetivos da reunião com antecedência aos participantes. Isto é importante para auxiliar a preparação antecipada dos participantes. Também pode-se optar por passar um "dever de casa" para que os participantes colham informações, leiam ou reflitam sobre o tema da reunião antes de sua realização.
b. Preparar material informativo, caso seja necessário informar os participantes sobre o contexto do problema público em análise.
c. Distribuir material de apoio, caso seja necessária leitura prévia ou contextualização pelos participantes.
d. Identificar o número esperado de participantes a fim de planejar o espaço físico, a recepção dos presentes, *coffee-break* etc.
e. Planejar as atribuições e responsabilidades de cada membro do grupo de facilitação durante e pós-reunião.
f. Definir o mecanismo de avaliação da reunião, que poderá ser feita de forma qualitativa (perguntando se as expectativas foram alcançadas e tomando respostas orais dos participantes), ou por meio de questionários nos quais as pessoas podem apontar falhas, dar notas a cada etapa do processo de reunião, como a comunicação, apresentação, efetividade, dinâmicas etc.

## 5.2 Mediação da participação

O analista de política pública em uma abordagem argumentativa tem o seu papel principal na mediação da participação. O resultado esperado é a participação efetiva do máximo de atores políticos relevantes para a discussão da definição do problema público, a cogitação de alternativas de solução e a avaliação conjunta dos efeitos da política pública a ser escolhida.

A mediação trata de tarefas operacionais e tarefas de facilitação. As tarefas operacionais são a organização do ambiente de participação em si, a escolha do *layout* da sala, o pré-teste dos recursos, a lista de participação, as apresentações iniciais e a viabilização da participação a distância. Ao final dos trabalhos, outras tarefas operacionais também são responsabilidade do analista, como o fechamento da discussão, a elaboração da ata com sua posterior discussão e a legitimação pelos participantes.

As tarefas de facilitação requerem técnicas para resolução de conflitos, técnicas para estimular debates desanimados, técnicas para evitar o chamado *groupthinking* (Janis apud Vroom e Jago, 1988), ou seja, situações de participação plural que resultam em pensamento uniforme. Além de dominar as técnicas de facilitação, o analista de política pública tem o papel de evitar a homogeneização do debate ou o seu monopólio por alguns atores (Regonini, 2005).

### 5.2.1 Tarefas operacionais

O facilitador ou a equipe de facilitação têm a atribuição de fazer com que o planejamento e a organização sejam realmente cumpridos. As tarefas operacionais e de logística são responsabilidade dessa equipe e são divididas em três momentos: antes do início da reunião, durante a reunião e após a reunião. A seguir elaboramos três quadros com *checklists* das atividades operacionais necessárias nesses três momentos. O analista de política pública pode aproveitar essa lista para distribuir atribuições, evitando assim duplicidade de esforços ou mesmo atividades que fiquem descobertas.

QUADRO 5.3: TAREFAS OPERACIONAIS ANTES DA REUNIÃO

| O que (tarefa) | Quem (responsável) |
|---|---|
| Preparar o ambiente (*layout*, cadeiras, luminosidade, ventilação, conforto térmico) | |
| Preparar equipamentos audiovisuais (computador, *datashow*, aparelhagem de som, internet, quadro, *flipchart* etc.) | |
| Preparar material de apoio (impressos, canetas, canetão, papel, *post-its* etc.) | |
| Receber os participantes | |
| Registrar inscrições/presença | |
| Entregar material de apoio aos participantes | |

QUADRO 5.4: TAREFAS OPERACIONAIS DURANTE A REUNIÃO

| O que (tarefa) | Quem (responsável) |
|---|---|
| Dar boas-vindas | |
| Apresentar os objetivos da reunião | |
| Verbalizar a pauta | |
| Coordenar as apresentações pessoais | |
| Apresentar conteúdo informativo inicial (contexto, sensibilização) | |
| Coordenar o debate (passar a palavra, estimular a participação, interromper falas desnecessárias ou demoradas) | |
| Anotar as inscrições de fala | |
| Levar e trazer o microfone | |
| Cuidar do fornecimento de água e *coffee break* | |
| Registrar a essência dos argumentos em local visível a todos (*datashow*, *flipchart*, quadro) | |
| Relatar o debate (preparação para a ata) | |
| Realizar o registro fotográfico | |
| Controlar o tempo e alertar atrasos | |
| Sintetizar a discussão | |
| Dar encaminhamentos (ações, responsabilidades, próximos passos) | |
| Coordenar a avaliação da reunião | |
| Agradecer e realizar o encerramento | |

# ANÁLISE DAS SOLUÇÕES: A ABORDAGEM ARGUMENTATIVA

QUADRO 5.5: TAREFAS OPERACIONAIS APÓS A REUNIÃO

| O que (tarefa) | Quem (responsável) |
|---|---|
| Registrar a ata ou o relatório | |
| Consolidar a avaliação da reunião | |
| Encaminhar a ata para os presentes e outros atores interessados | |
| Publicizar os resultados da reunião | |
| Comunicar e debater o *feedback* avaliativo da reunião | |
| Entregar material de apoio aos participantes | |

## 5.2.2 Tarefas de facilitação

A coordenação ou facilitação de um processo interativo exige um conjunto de habilidades relacionais e senso de objetividade. Um facilitador bem capacitado pode fazer com que reuniões alcancem os objetivos, da mesma forma que um facilitador mal preparado, ou a própria ausência de facilitador, pode fazer com que um fórum de política pública se torne uma verdadeira perda de tempo.

A postura do facilitador deve ser uma mescla de imparcialidade e interferência. Não é ele quem deve definir o resultado da reunião, mas tampouco deve ficar calado ao perceber argumentos enganosos ou posturas inadequadas. O facilitador deve auxiliar os participantes para que cheguem aos resultados explicitando suas ideias, avaliando alternativas, resolvendo diferenças, chegando a decisões grupais. Um conjunto de dicas comportamentais é listado no Quadro 5.6.

QUADRO 5.6: DICAS COMPORTAMENTAIS PARA O MEDIADOR

| Tema | Dica |
|---|---|
| Papel | O analista de política pública deve evitar centralizar as atenções, sufocar ideias ou ser o dono da verdade. Seu papel é o de facilitador, coordenador, e não de produtor de argumentos. A produção de argumentos deve ser função dos participantes. O facilitador deve ser um bom ouvinte, ter atenção às opiniões. |
| Empatia | É preciso ter empatia, ou seja, pensar e comunicar-se a partir dos critérios e perspectivas do outro (Kummer, 2007). |
| Linguagem | Deve-se tomar cuidado para não intimidar a participação com jargões técnicos ou jurídicos. A linguagem deve ser customizada para o nível de compreensão dos presentes. |

continua

continuação

| Tema | Dica |
|---|---|
| Tradução de linguagem | O facilitador deve esclarecer argumentos confusos e testar as falas com perguntas de aprofundamento, facilitando, assim, o trabalho do relator. |
| Pluralismo | O facilitador deve preocupar-se com a participação de todos, estimulando os mais quietos e freando os mais falantes. O analista deve manter a distribuição das participações e ter cuidado com os dominadores de reunião, interrompendo-os de forma construtiva. |
| Repetições | Em fóruns de política pública existe muita repetição de argumentos. Às vezes um argumento já foi apresentado, mas as pessoas repetem os mesmos assuntos, ilustram com um exemplo, falam de suas experiências por questões expressivas. Quando isso acontece, o analista pode apontar para o quadro para mostrar os argumentos que já foram apresentados, estimulando assim a objetividade nas falas ou que tragam elementos novos para a discussão. |
| Foco | Muitas vezes os debates em um fórum de política pública são desvirtuados para outros temas, ou mesmo elementos posteriores da pauta são antecipados por algum participante. O mediador deve intervir para a manutenção do tema central e o foco no objetivo da reunião. |
| Imparcialidade | O analista deve buscar ser neutro, não ser tendencioso (cuidar para não determinar o resultado da reunião) e explicitar pontos de convergência e divergência (sínteses temporárias). |
| Clima da reunião | O analista deve perceber o "clima da reunião", atentando a elementos como motivação e convergência de esforços. Quando as pessoas ficarem cansadas – e geralmente ficam após duas horas de encontro –, há que realizar alguma pausa, dinâmica, jogo ou outra atividade que quebre o ritmo da reunião para que as pessoas possam descontrair (Kaner, 2014). Cada pessoa possui um tempo de atenção (*attention span*) em que consegue manter a concentração. |
| Pontualidade | O horário de início e de finalização da reunião tem de ser respeitado; da mesma forma, deve-se buscar respeitar os tempos intermediários das etapas da reunião (se necessário). |
| Transições | Durante a reunião, o analista pode ir "narrando o jogo". No início da reunião, pode passar a pauta e, a cada transição, reforçar o que já foi feito e o que virá pela frente. Ao final, o analista deve resumir o que foi feito e alcançado para que todos tenham noção da efetividade da reunião. |
| Inscrições de falas | O analista possui três estratégias para organizar a sequência das falas dos participantes: 1. por inscrição, em que cada participante se habilita para falar; 2. por tópico, em que as participações são organizadas de acordo com algum tema; 3. por posicionamento, em que as falas são todas condensadas por grupos de argumentos – por exemplo, grupo de falas a favor e grupo de falas contra certa proposta. |
| Visualização comum | É importante que os participantes possam visualizar o que já foi discutido em um quadro único, *filpchart* ou projetor. O objetivo é sintetizar a discussão, ampliar os canais de comunicação (oral e escrito), homogeneizar entendimentos e permitir a retomada de pontos já debatidos criando "âncoras" do debate. |

### 5.2.3 Técnicas para enfrentar dificuldades de mediação

A seguir listamos um conjunto de situações corriqueiras em reuniões que podem gerar constrangimento, ineficiência ou desvirtuamento dos objetivos de uma reunião, além de táticas comportamentais para que o facilitador consiga lidar com elas.

*O que fazer quando algumas pessoas não se expressam?*

Algumas pessoas possuem mais dificuldade de expressar-se oralmente ou são tímidas. Além disso, em alguns momentos, pessoas que costumam ser falantes ficam caladas para não entrar em conflito com algum posicionamento já expressado.

O facilitador deve ser um encorajador do diálogo. Algumas perguntas podem ser feitas para ajudar os participantes a expressarem seus pontos de vista, sem deixá-los constrangidos:

- "Mais alguém tem algo a dizer?"
- "Alguém discorda do que já foi falado até agora?"
- "Alguém que ainda não falou deseja expressar seu ponto de vista?"
- "Fulano, percebi que você está querendo dizer algo. Estou errado?"
- "Alguém tem algum exemplo ou experiência pessoal do que está sendo discutido?"

Outras técnicas para conseguir fazer com que pessoas mais caladas se expressem são realizar uma rodada de escrita individual, para depois compartilhar no grande grupo, ou também ordenar as falas do debate pela disposição física da sala (fila, roda etc.).

*O que fazer quando algumas pessoas dominam o debate?*

Em reuniões, é comum o desequilíbrio nas contribuições orais entre os participantes. É papel do facilitador fazer com que esse desequilíbrio não seja exacerbado pela dominação das falas de um ou poucos participantes. Mas esse esforço de pluralismo e equidade não pode ser conduzido de maneira rude ou desencorajadora. Há que levar em conta que algumas pessoas falam mais porque têm realmente mais a contribuir por sua especialidade ou experiência, e isso não pode ser descartado.

Algumas técnicas podem ser utilizadas para manter a equidade de participação.

1. Estimular, perguntar ou direcionar esforços para que os menos falantes se expressem.
2. Dar sinais sutis de atenção e rumo da conversa para o restante do grupo.

3. Alertar, em privado, aqueles que estão dominando a reunião e falar sobre a importância de que os demais se expressem.

*O que fazer quando algumas pessoas desfocam a discussão?*

As diferenças cognitivas das pessoas são evidentes em um fórum ou uma reunião presencial. Cada pessoa tem uma formação, prioridade, linha de raciocínio e ciclos de atenção. O facilitador deve tentar manter todos os participantes na mesma "sintonia", mas nem sempre isso é possível. Em diversas situações, pessoas fazem comentários fora de contexto, retomam temas já tratados, antecipam temas que seriam debatidos mais tarde ou mesmo dão ideias incoerentes ao conjunto do debate.

Para auxiliá-las, o facilitador tem à disposição algumas técnicas:

1. Fazer o *link*: o facilitador pode tentar fazer um "gancho" da ideia ou opinião com o que está sendo debatido, incluindo o tema no contexto original.
2. Colocar a ideia no lugar: o facilitador pode posicionar uma informação, ideia ou opinião no contexto do debate já realizado; ou pode postergar a discussão para um momento mais adequado da pauta.
3. Parafrasear: o facilitador pode repetir uma ideia apresentada usando outras palavras e perguntar ao participante se é isso mesmo que ele quis expressar.
4. Solicitar o contexto: o facilitador pode perguntar ao participante, de forma cordial, como a ideia ou opinião dele(a) se conecta com o assunto que está sendo debatido. Algumas vezes essa pessoa pode estar com um pensamento muito apropriado para o momento, mas o facilitador e o grupo não captaram a essência do argumento.
5. Estacionamento de ideias: o facilitador pode dedicar uma parte do quadro (ou *flip-chart* etc.) para agrupar ideias a serem debatidas mais tarde. Com isso, consegue-se retomar o raciocínio original do grupo sem ofender o participante. Ao final da discussão, deve-se retomar as ideias que estão "estacionadas" e perguntar ao grupo como lidar com elas. Com esse procedimento, o próprio proponente pode ao final perceber que sua ideia não fazia parte do contexto e pedir que encerre a sua discussão.

*O que fazer quando não há quórum para iniciar a reunião no horário marcado?*

Em diversas situações, em especial no contexto brasileiro, as reuniões não iniciam no horário marcado. As pessoas podem enfrentar problemas ou ser irresponsáveis e chegar atrasadas, prejudicando o alcance dos objetivos. Algumas táticas já foram apresentadas anteriormente para prevenir isso, como marcar a reunião para iniciar mais cedo, notificar os participantes das condições de estacionamento e tráfego local, colocar sinalizadores e setas indicativas do local da reunião.

Mesmo com essas medidas, é possível que as pessoas não cheguem no horário marcado. Para tanto, há que aproveitar o tempo e respeitar aqueles que chegaram no horário.

Para isso, uma atividade de aquecimento pode ser iniciada mesmo sem a presença de todos. O facilitador pode iniciar a reunião com aqueles que chegaram no horário com uma apresentação pessoal, uma rodada de conversa, a exibição de um documentário ou a própria leitura da ata que foi enviada antecipadamente a todos.

O importante é que as pessoas que chegaram no horário sejam respeitadas e vejam que o seu tempo está sendo utilizado de forma produtiva e organizada, e que as pessoas que chegaram atrasadas percebam o seu atraso, para que se esforcem para chegar no horário em ocasiões futuras.

*Como lidar com os participantes que chegam atrasados?*

Apesar de todos os esforços de pontualidade, é possível que pessoas cheguem atrasadas à reunião. O facilitador deve saber de antemão como lidar com essas pessoas, em um processo educativo, para que nas próximas reuniões todos cheguem no horário marcado.

O facilitador deve agir com naturalidade, permitir a entrada da pessoa no meio da discussão e fazê-la sentir-se confortável. Fazer comentários constrangedores ou jogá-la ao ostracismo apenas vai gerar mais ânsia. No entanto, é necessário que a pessoa entenda que sua atitude prejudica o grupo, possivelmente com uma conversa individual durante a pausa ou ao fim da reunião, alertando-a para que chegue no horário na próxima reunião.

*O que fazer quando a pauta está atrasada?*

Se o facilitador perder o controle do tempo da programação, cada etapa pode ser frustrada. Atrasos iniciais de alguns participantes e atividades introdutórias podem atrasar a pauta e diminuir o tempo que deveria ser dedicado aos temas centrais da reunião.

Para evitar que isso aconteça, sugerimos anteriormente que o facilitador deixe visíveis a pauta e os tempos alocados para cada etapa. Também é necessário que o facilitador vá "narrando a reunião", explicitando o que já foi debatido e o que virá à frente, lembrando o tempo de cada etapa da reunião e quanto falta para o encerramento.

Se, mesmo assim, ocorrerem atrasos na pauta, algumas soluções são possíveis:

1. Impor tempo máximo para falas: o facilitador pode estabelecer um tempo máximo para intervenções dos participantes (por exemplo, 30 segundos).
2. Cortar elementos menos importantes da pauta: consultando os participantes, o facilitador pode sugerir o corte ou o adiamento da discussão de temas menos importantes da pauta.
3. Solicitar extensão do horário de encerramento: o facilitador pode interromper a reunião para consultar os participantes se eles podem continuar os debates para além do horário de encerramento inicialmente estabelecido. Com isso, há que verificar se as pessoas deixarão a reunião e se realmente vale a pena prosseguir além do tempo estabelecido sem a presença ou o quórum mínimo aceitável para o alcance dos objetivos da reunião.
4. Marcar nova reunião: em última hipótese, o facilitador pode solicitar aos participantes que seja realizada nova reunião em outro horário para prosseguimento da atual pauta.

*Como lidar com distrações dos participantes?*

Em algumas reuniões, pessoas distraem-se por causa de celular, computador ou conversas paralelas. Tais atitudes tiram energia da reunião e irritam os outros presentes.

Para que isso não ocorra, instruções iniciais quanto ao uso de telefones ou computadores devem ser repassadas aos presentes. De forma educada, o facilitador pode envolver na conversa as pessoas que estão distraídas, pedindo-lhes opinião ou mesmo que assumam alguma responsabilidade/papel na reunião. Se mesmo assim algumas pessoas insistirem em distrair-se com equipamentos eletrônicos, é importante que o facilitador chame a atenção de todos ou individualmente. Se esse é um problema generalizado, em que muitas pessoas estão distraídas ou desmotivadas, uma saída é chamar uma pausa ou quebrar o ritmo da reunião iniciando uma nova etapa.

*Como fazer todos visualizarem o debate?*

Um dos elementos importantes para a coesão do debate é manter uma mídia visual de suporte do que foi debatido. Essa mídia pode ser um quadro, um *flipchart* ou uma projeção em que as opiniões, ideias e argumentos sejam colocados à visualização de todos.

Em reuniões menores, o próprio facilitador pode acumular essa tarefa. Para reuniões maiores (seis ou mais pessoas), o ideal é que o facilitador se concentre nas tarefas de mediação e delegue a tarefa de registro a outra pessoa, seja ela membro da equipe de facilitação ou algum participante que se voluntarie para tal tarefa.

Para que esse procedimento seja útil, é importante que:

1. O quadro esteja visível a todos.
2. Os elementos escritos sejam sintéticos, com palavras-chave de fácil compreensão.
3. Os elementos escritos estejam organizados em categorias (a favor ou contra, grupo A *vs.* grupo B).
4. A fim de facilitar a visualização da escrita, sejam usadas cores diferentes para categorias diferentes de texto, e que símbolos (flechas, estrelas, asteriscos, balões etc.) sejam escritos em formato legível e visualizável.

*Como redigir a ata?*

Além do registro sintético de suporte ao debate, outro registro importante em qualquer reunião é a ata. A ata é a formalização escrita das expressões orais. Em alguns departamentos públicos exige-se que a ata seja a transcrição literal do que foi falado. Em outros contextos, exige-se a explicitação dos argumentos e decisões principais.

Uma ata pode ser organizada de duas formas:

- Critério temporal das falas e decisões: registra-se a sequência das falas ao longo do tempo, independentemente de categorias.
- Categorias do debate: registram-se os argumentos e a essência do debate de forma organizada por categorias e posicionamento explícito dos participantes sobre o tema. Por exemplo, registrando todos os argumentos a favor de uma proposta, seguidos de todos os argumentos contrários a uma proposta.

*Como avaliar uma reunião?*

Toda reunião que queira aprimorar o seu processo deve ser concluída com uma avaliação. O facilitador deve dedicar um tempo para que essa avaliação seja possível e reforçar, ao início da reunião, a importância dessa avaliação para aprimoramentos futuros.

Os formatos de avaliação podem ser:

1. Questionários elaborados previamente, impressos e distribuídos individualmente para que os participantes possam dar notas ou avaliações qualitativas aos vários tópicos, etapas e resultados da reunião.

2. Conversa em grupo, em que o facilitador traz perguntas abertas e operacionaliza os critérios de avaliação, deixando que as pessoas falem livremente sobre suas impressões e expectativas ao longo do processo.
3. Conversas individualizadas, em que o facilitador consulta pessoas que participaram do processo e pede a opinião sincera com relação ao processo, sobre os participantes e sobre o resultado da reunião.

Os critérios para avaliação de uma reunião podem ser: volume de participação (quantidade de expressões); qualidade da participação; diversidade de participação; motivação para participação em todas as etapas do processo; pontualidade de início, de fim e das etapas intermediárias; cumprimento de todos os pontos da pauta e efetividade (cumprimento dos objetivos propostos). Em outras palavras, uma boa reunião é aquela que obteve um bom quórum, com um bom nível de participação, que respeitou o tema, com uma pluralidade de atores, em que as pessoas se sentiram motivadas em que houve aprendizado e cujos objetivos foram alcançados e servirão para enfrentar os problemas públicos debatidos.

Mintrom (2003) sugere o seguinte quadro avaliativo para reuniões:

QUADRO 5.7: FORMULÁRIO DE AVALIAÇÃO DE QUALIDADE DE REUNIÃO

| Formulário de avaliação | | | |
|---|---|---|---|
| | Resposta | | |
| Item | SIM | + ou − | NÃO |
| Nossa reunião começou no horário? | | | |
| Nossa reunião seguiu a pauta? | | | |
| Os participantes seguiram as instruções? | | | |
| Os participantes vieram preparados? | | | |
| Todos participaram? | | | |
| A comunicação foi cordial e construtiva? | | | |
| A reunião teve foco na resolução de problemas? | | | |
| Nossa reunião atingiu os objetivos? | | | |
| As decisões da reunião foram implementadas? | | | |
| A condução da reunião foi boa? | | | |
| Nossa reunião terminou na hora estipulada? | | | |

Os frutos da avaliação devem ser compartilhados com os participantes, ou, se isso for impossível, pelo menos com a equipe de facilitação.

Também é preciso manter os participantes informados sobre os próximos passos e o que ocorreu depois da reunião para que eles se mantenham interessados e vejam que valeu a pena dedicar seus esforços e tempo ao processo participativo.

## 5.3 Mapeamento dos argumentos

Após coordenar ou facilitar um processo argumentativo no qual os participantes trocam razões e argumentos sobre as possibilidades de solução para um problema público, o analista de política pública tem em mãos uma vastidão de material.

O registro do fórum de política pública, como visto, deve acontecer durante a reunião, de forma sintética, em um quadro de fácil visualização por todos (*flipchart*, projeção, quadro) e de forma ordenada em um registro da ata.

Após uma reunião consultiva ou deliberativa, a recomendação de política pública pode ser simplificada para que o cliente (tomador de decisão) tenha clareza do que foi argumentado pelos atores participantes.

Em análise de qualquer política pública, os argumentos são a munição política. O argumento é um artifício lógico e retórico para o convencimento de outra pessoa. Em qualquer debate de política pública, é possível mapear e deixar explícita qual é a estrutura argumentativa de cada ator e da arena política como um todo.

Existem técnicas para esse fim e o analista de política pública deve dominá-las para que a recomendação de política pública leve em consideração os elementos levantados no processo argumentativo.

De acordo com a metodologia de Austhink (2009), o mapeamento de argumentos contém:

- Conclusão (*conclusion*): o posicionamento, a proposição ou recomendação central apontada pelo(s) argumento(s).
- Argumento (*argument*): uma afirmação ou razão para acreditar que uma conclusão é verdadeira.
- Contra-argumento: uma afirmação ou razão para acreditar que uma conclusão é falsa.
- Evidência (*reason*): um fato, evidência ou razão que dão sustentação a um argumento ou contra-argumento.

* Objeção (*objection*): um fato, evidência ou razão que contradizem um argumento.
* Tréplica (*rebuttal*): uma objeção a uma objeção.

Em *solution analysis*, um processo argumentativo deve levar a uma recomendação de política pública, ou seja, uma alternativa de solução que deve ser implementada para enfrentar o problema público. A conclusão de um processo argumentativo é a recomendação.

---

**EXEMPLO: MAPA DE ARGUMENTOS E *AIRBAGS* AUTOMOTIVOS**

Após intenso debate em uma Comissão de Assuntos Especiais do Senado, grande parte dos senadores chegou à conclusão de que "O congresso deve exigir dos fabricantes de automóveis *airbags* originais de fábrica em todos os carros novos".

O argumento é a afirmação que dá suporte a uma conclusão, fornecendo-lhe razão ou justificativa. Um argumento fortemente utilizado pelos senadores é que os "*airbags* salvam vidas". Outro argumento foi o do "baixo custo para acoplamento dos *airbags* pelas fábricas".

Para que um argumento tenha sustentação, é necessário que haja alguma evidência, ou seja, fatos, dados, analogias que passem credibilidade ao argumento. Em sua argumentação, um dos senadores apoiadores da proposta trouxe um estudo realizado por um *think tank* norte-americano contendo evidências de que "37% das colisões frontais resultantes em mortes poderiam ser evitadas com airbags". Essa evidência deu suporte ao argumento anterior de que "*airbags* salvam vidas".

Outro senador, também apoiador da proposta, trouxe para o debate um estudo do Instituto Brasileiro de Política e Direito do Consumidor, que calculou o percentual de aumento do custo unitário dos automóveis com instalação de *airbags* e identificou que esse valor não passaria de 3% em automóveis populares, sendo o valor ainda menor em veículos intermediários e de luxo. Essa evidência deu suporte ao argumento "baixo custo para acoplamento dos *airbags* pelas fábricas".

Com esse conjunto argumentativo, é possível fazer um mapa geral da tese favorável à obrigatoriedade de *airbags* de fábrica em novos automóveis fabricados.

# ANÁLISE DAS SOLUÇÕES: A ABORDAGEM ARGUMENTATIVA

**Conclusão** — O Congresso deve exigir dos fabricantes de automóveis *airbag* de fábrica nos carros novos

**Argumento** — *Airbags* salvam vidas | O custo de colocar *airbags* é baixo

**Evidência** — 37% das colisões frontais resultantes em mortes poderiam ser evitadas com *airbags* | O custo unitário de *airbag* em veículo popular não passa de 3% do valor final de venda

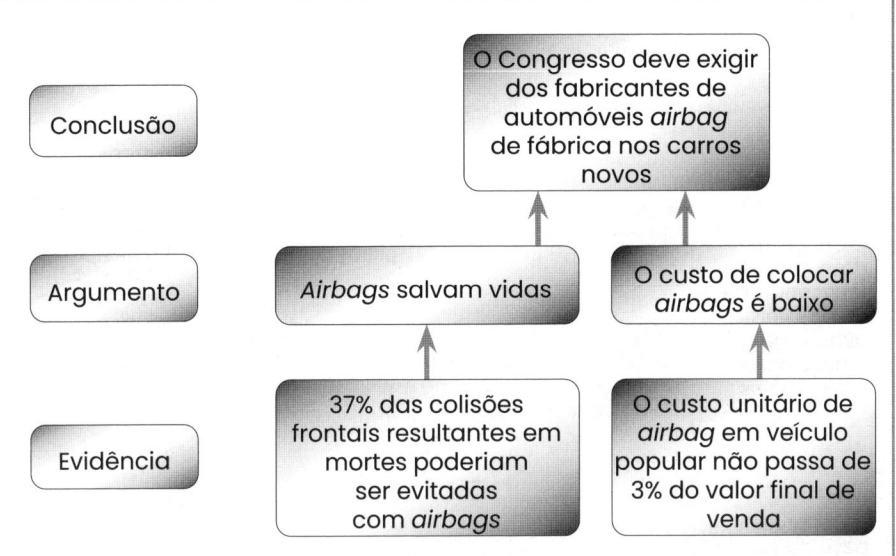

FIGURA 5.1: MAPA DE ARGUMENTOS.

Seguindo o exemplo, o debate na Comissão de Assuntos Especiais do Senado não foi somente favorável. Alguns senadores não estavam contentes com a proposta e passaram a reunião inteira apresentando argumentações contrárias à aprovação da medida. Um desses senadores, por exemplo, discordou do argumento de que o custo de colocação dos *airbags* é baixo. Seu contra-argumento tinha suporte em um documento da Anfavea (Associação Nacional de Fabricantes de Veículos Automotores), que previa que 15% dos consumidores deixariam de comprar automóveis zero quilômetro se o preço final do produto fosse acrescido em 3%, custo médio para carros populares.

Outro senador desfavorável à medida fez objeções às evidências do relatório do *think tank* norte-americano, trazendo os resultados de um estudo feito por instituto nacional que prevê que *airbags* em rodovias brasileiras poderiam evitar apenas 7% das mortes nas estradas.

Aquele senador favorável à medida, que estava de posse do estudo do *think tank* norte-americano, reagiu à objeção do seu colega senador, acusando o relatório do instituto nacional de ser errado metodologicamente, pois se baseia apenas em estudos de acidentes frontais em rodovias, deixando de considerar os acidentes laterais, os acidentes urbanos ou em áreas rurais.

O mapa desse conjunto de argumentação se desenhou da seguinte forma:

QUADRO 5.8: MAPA DE ARGUMENTOS: EVIDÊNCIAS, OBJEÇÕES E TRÉPLICAS

| Conclusão | Argumento | Evidência | Objeção | Tréplica |
|---|---|---|---|---|
| O Congresso deve exigir dos fabricantes de automóveis *airbags* de fábrica nos carros novos | *Airbags* salvam vidas | 37% das colisões frontais resultantes em mortes poderiam ser evitadas com *airbags* | Apenas 7% das mortes seriam evitadas | Existem problemas metodológicos nesse estudo que aponta que apenas 7% das mortes seriam evitadas |
| | O custo de colocar *airbags* é baixo | O custo unitário de *airbag* em veículo popular não passa de 3% do valor final de venda | | |
| O Congresso deve deixar os fabricantes livres para decidir se colocam ou não *airbags* nos carros | O custo de colocar *airbags* é alto | 15% dos consumidores deixariam de comprar carro novo se o preço aumentasse em 3% | | |

Observe que o mapa final de argumentos trouxe outros elementos para a análise: a objeção e a tréplica. Os argumentos, as evidências e as objeções dos senadores contrários à instalação de *airbags* em carros novos também foram mostrados.

É facultado ao analista de política pública mapear todos os argumentos favoráveis em um mapa e todos os argumentos desfavoráveis em outro inicialmente, mas o ideal é consolidá-los em um mapa único para apresentação no relatório de análise de política pública.

Outro exemplo de mapa de argumento é mostrado no Anexo 2 deste livro. Mapear argumentos é uma tarefa útil para evitar sobreposição e redundância de argumentos, além de explicitar o que está em jogo, fazendo com que todos os participantes tenham acesso mais igualitário aos recursos argumentativos na defesa de seus interesses.

ANÁLISE DAS SOLUÇÕES: A ABORDAGEM ARGUMENTATIVA 153

## 5.4 Exercícios de fixação

**Mapa de argumentos**

Desenhe os mapas de argumentos relacionados às duas notícias a seguir, organizando-os em três níveis: conclusão, argumentos (e contra-argumentos, se houver) e evidências (e objeções e tréplicas, se houver).

> Notícia 1: "Projeto de lei busca dar gratuidade de acesso aos idosos em eventos patrocinados pelo poder público
> O projeto de Lei 8.329/15, da senadora Vanessa Grazziotin (PC do B – AM), busca garantir acesso gratuito a pessoas com mais de 60 anos a eventos esportivos, culturais e de lazer patrocinados pelo poder público.
> Na atual legislação, os idosos já usufruem do desconto da meia-entrada, um avanço garantido pelo Estatuto do Idoso (Lei 10.741/03). Para apoiadores da proposta, o desconto de 50% não é suficiente para estimular o acesso dos idosos, visto que os preços dos ingressos ainda são altos para as populações de baixa renda. "É um absurdo que um evento patrocinado pelo poder público, como um concerto, uma exposição de arte ou peça de teatro, seja frequentada apenas por aquela parcela da população que tem condições financeiras de arcar com a meia-entrada", comentam.
> Entidades ligadas ao setor de produção e comercialização artística, cultural e desportiva são contrárias à proposta. Argumentam que muitos filmes, peças teatrais e eventos desportivos recebem apoio parcial do poder público, e tal medida vai prejudicar o setor comercialmente. "Esta é mais uma medida populista daqueles que só pensam em dar bolsa para tudo e para todos. Dar 50% de desconto é até defensável, mas dar gratuidade total é um absurdo que só vai prejudicar o setor", critica o presidente de uma associação de comercialização cultural. Alguns deputados e senadores desfavoráveis à proposta já expressaram sua preocupação fiscal e redistributiva. Apontam que haverá uma leve perda de arrecadação tributária e que os preços dos ingressos para os demais cidadãos sofrerão aumento como compensação da perda de receitas com os consumidores idosos." [Texto elaborado com base em: Campos e Assumpção (2015)].
> 
> Notícia 2: "Veja cinco motivos a favor e cinco contra a redução da maioridade penal.
> Aprovada pela Comissão de Constituição e Justiça (CCJ) da Câmara, a proposta que reduz a maioridade penal no Brasil de 18 para 16 anos promete colocar ainda mais 'lenha na fogueira' dessa já acalorada discussão.
> Apesar da oposição de deputados ligados ao governo, a CCJ, fortemente influenciada pela Frente Parlamentar da Segurança Pública, conhecida como Bancada da Bala, aprovou a constitucionalidade da PEC (Proposta de Emenda Constitucional) nesta terça-feira (31).
> Agora, a Câmara criará uma comissão especial para analisar a proposta. Só depois de ser votada duas vezes na Câmara e de passar pelo Senado (também em duas votações) é que poderá, se for aprovada, virar lei. A tramitação da PEC ainda pode ser questionada no STF (Supremo Tribunal Federal). O UOL consultou juristas, artigos e ONGs e selecionou argumentos contra e a favor da redução da maioridade penal. Confira:

*Contra*

A redução da maioridade penal fere uma das cláusulas pétreas (aquelas que não podem ser modificadas por congressistas) da Constituição de 1988. O artigo 228 é claro: 'São penalmente inimputáveis os menores de 18 anos'.

A inclusão de jovens a partir de 16 anos no sistema prisional brasileiro não iria contribuir para a sua reinserção na sociedade. Relatórios de entidades nacionais e internacionais vêm criticando a qualidade do sistema prisional brasileiro.

A pressão para a redução da maioridade penal está baseada em casos isolados, e não em dados estatísticos. Segundo a Secretaria Nacional de Segurança Pública, jovens entre 16 e 18 anos são responsáveis por menos de 0,9% dos crimes praticados no país. Se forem considerados os homicídios e tentativas de homicídio, esse número cai para 0,5%.

Em vez de reduzir a maioridade penal, o governo deveria investir em educação e em políticas públicas para proteger os jovens e diminuir a sua vulnerabilidade ao crime. No Brasil, segundo dados do IBGE, 486 mil crianças entre 5 e 13 anos eram vítimas do trabalho infantil em todo o Brasil em 2013. No quesito educação, o Brasil ainda tem 13 milhões de analfabetos com 15 anos de idade ou mais.

A redução da maioridade penal iria afetar, preferencialmente, jovens negros, pobres e moradores de áreas periféricas do Brasil, na medida em que esse é o perfil de boa parte da população carcerária brasileira. Estudo da UFSCar (Universidade Federal de São Carlos) aponta que 72% da população carcerária brasileira é composta de negros.

*A favor*

A mudança do artigo 228 da Constituição de 1988 não seria inconstitucional. O artigo 60 da Constituição, no seu inciso 4º, estabelece que as PECs não podem extinguir direitos e garantias individuais. Defensores da PEC 171 afirmam que ela não acaba com direitos, apenas impõe novas regras.

A impunidade gera mais violência. Os jovens 'de hoje' têm consciência de que não podem ser presos e punidos como adultos. Por isso continuam a cometer crimes.

A redução da maioridade penal iria proteger os jovens do aliciamento feito pelo crime organizado, que tem recrutado menores de 18 anos para atividades, sobretudo, relacionadas ao tráfico de drogas.

O Brasil precisa alinhar a sua legislação à de países desenvolvidos como os Estados Unidos, onde, na maioria dos estados, adolescentes acima de 12 anos de idade podem ser submetidos a processos judiciais da mesma forma que adultos.

A maioria da população brasileira é a favor da redução da maioridade penal. Em 2013, pesquisa realizada pelo instituto CNT/MDA indicou que 92,7% dos brasileiros são a favor da medida. No mesmo ano, pesquisa do instituto Datafolha indicou que 93% dos paulistanos são a favor da redução." [Texto elaborado por Prazeres (2015)].

## Preparando o seu relatório de análise de política pública

Com objetivo prático, elaboramos os seguintes formulários para auxiliá-lo na estruturação do seu relatório de análise de política pública. Preenchendo esses formulários, você estará sintetizando as informações essenciais que serão contidas no relatório.

ANÁLISE DAS SOLUÇÕES: A ABORDAGEM ARGUMENTATIVA    155

**Planejamento e organização da reunião**

No quadro abaixo, elabore o objetivo da reunião de acordo com as instruções deste capítulo, descrevendo as especificidades do problema público em análise.

No quadro a seguir, elabore a pauta da reunião:

| Hora | Pauta |
|------|-------|
|      |       |
|      |       |
|      |       |
|      |       |

No quadro a seguir, insira o nome dos atores (individuais, organizações) que deverão ser convidados para a reunião, seus responsáveis e a forma de convite (pessoal, carta, e-mail, telefone, outros meios):

| Quem deve ser convidado | Responsável pelo convite | Forma do convite |
|-------------------------|--------------------------|------------------|
|                         |                          |                  |
|                         |                          |                  |
|                         |                          |                  |
|                         |                          |                  |

No quadro abaixo, elabore um texto-base para o convite, de acordo com o que foi ensinado neste capítulo:

No quadro a seguir, descreva o espaço físico, *layout* e equipamentos necessários para a realização da reunião:

| |
|---|
| Local (descrição) |
| *Layout* indicado |
| Equipamentos necessários |

No quadro a seguir, identifique os responsáveis pelos papéis antes, durante e após a reunião:

| O que (tarefa) | Quem (responsável) |
|---|---|
| Preparar o ambiente (*layout*, cadeiras, luminosidade, ventilação, conforto térmico) | |
| Preparar equipamentos audiovisuais (computador, *datashow*, aparelhagem de som, internet, quadro, *flipchart* etc.) | |
| Preparar material de apoio (impressos, canetas, canetão, papel, *post-its* etc.) | |
| Receber os participantes | |
| Registrar inscrições/presença | |
| Entregar material de apoio aos participantes | |
| Dar boas-vindas | |
| Apresentar os objetivos da reunião | |
| Verbalizar a pauta | |
| Coordenar as apresentações pessoais | |
| Apresentar conteúdo informativo inicial (contexto, sensibilização) | |
| Coordenar o debate (passar a palavra, estimular a participação, interromper falas desnecessárias ou demoradas) | |
| Anotar as inscrições de fala | |
| Levar e trazer o microfone | |
| Cuidar do fornecimento de água e *coffee break* | |
| Registrar a essência dos argumentos em local visível a todos (*datashow*, *flipchart*, quadro) | |
| Relatar o debate (preparação para a ata) | |

continua

continuação

| O que (tarefa) | Quem (responsável) |
|---|---|
| Controlar o tempo e alertar atrasos | |
| Sintetizar a discussão | |
| Dar encaminhamentos (ações, responsabilidades, próximos passos) | |
| Coordenar a avaliação da reunião | |
| Agradecer e realizar encerramento | |
| Registrar a ata ou relatório | |
| Consolidar a avaliação da reunião | |
| Encaminhar a ata para os presentes e outros atores interessados | |
| Publicizar os resultados da reunião | |
| Comunicar e debater o *feedback* avaliativo da reunião | |

No quadro a seguir, elabore um questionário para avaliação da reunião que será entregue aos presentes antes do encerramento:

# 6 Relatório de análise de políticas públicas: estruturação da recomendação

*Este capítulo ensina como se estrutura um relatório de análise de política pública, com atenção à forma e ao conteúdo. Ao final deste capítulo, o analista deverá ser capaz de:*

1. Estruturar uma recomendação formal de política pública.
2. Redigir um relatório de análise de política pública.
3. Elaborar uma apresentação de uma recomendação de política pública.
4. Escrever um artigo síntese para divulgação dos resultados da análise.

A estruturação da recomendação de política pública é a etapa que consolida o conjunto de informações e análises provenientes do modelo racional ou do modelo argumentativo de análise.

O relatório de análise de política pública é o documento que formaliza essa recomendação. Montando o relatório de política pública, o analista elabora a recomendação da política pública pronta para ser utilizada no processo decisório. Neste capítulo detalhamos cada um dos elementos dessa estrutura.

## 6.1 Estrutura do relatório de análise

Muitas podem ser as estruturas e mídias utilizadas para uma análise de política pública. Uma análise pode ser comunicada por meio de um relatório, uma entrevista na televisão, um artigo no jornal, uma investigação jornalística, um filme, um documentário, uma animação multimídia, entre outros. Apesar de todas estas formas de comunicação e transmissão de conhecimento, o relatório escrito continua sendo o meio mais adequado para demonstrar os argumentos, dados, as relações e as projeções que foram fruto do trabalho de análise de política pública.

Um relatório de análise pode ser a base para a formatação de muitas outras mídias. O relato escrito, com apoio de infográficos, é a formalização necessária para a formulação de uma política pública.

QUADRO 6.1: ESTRUTURA DO RELATÓRIO DE ANÁLISE DE POLÍTICA PÚBLICA

| |
|---|
| 1. CAPA: Contém o título do relatório, o destinatário de análise, o nome da equipe de analistas. É bastante aconselhável incluir um elemento gráfico na capa, seja uma fotografia, um desenho, uma imagem ou charge que sintetize a essência do problema ou da solução que se quer apresentar. |
| 2. FICHA DE ANÁLISE: Nome do(s) analista(s), data de início da análise, data de conclusão da análise, destinatário do relatório de análise, síntese do problema público, âmbito de aplicação da política pública, área. |
| 3. RESUMO EXECUTIVO: Extrato do relatório que contém as informações principais e o perfil da política pública recomendada. Nesta parte são citados o problema que foi diagnosticado, as alternativas de solução e a recomendação de política pública, de forma simples, direta e motivadora. |
| 4. ANÁLISE DO PROBLEMA: Neste capítulo, o analista escreve os resultados da análise da natureza do problema público e o diagnóstico, enfatizando a amplitude, a intensidade e a tendência do problema. O contexto do problema deve ser detalhado em sua análise da origem, do histórico e quadro atual da situação política, econômica, jurídico-legal e sociocultural. Este capítulo deve ser finalizado com a definição/formalização do problema analisado e do objetivo que se pretende alcançar. |
| 5. ANÁLISE DAS SOLUÇÕES: Neste capítulo, entram os produtos das análises apontando as alternativas de solução geradas pela abordagem racionalista ou debatidas pela abordagem argumentativa. Neste capítulo também são apontados os critérios, os indicadores e as projeções de resultados esperados nas alternativas (abordagem racionalista) e/ou a descrição dos *stakeholders*, seus interesses e a matriz de argumentos derivada dos debates promovidos com os atores envolvidos na abordagem argumentativa. |
| 6. RECOMENDAÇÃO: Parte final do relatório destinada a destacar a política pública que resultou como a mais adequada para o enfrentamento do problema público diagnosticado. Também devem ser escritas considerações gerais sobre a implementação da política pública, com suas regras, requisitos, instrumentos, equipamentos e capacitações necessárias aos implementadores e possíveis obstáculos de implementação, além do potencial de a política pública alcançar o objetivo estabelecido de extinguir ou mitigar o problema. Ou seja, deve ficar claro quais são as vantagens e desvantagens da alternativa indicada e quais consequências financeiras, políticas, legais poderão ocorrer se tal alternativa for adotada. Também é neste espaço que o analista pode fazer considerações relativas às despesas e às origens dos recursos necessários para a implementação da política pública, bem como a projeção do tempo de implementação (cronograma). |
| 7. REFERÊNCIAS: Seção dedicada à explicitação das referências documentais, livros, artigos, relatórios utilizados que dão suporte aos dados trazidos no relatório. |

Identificar o público-alvo do relatório é essencial para adequação de linguagem. Se o relatório for apenas destinado a um grupo técnico, então deve-se usar linguagem técnica. Como a maior parte dos relatórios é instrumento argumentativo para pessoal não técnico, o relatório de análise deve ser escrito com linguagem adequada para o político, para o órgão de classe, para o cidadão comum. Com destinatários tão variados, a dica é escrever as análises de forma simples e direta.

Ao finalizar o relatório de análise de políticas públicas, ao menos três perguntas devem ser claramente respondidas: o que o ator político deve fazer? Por que ele deve fazer? E como deve fazer? (Weimer e Vining, 2011). As duas primeiras perguntas já estão respondidas na análise. A terceira pergunta estimula a elaboração de ações/recomendações práticas para a viabilização da alternativa, ou seja, prescrições para a implementação.

## 6.2 Dicas de redação para o relatório de análise

Nesta parte, são fornecidas dicas de formatação e estilo de linguagem para o relatório de análise e para outras mídias derivadas, como artigo de jornal, blog ou redes sociais, apresentação audiovisual, entre outras.

*Utilidade*

Acima de tudo, o relatório de análise de política pública deve ser útil para o demandante. Ser útil implica inclusive apontar incertezas ou limitações que as análises não conseguiram elucidar. Um relatório de análise nunca será um trabalho acabado ou perfeito, mas um instrumento para sublinhar ambiguidades da situação-problema e das soluções. A credibilidade do analista também é passada pelo reconhecimento das suas limitações e da demonstração das lacunas informativas que serão úteis para a tomada de decisão.

*Linguagem inteligível*

Um dos principais critérios de avaliação da escrita de um relatório de análise de política pública é a sua inteligibilidade, ou seja, o que é escrito deve ser compreensível para aquele que lê. Para tanto, são fornecidas técnicas de linguagem, infográficos, apresentações e *design* a fim de aumentar as chances de escolha da política pública recomendada.

O relatório de análise deve ser simples e didático para gerar interesse no cliente do relatório e nos demais atores. O relatório não deve ser um instrumento de ostentação de sofisticação técnica ou linguística do analista, mas sim um documento preocupado com a aplicação dos resultados alcançados. Um bom relatório de análise é aquele que consegue interferir na compreensão do problema público, na disseminação de sua relevância, apresentando soluções criativas e viáveis.

QUADRO 6.2: LINGUAGEM TÉCNICA *VERSUS* LINGUAGEM SIMPLES E DIRETA

| Linguagem técnica/sofisticada | Linguagem simples/direta |
| --- | --- |
| "Reza o parágrafo I do Artigo 473 da Carta Magna, que o empregado poderá deixar de comparecer ao serviço, sem prejuízo do salário, até 2 dias consecutivos, em caso de falecimento do cônjuge, ascendente, descendente, irmão ou pessoa que, declarada em sua CTPS, viva sob sua dependência econômica." | "Se algum parente próximo do trabalhador morrer, ele tem direito a dois dias de folga remunerada." |
| "O déficit de recursos financeiro--orçamentários destinados às instituições de Ensino Fundamental tem sofrido um crescimento marginal superior à capacidade de arrecadação tributária." | "Está cada vez mais faltando dinheiro nas escolas." |

A tônica da linguagem é a objetividade e a simplicidade. Isso não quer dizer que o analista de política pública não deva usar a linguagem técnica. Pelo contrário, deve-se usar linguagem técnica quando necessário, quando a precisão terminológica for fundamental para transmitir a mensagem e também como processo educativo para que o ator político entenda elementos técnicos, científicos e jurídicos da política pública em análise.

Para encontrar esse equilíbrio entre linguagem simples e técnica, use notas de rodapé ou notas de fim de documento, citando as fontes técnicas para suas afirmações. Evite poluir o corpo do texto do relatório de análise com essas fontes, pois isso aborrece o leitor/cliente e desvirtua a argumentação central. Se o leitor estiver interessado em conhecer a fonte de alguma afirmação específica, ele poderá acessar as notas de rodapé ou as notas de fim de documento.

Mais dicas:

- Use frases curtas e incisivas.
- Utilize redação baseada em evidências: percentuais, dados quantitativos, dados qualitativos.
- Use gráficos e imagens para dar suporte ao texto.
- Escreva a opinião ou cite literalmente frases de especialistas e de atores envolvidos para dar suporte à análise (confrontando diferentes opiniões).
- Tente sempre analisar o contexto de forma ampla e evite ater-se a detalhes idiossincráticos, peculiares ao contexto. Na etapa de coleta de evidências (pesquisa de campo), busque os detalhes, as sutilezas, as contradições; mas, no relatório de análise, é necessário ser sintético para capturar a atenção do leitor e dos demais atores interessados.
- Não faça uma fundamentação teórica. A fundamentação teórica aparece nas entrelinhas do texto: relações causais, teoria econômica, teoria política, terminologia específica acadêmica aparecem no texto, mas não há necessidade de explicá-las; o analista pode inserir notas de rodapé ou de fim de documento para facilitar a busca das fontes de referência.
- Não faça um capítulo metodológico. A metodologia de coleta de dados ou a replicabilidade científica não são essenciais no relatório de análise de políticas públicas. O que mais importa são os resultados, os argumentos e a recomendação. Em alguma situação em que seja necessária a explicação dos métodos para chegar a uma evidência ou número, por exemplo, indica-se a inserção de nota de rodapé ou nota de fim de documento.
- Ao retratar um ator, uma legislação ou qualquer outro elemento peculiar a um país ou região, indica-se o uso de uma explicação da essência desse elemento. Exemplos: "Segundo a Fundação Franklin Cascaes, uma entidade de apoio cultural em Santa Catarina...", ou "De acordo com a Lei 8.666/93, uma política regulatória para compras em organizações públicas brasileiras...". Escreva como se fosse para um estrangeiro que não conhece as especificidades, as regras e a cultura local.
- Mostre soluções ou dilemas anteriores (do mesmo local) e de outros contextos (outras cidades, países).
- Mostre que o problema público que se está analisando não é único, *sui generis*, mas sim inserido em um contexto mais geral.

- Cuidado com os plágios! O analista de política pública consulta diversas fontes, lê diversos documentos, artigos, livros, notícias, websites. Portanto, deve manter suas fontes muito organizadas para separar o que é texto próprio e o que são textos de terceiros. O plágio denigre a credibilidade do relatório e do próprio analista de política pública.
- Escreva a sua interpretação sobre os fatos, seja ela conveniente ou não ao demandante. Fale a verdade ao poder (*speak truth to power*), por mais desconfortável que seja. Você foi contratado para isso.

Por todo o exposto, deve ter ficado claro que o estilo e a linguagem de um relatório de análise de política pública diferem bastante de um relatório, uma dissertação ou uma tese acadêmica. Além dos objetivos distintos, esses tipos de trabalho também diferem em forma. É fácil compreender que os públicos ou destinatários desses trabalhos são também distintos.

Para evidenciar as diferenças entre trabalho acadêmico e relatório de análise de política, construímos o Quadro 6.3 na esperança de ajudar o analista a desconstruir alguns cacoetes acadêmicos nas ciências sociais e melhor direcionar a redação desse relatório de perfil prático.

## 6.3 Subprodutos do relatório de análise

De um relatório de análise de políticas públicas, podem ser extraídos diversos subprodutos. Como o relatório de análise é um documento completo, com dados e argumentação do analista, e muitas vezes é extenso, é importante derivar algumas mídias para fins de divulgação e alcance dos resultados.

*Ofício*

Elabore um ofício formal de apresentação para acompanhar o relatório de análise de política pública. Nesse ofício, contextualize a demanda que lhe foi feita, o principal resultado, orientações para uso do material e coloque-se à disposição para a realização de uma apresentação ou para prestar esclarecimentos.

*Apresentação oral*

Tão importante quanto o relato escrito é a apresentação oral dos resultados. Muitos tomadores de decisão não têm tempo de ler relatórios longos ou mesmo são mais afe-

QUADRO 6.3: TRABALHO ACADÊMICO *VERSUS* RELATÓRIO DE ANÁLISE DE POLÍTICA PÚBLICA

| | Trabalho acadêmico | Relatório de análise de política pública |
|---|---|---|
| Finalidade | Construção teórica | Instrumentalização prática |
| Estilo | Rebuscado, preciso, prolixo (parágrafos longos com uso de citações literais e paráfrases) | Analítico, objetivo, amigável (parágrafos curtos e com linguagem simples, customizada ao leitor). A sofisticação está na capacidade de articular teoria e caso empírico de forma sutil. |
| Fundamentação teórica | Evidencia fundamentação teórica. Uso contínuo de citações literais e referências bibliográficas | A fundamentação teórica está nas entrelinhas da redação e em notas de rodapé ou de fim de documento. Excepcionalmente é usada citação literal no texto. O máximo de citação que faz é de alguma frase caricata de algum ator. |
| Linguagem | Evita-se usar verbos na 1ª pessoa | Sugerem-se verbos na 1ª pessoa. |
| Produto | Dissertação, tese, relatório de pesquisa (50 ou mais páginas) | Relatório de análise de política pública (de 10 a 50 páginas). |
| Tempo necessário | 1 a 3 anos | 15 dias a 3 meses (dependendo da complexidade, pode chegar a um ano) |
| Preocupação básica | Preocupação com a precisão e a replicabilidade dos conhecimentos gerados | Preocupação com a precisão e a utilidade prática dos conhecimentos gerados. |
| Destinatário | Comunidade científica ou *experts* | Tomador de decisão, meios de comunicação, público em geral ou grupo de interesse envolvido na política pública (interessados em informações para posicionamento político). |
| Subprodutos | Artigo científico ou livro | Artigo científico, *press release*, campanha de conscientização, relatório executivo ou reportagem para meios de comunicação. |

Fonte: Adaptado de Secchi e Schüür (2013).

tos à comunicação oral do que à comunicação escrita. É importante, portanto, que a equipe de analistas de políticas públicas elabore uma apresentação oral, com recursos audiovisuais, para apresentação dos principais resultados. É nessa apresentação que o "cliente" e eventualmente os meios de comunicação e o grande público verão a materialidade do trabalho de análise.

Como o relatório escrito já possui infográficos, imagens e argumentos, o trabalho de preparação da apresentação oral consiste em sintetizar os conteúdos já produzidos e transformar páginas de comunicação escrita em símbolos, palavras-chave, gráficos e uma comunicação oral efetiva dos resultados.

*Press release*

Um *press release* é um instrumento de comunicação sintética para ser encaminhado para os meios de comunicação. Faça um *press release* que possa ser enviado para a publicação na mídia impressa, em websites, redes sociais ou em qualquer outro meio escrito. Negocie a publicação desse *press release* com quem solicitou o relatório, principalmente se dados concretos da análise forem considerados politicamente sensíveis a ponto de gerar alguma repercussão. Não há necessidade de negociar com o solicitante a elaboração e a divulgação de *press release* se o artigo for mais genérico ou tratar do seu aprendizado como analista que vivenciou aquela política ou problema público.

Um *press release* serve para divulgar os conhecimentos e gerar curiosidade do grande público para que acesse o relatório de análise completo, e para valorizar o próprio trabalho do analista de política pública.

## 6.4 Três testes de qualidade do seu relatório

Três testes podem ser feitos para saber se o relatório de análise de política pública atende aos quesitos de linguagem e realismo:

1. Coloque-se no lugar do demandante e responda à seguinte pergunta sinceramente: Se eu fosse ele, seguiria essa recomendação? (Bardach, 2009). A resposta a essa simples pergunta ajuda a verificar se a qualidade de sua recomendação é boa. Se o analista não está convencido da melhor alternativa, então seu cliente não estará recebendo uma boa recomendação. Há situações em que o analista deve voltar a campo ou realizar novas rodadas de debates com atores, pois deixou de considerar problemas de implementação, custos mais precisos ou outros elementos políticos ou jurídicos que se perderam durante a análise.

2. Explique em até um minuto as principais conclusões para um parente ou amigo leigo no assunto. Se você for incapaz de resumir os resultados de todas as análises em palavras breves e diretas, é porque o trabalho de análise não está atendendo ao critério de inteligibilidade.
3. Teste sua recomendação com a seguinte pergunta: "Por que ninguém pensou nisso antes?" ou "Por que até hoje não houve alguém que adotasse essa solução?".

Se as respostas indicarem problemas de implementação, resistência política, custo excessivo, falta de algum empreendedor de *policy*, então essas respostas deverão estar contidas na análise e, posteriormente, esta deve mostrar o que há de novo para que, dessa vez, a alternativa tenha chance de emplacar.

## 6.5 Exercícios de fixação

1. Abra um arquivo em um editor de texto e o estruture com os seguintes tópicos:
   CAPA
   FICHA DE IDENTIFICAÇÃO
   RESUMO EXECUTIVO
   ANÁLISE DO PROBLEMA
   ANÁLISE DAS SOLUÇÕES
   RECOMENDAÇÕES
   REFERÊNCIAS
   Insira textos, gráficos, tabelas em cada uma das seções.

2. Faça os três testes antes de entregar o relatório ao seu cliente:
   a. Coloque-se no lugar do cliente e responda à seguinte pergunta sinceramente: "Se eu fosse o cliente, seguiria essa recomendação?"
   b. Explique em até um minuto as principais conclusões e análise para um parente ou amigo leigo no assunto.
   c. Teste sua recomendação com a seguinte pergunta: "Por que ninguém pensou nisso antes"? ou "Por que até hoje não houve alguém que adotasse essa solução?"

3. Elabore um ofício dirigido ao ator político para acompanhar seu relatório de análise de política pública.

4. Elabore uma apresentação oral, com suporte audiovisual (por exemplo, usando Powerpoint, Prezi, filme etc.) para apresentar os resultados da análise.
5. Elabore um *press release* de até 2 mil caracteres que sintetize o problema, as evidências da análise e as recomendações de política pública e o envie como artigo de opinião para um jornal ou revista que tenha potencial interesse nos resultados das análises.

# Referências

ALESSI, Gil. *Controle de armas*: projeto que acaba com Estatuto do Desarmamento se baseia em erros. [online]. Disponível em: <http://brasil.elpais.com/brasil/2015/04/20/politica/1429540410_832811.html>. Acesso em: 7 maio 2015. São Paulo: El País Brasil, 2015.

ALIGICA, Paul D.; TARKO, Vlad. Polycentricity: from Polanyi to Ostrom, and beyond. *Governance*, v. 25, n. 2, p. 237-262, abr. 2012.

ANDREWS, Christina W. Policy analysis styles in Brazil. In: VAITSMAN, Jeni; RIBEIRO, José Mendes; LOBATO, Lenaura de Vasconcelos Costa. *Policy Analysis in Brazil*. Bristol: Policy Press, 2013.

APQC. American Productivity and Quality Center. Benchmarking methodology. [online]. Disponível em: <https://www.apqc.org/benchmarking-methodology>. Acesso em: 7 jan. 2016. Houston: APQC, 2015.

ARARUNA ONLINE. Confira como cada deputado votou no sistema eleitoral de listas fechadas. [online]. Disponível em: <http://www.ararunaonline.com/noticia/16482/confira-como-cada-deputado-votou-no-sistema-eleitoral-de-listas-fechadas>. Acesso em: 21 dez. 2015. Araruna, 2015.

AVRITZER, Leonardo. Teoria democrática e deliberação pública. *Lua Nova*, n. 49, p. 25-46, 2000.

AUSTHINK. Tools for critical thinking, better writing, and decision making [online]. Disponível em: <http://www.reasoninglab.com/>. Acesso em: 2 dez. 2014. Amsterdam: Austhink, 2009.

BARDACH, Eugene. *A practical guide for policy analysis*. The eighfold path for more effective problem solving. 3. ed. Washington: CQ Press, 2009.

BARROS, Ricardo Paes de; LIMA, Lycia. Avaliação de impacto de programas sociais: Por que, para que e quando fazer? In: MENEZES FILHO, Naercio. *Avaliação econômica de projetos sociais*. São Paulo: Dinâmica gráfica e editora, 2012.

BEN-ZUR H.; BREZNITZ, S. J. The effect of time pressure of risky choice behaviour. *Acta Psychologica*, v. 47, p. 89-104, 1981.

BERGUE, Sandro Trescastro; KLERING, Luís Roque. A redução sociológica no processo de transposição de tecnologias sociais. *Organizações & Sociedade*, v. 17, n. 52, p. 137-155, 2010.

BOARDMAN, Anthony E.; GREENBERG, David H.; VINING, Aidan R.; WEIMER, David L. *Cost-benefit analysis*: concepts and practice. NJ: Upper Saddle River, 1996.

BOBROW, Davis B.; DRYZEK, John S. *Policy analysis by design*. Pittsburgh, PA: University of Pittsburgh Press, 1987.

BOGAN, Christopher E.; ENGLISH, Michael J. *Benchmarking, aplicações práticas e melhoria contínua*. São Paulo: Makron Books, 1996.

BOSCH, Eduardo Rombauer Van Den. *Métodos e atitudes para facilitar reuniões participativas*. São Paulo: Coordenadoria do Orçamento Participativo da Prefeitura de São Paulo e Fundação Friedrich Ebert/ILDES, 2002.

BOSCHI, Renato R. Business associations and public policy analysis. In: VAITSMAN, Jeni; RIBEIRO, José Mendes; LOBATO, Lenaura. *Policy analysis in Brazil*. Bristol: Policy Press, 2013.

BOZZA, Tatiana. *Estrutura das carreiras de gestor na Administração Pública Brasileira*. Monografia. Curso de Especialização Lato Sensu em Estudos Estratégicos em Administração Pública (CEEAP) ESAG/ENA Brasil, Florianópolis, 2011.

BROWN, Steven R. *Political subjectivity*: Applications of Q methodology in political science. New Haven, CT: Yale University Press, 1980.

CAMPOS, Pedro; ASSUMPÇÃO, Regina Céli. Projeto prevê gratuidade a idoso em eventos esportivos mantidos com verba pública. *Câmara Notícias*. Disponível em: <http://www2.camara.leg.br/camaranoticias/noticias/ESPORTES/490784-PROJETO-PREVE-GRATUIDADE-A-IDOSO-EM-EVENTOS-ESPORTIVOS-MANTIDOS-COM-VERBA-PUBLICA.html>. Acesso em: 22 jun. 2015. Brasília: Câmara dos Deputados, 2015.

CARVALHO, M. C.; TEIXEIRA, A. C. C. (Ed.). *Conselhos gestores de políticas públicas*. São Paulo: Polis, 2000.

CAVALCANTI, Paula Arcoverde. *Análise de políticas públicas*: o estudo do Estado em ação. Salvador: Eduneb, 2012.

CIPE. Center for International Private Enterprise. *Improving public governance*: closing the implementation gap between law and practice. [online]. Disponível em: <http://www.cipe.org/sites/default/files/publication-docs/GI%20CIPE_Implementation%20Gap_for%20web.pdf>. Acesso em: 22 dez. 2015. Washington: Global Integrity, 2012.

COBB, Roger; ROSS, Jennie-Kieth; ROSS, Marc Howard. Agenda building as a comparative political process. *The American Political Science Review*, v. 70, n. 1, p. 126-138, mar. 1976.

COHEN, Joshua; MARCH, James G.; OLSEN, Johan P. A garbage can model of organizational choice. *Adminitrative Science Quarterly*, v. 17, n. 1, p. 1-25, 1972.

CONJUR. A. *tiros: armas de fogo causaram 70% das mortes no Brasil*. [online]. Disponível em: <http://www.conjur.com.br/2011-dez-12/armas-fogo-causaram-70-mortes-brasil-2010>. Acesso em: 7 maio 2015. São Paulo: Conjur, 2011.

DAHL, R. A. *On democracy*. New Haven: Yale University Press, 1988.

DANTAS NETO, Paulo Fábio. Parties and public policy: programmatic formulation and political processing of constitutional amendments. In: VAITSMAN, Jeni;

RIBEIRO, José Mendes; LOBATO, Lenaura. *Policy analysis in Brazil*. Bristol: Policy Press, 2013.

DE LEON, Peter. Introduction: the evidentiary base for policy analysis: empiricist versus postpositivist positions. *Policy Studies Journal*, v. 26, n. 1, p. 109-113, 1998.

DRAIBE, Sonia. Policy analysis in Brazil: emergence and institucionalisation. *Brazilian Political Sciences Review*, v. 8, n. 2, p. 188-122, 2014.

DROR, Yehezkel. *Design for policy sciences*. Nova York: American Elsevier Pub., 1971.

DRYZEK, John S. *Discursive democracy*. Cambridge, MA: Cambridge University Press, 1990.

_____. Policy analysis as critique. In: MORAN, Michael; REIN, Martin; GOODIN, Robert E. *The Oxford Handbook of public policy*. Oxford: Oxford University Press, 2006.

DUNN, William N. *Public policy analysis*: an introduction. Englewood Cliffs: Prentice-Hall, 1981.

DURNING, Dan. Participatory policy analysis in a social service agency: a case study. *Journal of Policy Analysis and Management*, v. 12, n. 2, p. 297-322, 1993.

_____. The transition from traditional to postpositivist policy analysis: a role for Q-methodology. *Journal of Policy Analysis and Management*, v. 18, n. 3, p. 389-410, 1999.

ENSERINK, Bert; KOPPENJAN, Joop F. M.; MAYER, Igor S. A policy sciences view on policy analysis. In: THISSEN, Wil A. H.; WALKER, Warren E. (Org.). *Public policy analysis*: new developments. Nova York: Springer, 2013.

FARAH, Marta F. S. Policy analysis at the municipal level of government. In: VAITSMAN, Jeni; RIBEIRO, José Mendes; LOBATO, Lenaura de Vasconcelos Costa. *Policy Analysis in Brazil*. Bristol: Policy Press, 2013.

FILGUEIRAS, C. A. C.; ROCHA, C. A. V. Production of policy-related information and knowledge in Brazil: the state government agencies. In: VAITSMAN, J.; RIBEIRO, J. M.; LOBATO, L. *Policy Analysis in Brazil*. Bristol: Policy Press, 2013.

FISCHER, Frank. *Technocracy and the politics of expertise*. Newbury Park, CA: Sage, 1990.

_____; FORESTER, John (Org.). *The argumentative turn in policy analysis and planning*. Durham: Duke University Press, 1993.

_____. Beyond empiricism: policy inquiry in postpositivist perspective. *Policy Studies Journal*, v. 26, n. 1, p. 129-146, 1998.

_____. *Reframing public policy*: discursive politics and deliberative practices. Oxford: Oxford University Press, 2003.

_____, MILLER, Gerald J.; SIDNEY, Mara S. (Org.). *Handbook of public policy analysis*: theory, politics, and methods. Boca Raton: Taylor & Francis, 2007.

_____; GOTTWEIS, Herbert (Org.). *The argumentative turn revisited*: public policy as communicative practice. Durham: Duke University Press, 2012.

_____. In: Pursuit of Usable Knowledge: Critical Policy Analysis and the Argumentative Turn. In: FISCHER, Frank; TORGERSON, Douglas; DUMOVÁ, Anna; ORSINI, Michel. *Handbook of Critical Policy Studies*. Cheltenham: Edgar Elgar, 2015.

_____; TORGERSON, Douglas; DUMOVÁ, Anna; ORSINI, Michel. *Handbook of Critical Policy Studies*. Cheltenham: Edgar Elgar, 2015.

FISHKIN, James S. *Democracy and Deliberation*: New Directions for Democratic Reform. New Haven, CT: Yale University Press, 1991.

FORESTER, John. *Critical theory, public policy and planning practice*. Albany, NY: Suny Press, 1993.

FUNG, Archon. Varieties of participation in complex governance. *Public Administration Review*, ed. esp., p. 66-75, dez. 2006.

GARBER, Debra. What´s the connection between a productive meeting, REM sleep and attention span? [online]. Disponível em: <https://blog.dlvrit.com/2013/10/whats-the-connection-between-a-productive-meeting-rem-sleep-and-attention-span/>. Acesso em: 28 dez. 2015.

GAZÊTA, Arlene Audi Brasil; CARVALHO, Diana M.; TURA, Luiz Fernando Rangel, GAZE, Rosangela. A campanha de erradicação da varíola no Brasil e a instituição do sistema nacional de vigilância epidemiológica. *Cadernos de Saúde Coletiva*, v. 13, n. 2, p. 323-338, 2005.

GEERTZ, Clifford. *The interpretation of cultures*. Nova York: Basic books, 1973.

GIULIANI, Marco. Livello del gioco. In: CAPANO, G.; GIULIANI, M. *Dizionario di Politiche Pubbliche*. Roma: Carocci, 2005.

GUNDERSEN, A. G.; BOYER, D. Just-in-time exploratory public discussion. *Journal of Public Deliberation*, v. 8, n. 1, 2012.

HABERMAS, Jurgen. *Toward a rational society*: student protest, science, and politics. Boston: Beacon Press, 1970.

HAJER, Marteen. Policy without polity? Policy analysis and the institutional void. *Policy Sciences*, n. 36, p. 175-195, 2003.

HECLO, Hugh. Policy analysis. *British Journal of Political Science*, v. 2, n. 1, p. 83-108, jan. 1972.

HOWLETT, Michael; RAMESH, M. PEARL, Anthony. *Política pública*: seus ciclos e subsistemas, uma abordagem integral. Rio de Janeiro: Elsevier, 2013.

INGLEHART, Robert; WELZEL, C. Changing mass priorities: the link between modernization and democracy. *Perspectives on Politics*. v. 8, n. 2, p. 555, jun. 2010.

IRVIN, R. A.; STANSBURY, J. Participation in Decision Making: Is It Worth the Effort? *Public Administration Review*, v. 4, i. 1, jan./feb. 2004, p. 55-65.

JENNINGS, Bruce. Interpretation and the practice of policy analysis. In: FISCHER Frank; FORESTER, John (Org.). *Confronting values in policy analysis*. Newbury Park, CA: Sage Publications, 1987.

JORNAL DO COMÉRCIO. *Deputados rejeitam lista fechada, sistema distrital misto e distritão*. [online]. Disponível em: <http://jcrs.uol.com.br/site/noticia.php?codn=197788>. Acesso em: 30 jul. 2015. Porto Alegre, 2015.

KANER, Sam. *Facilitator's guide to participatory decision-making*. São Francisco: Jossey-Bass, 2014.

KAYO, Eduardo Kazuo; SECURATO, José Roberto. Método Delphi: fundamentos, críticas e vieses. *Cadernos de Pesquisa em Administração*, v. 1, n. 4, p. 51-61, 1997.

KING, Loren. Deliberation, legitimacy, and multilateral democracy. *Governance*, v. 16, n. 1, p. 23-50, 2003.

KINGDON, John W. *Agendas, alternatives, and public policies*. Boston: Little, Brown, 1984.

KUMMER, Lydia. *Metodologia participativa no meio rural*: uma visão interdisciplinar. Conceitos, ferramentas e vivências. Salvador: GTZ, 2007.

LASSWELL, Harold D. The policy orientation. In: LERNER, Daniel; LASSWELL, Harold D. *The policy sciences*: recent developments in scope and method. Stanford, CA: Stanford University Press, p. 3-15, 1951.

LERNER, Daniel; LASSWELL, Harold D. *The policy sciences*: recent developments in scope and method. Stanford: Stanford University Press, 1951.

LYNN JR., Laurence E. A place at the table: policy analysis, its postpositive critics, and the future of practice. *Journal of Policy Analysis and Management*, v. 18, n. 3, p. 411-424, 1999.

MARCIAL, Elaine Coutinho; GRUMBACK, Raul José dos Santos. *Cenários prospectivos*: como construir um futuro melhor. 5. ed. Rio de Janeiro: FGV, 2008.

MAY, Peter J. Hints for crafting alternative policies. *Policy Analysis*, v. 7, n. 2, p. 227-244, 1981.

MAYER, Igor S.; DAALEN, C. Els van, BOTS, Pieter W. G. Perspectives on policy analysis: a framework for understanding and design. In: THISSEN, Wil A. H.; WALKER, Warren E. (Ed.). *Public policy analysis*: new developments. Nova York: Springer, 2013.

McGANN, James G. *2013 Go to think tank index report*. [online]. Disponível em: <http://gotothinktank.com/dev1/wp-content/uploads/2014/01/GoToReport2013.pdf>. Acesso em: 6 fev. 2014. Filadélfia: Think Tanks and Civil Societies Program, 2014.

MELTSNER, Arnold J. Political feasibility and policy analysis. *Public Administration Review*, v. 32, n. 6, p. 859-867, 1972.

MINTROM, Michael. *People skills for policy analysis*. Washington, DC.: Georgetown University Press, 2003.

MORAN, Michael; REIN, Martin; GOODIN, Robert E. (Org.). *The Oxford Handbook of public policy*. Oxford: Oxford University Press, 2006.

NAGEL, Stuart. *Public policy evaluation*: making super-optimum decisions, Brookfield: Ashgate, 1998.

NAGEL, Stuart (Org.). *Handbook of public policy evaluation.* Thousand Oaks: Sage, 2001.

NORBÄCK, Per. *The little horse from Athens.* Valentuna: Per Norbäck, 2012.

OLLAIK, L. G.; MEDEIROS, J. J. Instrumentos governamentais: reflexões para uma agenda de pesquisas sobre implementação de políticas públicas no Brasil. *Revista de Administração Pública*, v. 45, n. 6, p. 1943-1967, nov./dez. 2011.

OSBORN, Alex F. *Applied Imagination:* The Principles and Procedures of Creative Thinking. Nova York: Scribner, 1953.

OSTROM, Elinor. Background on the Institutional Analysis Development Framework *Policy Studies Journal*, v. 39, n.1, p. 7-27, 2011.

PAPADAKIS, V. M.; LIOUSKAS, S.; CHAMBERS, D. Strategic decision-making processes: the role of management and context. *Strategic Management Journal*, v. 19, p. 115-147, 1998.

PATTON, Carl V.; SAWICKI, David S. *Basic methods of policy analysis and planning.* 2. ed. Englewood Cliffs, NJ: Prentice-Hall, 1993.

PETERS, B. Guy; HOGWOOD, Brian W. In: search of the issue-attention cycle. *The Journal of Politics*, v. 47, n. 1, p. 238-253, fev. 1985.

_____, PIERRE, Jon (Org.). *Handbook of Public Policy.* Londres: Sage, 2006.

POGREBINSCHI, Thamy. Conferências nacionais, participação social e processo legislativo. In: *Serie Pensando o Direito*, n. 27, 2010. Disponível em: <http://participacao.mj.gov.br/pensandoodireito/wp-content/uploads/2012/12/27Pensando_Direito.pdf>. Acesso em: 4 ago. 2013.

PRAGMATISMO POLÍTICO. *Como votaram os partidos e deputados em relação ao distritão.* [online]. Disponível em: <http://www.pragmatismopolitico.com.br/2015/05/como-votaram-os-partidos-e-deputados-em-relacao-ao-distritao.html>. Acesso em: 30 jul. 2015.

PRAZERES, Leandro. Veja cinco motivos a favor e cinco contra a redução da maioridade penal, *UOL Notícias Cotidiano.* Disponível em: <http://noticias.uol.com.br/cotidiano/ultimas-noticias/2015/03/31/veja-cinco-motivos-a-favor-e-cinco-contra-a-reducao-da-maioridade-penal.htm>. Acesso em: 22 jun. 2015. São Paulo: UOL, 2015.

PRESSMAN, Jeffrey L; WILDAVSKY, Aaron B. *Implementation:* how great expectations in Washington are dashed in Oakland or, why it's amazing that federal programs work at all, this being a saga of the Economic Development Administration as told by two sympathetic observers who seek to build morals on a foundation of ruined hopes. Berkeley: University of California Press, 1973.

QUINLAN, Stephen J.; GÓMEZ-IBAÑEZ, José A.; BOK, Derek. The Coffee Crisis. *Kennedy School of Government-Case Program.* John F. Kennedy School of Government. Disponível em: <http://isites.harvard.edu/fs/docs/icb.topic759174.files/ The%20Coffee%20Crisis.pdf>. Acesso em: 5 maio 2014. Cambridge: HKS, 2004.

RAMOS, Alberto Guerreiro. *A redução sociológica*. Rio de Janeiro: UFRJ, 1996.

RATTNER, Henrique. *Estudos do futuro*: introdução à antecipação tecnológica e social. Rio de Janeiro: FGV, 1979.

REGONINI, Gloria. *Capire le politiche pubbliche*. Bologna: Il Mulino, 2001.

_____. Paradossi della democrazia deliberativa. *Stato e Mercato*, n. 73, 2005, p. 3-31.

ROE, Emery. *Narrative policy analysis*: theory and practice. Durham: Duke University Press, 1994.

RORTY, Richard. *Consequences of pragmatism*. Minneapolis: University of Minnesota Press, 1982.

SABATIER, Paul A.; JENKINS-SMITH, Hank C. *Policy Change and Learning*: an Advocacy Coalition Approach. Boulder, CO: Westview Press, 1993.

SCHNEIDER, Anne; INGRAM, Helen. Social Construction of Target Populations: Implications for Politics and Policy. *The American Political Science Review*, v. 87, n. 2, p. 334-47, 1993.

SCHULOCK, Nancy. The paradox of policy analysis: if it is not used, why do we produce so much of it? *Journal of Policy Analysis and Management*, v. 18, n. 2, p. 226-244, 1999.

SECCHI, Leonardo. *Public management reforms at the municipal level*: a multiple-case study in Barcelona, Boston and Turin. Tese de Doutorado. Graduate School of Economic, Social and Political Sciences, Milão: Universidade de Milão, 2008.

_____. *Políticas públicas*: conceitos, categorias de análise, casos práticos. 2. ed. São Paulo: Cengage Learning, 2013.

_____; SCHÜÜR, Filipe. *Análise de políticas públicas*: versão 2.0. Florianópolis: PVBLICA, 2013.

_____. Instrumentos de políticas públicas. In: BOULLOSA, Rosana de Freitas (Org.). *Dicionário para a formação em gestão social*. Salvador: CIAGS/UFBA, 2014. p. 103-105.

_____; ITO, Letícia Elena. Brasil. In: RIED, José J. B.; CEDEÑO, Orazio J. B., ALBUJA, Adriana M. A. *Más saber América Latina*: potenciando el vínculo entre think tanks y universidades [online]. Disponível em: <http://www.grupofaro.org/sites/default/files/archivos/publicaciones/2014/2014-11-27/massaber_interactivo.pdf>. Acesso em: 15 maio 2015. Quito: Grupo Faro, 2014.

_____; FEIJÓ, Juliana Kulpa; ITO, Letícia Elena. Efeitos da urgência sobre o nível de participação em processos deliberativos. *Revista de Administração, Contabilidade e Economia (RACE)*, [online], v. 14, n. 3, p. 905-924, 2015. Disponível em: <http://editora.unoesc.edu.br/index.php/race>.

_____. Policy analysis in Brazil: a comparison of rationalist and argumentative approaches. *Journal of Comparative Policy Analysis*, v. 18, n. 1, 2016, p. 88-101.

SENADO. *Consolidação das leis do trabalho completa 70 anos*. [online]. Disponível em: <http://www12.senado.gov.br/jornal/edicoes/2013/04/30/consolidacao-das-leis-

do-trabalho-completa-70-anos>. Acesso em: 5 maio 2015. Brasília: Senado Federal, 2013.

SIMON, Herbert A. *The new science of management decision*. 3. ed. Englewood Cliffs: Prentice-Hall, 1977.

SJÖBLOM, Gunnar. Problemi e soluzioni in politica. *Rivista Italiana di Scienza Politica*, v. 14, n. 1, p. 41-85, 1984.

STEISS, Alan Walter; DANEKE, George A. *Performance administration*. Lexington, MA: D.C. Heath, 1980.

STOKEY, Edith; ZECKHAUSER, Richard J. *A Primer for Policy Analysis*. Nova York: W.W. Norton & Company, 1978.

STONE, Deborah. Recycling bins, garbage cans or think tanks? Three myths regard policy analysis institutes. *Public Administration*, v. 85, n. 2, p. 259-278, jun. 2007.

_____. *Policy paradox*: the art of political decision making. 3. ed. Nova York: W. W. Norton & Co., 2012.

TCU. *Técnicas de auditoria*: indicadores de desempenho e mapa de produtos. Disponível em: <http://portal2.tcu.gov.br/portal/pls/portal/docs/2063230.PDF>. Acesso em: 19 maio 2012. Brasília: Coordenadoria de Fiscalização e Controle, 2000.

TEIXEIRA, Tatiana. Brazilian think tanks: between the past and the future. In: VAITSMAN, Jeni; RIBEIRO, José Mendes; LOBATO, Lenaura. *Policy analysis in Brazil*. Bristol: Policy Press, 2013.

THALER, Richard H.; SUSTEIN, Cass R. *Nudge*: improving decisions about health, wealth, and happiness. New Haven: Yale University Press, 2008.

TORGERSON, Douglas. Interpretive policy inquiry: a response to its limitations. *Policy Sciences*, v. 19, p. 397-405, 1986.

TROMPMAN, John E. *Making meetings work*: achieving high quality group decisions. Thousand Oaks: Sage, 1996.

ULHÔA, Raquel; RESENDE, Thiago. Câmara rejeita o voto distrital misto nas eleições. [online]. Disponível em: <http://www.valor.com.br/politica/4068018/camararejeita-voto-distrital-misto-nas-eleicoes>. Acesso em: 30 jul. 2015. São Paulo: Valor Econômico, 2015.

VAITSMAN, Jeni; RIBEIRO; José Mendes; ANDRADE, Gabriela. Professionalisation of policy analysis in Brazil. In: VAITSMAN, Jeni; RIBEIRO, José Mendes, LOBATO, Lenaura. *Policy analysis in Brazil*. Bristol: Policy Press, 2013.

WRIGHT, James Terence Coulter; GIOVINAZZO, Renata Alves. Delphi – uma ferramenta de apoio ao planejamento prospectivo. *Cadernos de Pesquisa em Administração*, v. 1, n. 12, p. 54-65, 2000.

VROOM, Victor H.; JAGO, Arthur. *The new leadership*: managing participation in organizations. Englewood Cliffs, N.J.: Prentice Hall, 1988.

WALLNER, J. Legitimacy and public policy: seeing beyond effectiveness, efficiency, and performance. *Policy Studies Journal*, v. 36, n. 3, p. 421-433, 2008.

WEIBLE, Christopher M. et al. A Quarter Century of the Advocacy Coalition Framework: An Introduction to the Special Issue. *Policy Studies Journal*, v. 39, n. 3, p. 349-360, 2011.

WEIMER, David L.; VINING, Aidan R. *Policy analysis:* concept and practice. Upper Saddle River, N.J.: Prentice Hall, 1989.

_____. The current state of design craft: borrowing, tinkering, and problem solving. *Public Administration Review*, v. 53, n. 2, p. 110-120, 1993.

WEIMER, David L. Policy analysis and evidence: a craft perspective. *Policy Studies Journal*, v. 26, n. 1, p. 114-128, 1998.

_____; VINING, Aidan R. *Policy analysis:* concept and practice. 5. ed. Upper Saddle River, N.J.: Prentice Hall, 2011.

WEISS, C. H. Congressional committees as users of analysis. *Journal of Policy Analysis and Management*, v. 8, n. 3, p. 411-431, 1989.

WILDAVSKY, Aaron. *Speaking truth to power:* the art and craft of policy analysis. Boston: Little, Brown, 1979.

YANOW, Dvora. *Conducting interpretive policy analysis.* Thousand Oaks, CA: Sage, 2000.

# Anexo 1: Modelo de relatório de análise. *Body cameras* para a Polícia Militar do Estado do Rio de Janeiro: análise e recomendação de alternativas para implementação

___

*Sorria! Você está sendo filmado!*

Ilustração: Giancarlo Moser.

Rio de Janeiro, janeiro de 2016.

# *Body cameras* para a Polícia Militar do Estado do Rio de Janeiro: análise e recomendação de alternativas para implementação*

Ficha de identificação

| | |
|---|---|
| Nome dos analistas | Leonardo Secchi** |
| Data de início da análise | 28 de agosto de 2015 |
| Data de conclusão da análise | 8 de janeiro de 2016 |
| Cliente do relatório | Dr. José Mariano Beltrame – Secretário de Estado de Segurança Pública do Rio de Janeiro |
| Problema público | Desvios de conduta de policiais militares da PMERJ na interação com os cidadãos. |
| Âmbito de aplicação da política pública | Estadual |
| Área de política pública | Segurança |

\* Esse relatório de análise tem a função didática de apresentar uma estrutura para um relatório de análise de políticas públicas. Muitos dados e interpretações desse exemplo são fictícios, embora haja informações apuradas por pesquisa e análise de caso concreto. O leitor desse relatório deve atentar principalmente a questões de forma, estrutura e linguagem que foram explicadas ao longo dos capítulos do livro.

\*\* Esse relatório fictício tomou como base o relatório "Vale ou não a pena instalar *body cameras* na PM do Rio de Janeiro?", elaborado pelos acadêmicos Bárbara Cavalheiro da Silva, Giovanni D. Bosio, Graziela Terrazas e Julia Elisa da Silva na disciplina de Políticas Públicas no curso de Administração Pública da Universidade do Estado de Santa Catarina (UDESC/ESAG) e, também, o relatório "Implementing Uniform Body Camera Policy", de autoria de Alec Mitchell, acadêmico de pós-graduação da La Follette School of Public Affairs da Universidade de Wisconsin-Madison (EUA).

ANEXO 1

# Sumário

1. **Resumo executivo** — 183
2. **Análise do problema** — 185
   - 2.1 Diagnóstico da amplitude do problema — 186
   - 2.2 Diagnóstico da intensidade do problema — 186
   - 2.3 Diagnóstico da tendência do problema — 187
   - 2.4 Contexto do problema — 189
   - 2.5 Definição do problema — 194
   - 2.6 Definição do objetivo da política pública — 194
   - 2.7 Árvore do problema — 194
3. **Análise das soluções** — 195
   - 3.1 *Body cameras*: fundamentos e origem — 195
   - 3.2 *Body cameras* no Brasil: experimentos iniciais — 196
   - 3.3 Configurações de implementação — 197
   - 3.4 As alternativas para enfrentamento do problema — 199
     - 3.4.1 *Status quo* — 199
     - 3.4.2 Implementação de *body cameras* no 39º BPM – Belford Roxo — 199
     - 3.4.3 Implementação de *body cameras* no Batalhão de Operações Especiais — 200
     - 3.4.4 Implementação de *body cameras* em toda a corporação da PMERJ — 200
   - 3.5 Os critérios e indicadores para orientação da decisão — 200
     - 3.5.1 Custo-efetividade — 200
     - 3.5.2 Simplicidade — 201
     - 3.5.3 Viabilidade política — 201
   - 3.6 Projeção de resultados — 202
     - 3.6.1 Custo-efetividade para *status quo* — 202
     - 3.6.2 Custo-efetividade para projeto piloto no 39º BPM – Belford Roxo — 203
     - 3.6.3 Custo-efetividade para projeto piloto no Bope — 204
     - 3.6.4 Custo-efetividade para aplicação das *body cameras* em toda a PMERJ — 205
     - 3.6.5 Simplicidade de implementação para *status quo* — 207
     - 3.6.6 Simplicidade de implementação para projeto piloto em Belford Roxo — 207
     - 3.6.7 Simplicidade de implementação para projeto piloto no Bope — 208
     - 3.6.8 Simplicidade de implementação em toda corporação da PMERJ — 208

  3.6.9 Viabilidade política das quatro alternativas  209
 3.7 Confronto das alternativas de implementação  210
**4. Recomendações**  **212**
**5. Referências**  **215**
**Notas de fim de texto**  **216**

ANEXO 1

## 1. Resumo executivo

A Polícia Militar é uma instituição em crise de credibilidade. Segundo dados do Anuário Brasileiro da Segurança Pública, apenas 27% dos brasileiros confiam no trabalho da Polícia Militar.[1] De acordo com pesquisa da Fundação Getúlio Vargas (FGV), 70% dos brasileiros não confiam nos policiais militares.[2]

No Rio de Janeiro, a situação é ainda mais grave. Conhecidos pela atuação violenta, os agentes da Polícia Militar do estado do Rio de Janeiro (PMERJ) são constantemente acusados de abuso e corrupção nas relações com os cidadãos, com os criminosos e com os próprios colegas de corporação.

Para enfrentar o problema específico de desvios de conduta da polícia militar na interação com os cidadãos do Rio de Janeiro, uma das alternativas possíveis é a instalação de câmeras corporais (*body cameras*) no uniforme dos agentes que atuam no policiamento ostensivo e nas ações policiais. As imagens captadas em vídeo são transferidas para um banco de dados da corporação e podem ser utilizadas para fins de investigação sobre os eventuais desvios. As *body cameras* já são usadas pelas polícias de países como Reino Unido, Estados Unidos e Canadá, com impactos consideráveis sobre a lisura do procedimento policial.

Esse relatório de análise de política pública tem como objetivo descobrir qual alternativa de instalação de *body cameras* é mais adequada à PMERJ. O relatório traz um diagnóstico do problema "Desvios de conduta policial na interação com os cidadãos", bem como seu histórico, elementos políticos, jurídicos e socioculturais.

As alternativas para o enfrentamento do problema analisadas nesse relatório são:

a. Manutenção do *status quo* (manter os policiais sem as *body cameras*).
b. Realização de projeto piloto no 39º Batalhão da Polícia Militar (Município de Belford Roxo).
c. Realização de projeto piloto no Batalhão de Operações Especiais (Bope).
d. Aplicação das *body cameras* nos uniformes dos policiais de toda a PMERJ.

Em face dos critérios de custo-efetividade, simplicidade de implementação e viabilidade política, **esse relatório recomenda que seja realizado um projeto piloto de implementação de *body cameras* no 39º Batalhão da Polícia Militar (Município de Belford Roxo)**. Essa alternativa é a que aparece com maior benefício social agregado, visto que simula a implementação da política em comunidade com altos níveis de criminalidade e suspeita de violência policial, além de propiciar um ambiente controlado para experimentação e posterior ampliação da política para o restante dos batalhões da PMERJ, caso seja observado sucesso no projeto piloto.

## 2. Análise do problema

Os avanços tecnológicos das câmeras portáteis aliados ao aumento da velocidade e *streaming* de dados transmitidos instantaneamente têm criado variadas oportunidades. Uma delas é a utilização das câmeras portáteis para monitoramento da atuação policial.

O uso de *body cameras* é apenas uma das estratégias disponíveis para o combate aos desvios de conduta policial na interação com os cidadãos. O enfrentamento desses desvios pode ser feito de diversas maneiras:

- Regulamentação: proibições, detalhamentos regulatórios, aumento da penalidade por infração, diminuição das chances de recursos protelatórios por parte dos infratores.
- Aplicação da lei: aumento do rigor das punições, aumento das probabilidades de punição, aceleração dos trâmites punitivos.
- Melhoria dos serviços especializados de fiscalização e punição de infrações: corregedorias.
- Educação: sensibilização dos policiais, reeducação profissional.
- Premiação: delação premiada para colegas e cidadãos, criação ou extensão dos prêmios de comportamento exemplar.

Estudos do Departamento de Justiça dos Estados Unidos têm mostrado que as *body cameras* são uma das formas mais eficazes de tornar a ação policial mais *accountable* (transparente e responsiva), com efeitos diretos sobre o número de fatalidades na relação entre policiais e cidadãos.[3] Entre as grandes cidades norte-americanas, 41 delas já utilizam a tecnologia de *body camera* acoplada aos uniformes policiais e outras 25 estão em processo de estudo de viabilidade.[4]

O problema público analisado nesse relatório é fruto de duas forças: a) deterioração do *status quo*, com base na percepção intersubjetiva de que a ação policial é violenta, corrupta e que os atuais mecanismos de punição/controle dos agentes são insuficientes ou ineficazes; b) disponibilidade e barateamento de tecnologia de câmeras corporais, que geram o vislumbre da situação ideal possível de monitoramento da ação policial individual.

Esse relatório de análise faz um diagnóstico da amplitude do problema, sua intensidade, sua tendência e seu contexto político, sociocultural, jurídico, que envolve a adoção de *body cameras* como forma de combate aos desvios de conduta policial no estado do Rio de Janeiro.

## 2.1 Diagnóstico da amplitude do problema

A população estimada do estado do Rio de Janeiro é de 16,5 milhões de habitantes[5] e o número anual de turistas é de aproximadamente 1,6 milhão.[6] Todos esses são cidadãos suscetíveis a desvios de conduta por parte dos 46.135 policiais militares do estado do Rio de Janeiro (FBSP, 2015).[7]

Para fins de operacionalização, classificamos como desvio de conduta na interação com cidadãos as seguintes situações:

- Abuso de autoridade ou uso desproporcional de força policial.
- Corrupção ativa ou passiva em atividade policial.
- Manipulação de cena de infração ou crime.
- Comportamento desqualificado, descortês ou rude pelo agente policial.
- Homicídio impetrado por policial.

## 2.2 Diagnóstico da intensidade do problema

Segundo dados da ouvidoria da Polícia Militar do Estado do Rio de Janeiro (PMERJ), é possível estimar que, em 2014, de um número de 2.252 queixas contra policiais militares, 495 casos (22%) estavam relacionados a comportamento desqualificado, descortês ou rude e 45 casos, à corrupção ativa ou passiva de agente policial.[8] Esses números são apenas um extrato da real situação, visto que a grande maioria não registra queixas na ouvidoria, seja por medo de represália, seja por resignação da população. Segundo dados da Secretaria de Estado de Segurança Pública (Seseg), apenas 19% das queixas que chegam até a ouvidoria têm algum tipo de resposta.

Segundo o Anuário da Segurança Pública, a polícia do Rio de Janeiro foi a mais letal do país, com 3,5 pessoas mortas a cada 100 mil habitantes como consequência de intervenções policiais.[9] Isso corresponde a um total de 584 mortes decorrentes de intervenção policial no ano de 2014. As unidades policiais presentes nas comunidades de Pavuna e em Belford Roxo são aquelas com maior incidência do problema, com 37 e 64 homicídios, respectivamente, no ano de 2014. Esses dados foram coletados de autos de resistência, declarados pelos próprios policiais, mas que podem mascarar um número ainda maior de homicídios derivados de ação policial e tantas outras lesões não letais impetradas por policiais militares em ação.

A intensidade do problema público também é relativa à sensação de insegurança, muito sensível a eventos focais (*focusing events*) de comoção popular. Exemplo disso é o caso "Amarildo", em que um ajudante de pedreiro desapareceu em julho de 2013 na favela da Rocinha após ter sido conduzido por policiais militares à sede de uma Unidade de Polícia Pacificadora do bairro.[10] Outro exemplo de comoção popular e atenção da mídia foi o caso dos cinco jovens metralhados por policiais militares, em novembro de 2015, na comunidade de Costa Barros, na zona norte do Rio de Janeiro.[11] Em eventos focais, a opinião pública tende a supervalorizar o problema público, amplificado pela repercussão nos meios de comunicação, o que aumenta a sensação de insegurança e mancha a reputação da polícia militar. Com a ocorrência de eventos focais, há também a valorização relativa desse problema diante de outras questões (por exemplo, saúde, educação, desemprego etc.) na agenda política e da mídia.

## 2.3 Diagnóstico da tendência do problema

Os gráficos sobre tendência absoluta do problema são mostrados na Figura A.1, feitos com base no número de vítimas de homicídio por intervenção policial no município do Rio de Janeiro e no estado do Rio de Janeiro entre 2003 e 2014. Dados sobre a variação de abuso de autoridade e corrupção passiva e ativa policial não foram encontrados. Mesmo assim, é perceptível que houve um significativo decréscimo a partir de 2008, possivelmente relacionado à adoção de políticas de pacificação com a instalação de Unidades de Polícia Pacificadora (UPP).

Apesar da queda em termos absolutos, é possível dizer que a percepção social do problema vem aumentando. Com a proliferação de videocâmeras e *smartphones* de posse de populares, o número de casos de desvio de conduta policial que se tornam de conhecimento público só vem aumentando nos últimos anos. Isso é potencializado pela facilidade de disseminação desses vídeos por canais como YouTube e redes sociais como Twitter e Facebook. Em poucos minutos, milhares de pessoas tornam-se testemunhas de problemas de interação entre cidadãos e policiais.

Sobre a sensação de insegurança, o Instituto Gallup realiza pesquisas mundiais sobre o tema, com base em resposta de cidadãos sobre quanto se sentem seguros à noite, quanto confiam na polícia local e se foram roubados no último ano. O Brasil figura entre os 15 piores países do mundo, com índice de 52 (escala de 0 a 100), ao lado de países como Afeganistão e Uganda.[12]

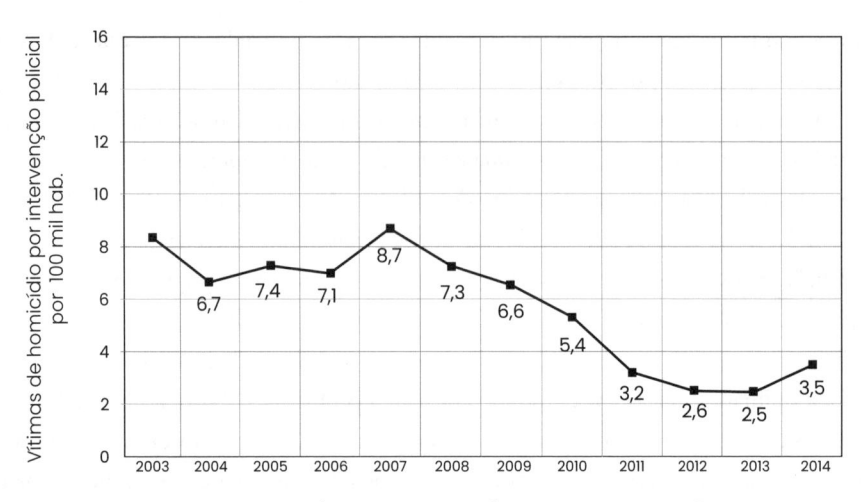

**FIGURA A.1:** TENDÊNCIA DOS HOMICÍDIOS POR INTERVENÇÃO POLICIAL NO ESTADO DO RIO DE JANEIRO.

Fonte: ISP, 2015.

Como visto, os chamados eventos focais potencializam ainda mais a percepção do problema.[13] Em uma simples busca nos portais de notícias é possível observar a existência de inúmeros eventos focais recentes, vinculados à divulgação de vídeos de populares.

**QUADRO A.1:** EVENTOS FOCAIS SOBRE ABUSO POLICIAL CAPTADOS POR VÍDEOS

| Jornal | Data | Manchete |
| --- | --- | --- |
| Agência Brasil | 20.12.2015 | Vídeo flagra policiais militares agredindo casal no Rio |
| Globo News | 5.12.2015 | Vídeo mostra policiais militares aceitando propina em *blitz* no Rio |
| UOL | 20.11.2015 | Vídeo flagra policial agredindo comerciante em sua própria padaria |
| O Dia | 29.09.2015 | Vídeo flagra PMs de UPP forjando auto de resistência no Morro da Providência |
| Band | 25.02.2015 | Vídeo desmente PM sobre morte de adolescente |

Fonte: Dados primários.

Com a disseminação dessas notícias, os índices de criminalidade podem até se manter estáveis, mas a sensação de insegurança cresce e a credibilidade policial despenca após um evento focal. O gráfico da sensação de insegurança comparado aos índices de criminalidade é apresentado na Figura A.2:

Esse fenômeno é amplamente explicado pela teoria do equilíbrio pontuado (Jones e Baumgartner, 2012), que mostra que mudanças na agenda pública, na agenda

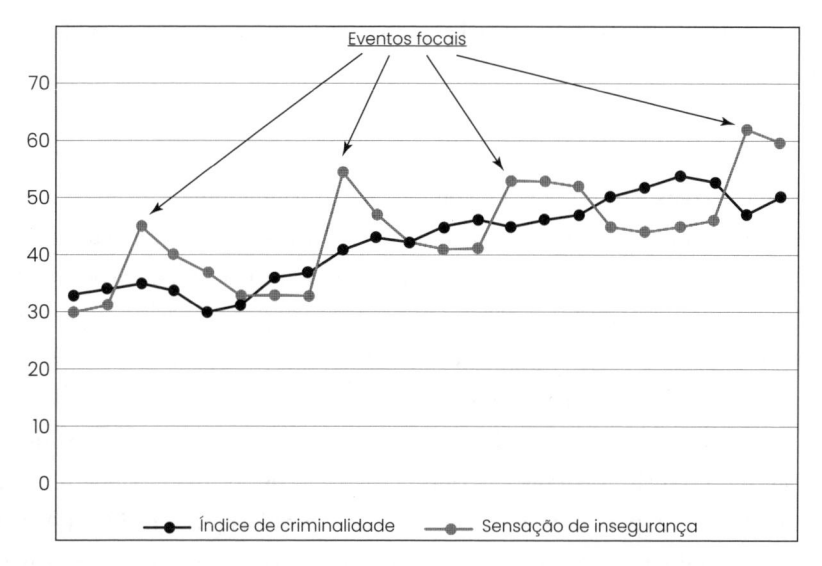

FIGURA A.2: EVENTOS FOCAIS E SENSAÇÃO DE INSEGURANÇA.

Fonte: Elaboração do autor.

da mídia e na agenda governamental têm um comportamento que mescla períodos de estabilidade ou incrementalismo com momentos de ruptura (eventos focais). Esses eventos têm maior impacto sobre a percepção do problema pelas pessoas do que as frias estatísticas que retratam fenômenos concretos, nesse caso, fenômenos de segurança pública.

## 2.4 Contexto do problema

A violência policial no Rio de Janeiro tem raízes históricas evidentes. Com a chegada da Coroa Portuguesa ao Brasil em 1808 foram criadas instituições de fiscalização e polícia, como a Intendência Geral de Polícia da Corte e a Guarda Real de Polícia, com o objetivo de manter a ordem e a segregação das classes sociais.

A presença dos escravos próximos à nobreza era motivo de medo para esta, e a força policial "estabeleceu medidas bem definidas de disciplinarização e controle, objetivando preferencialmente os escravos e negros libertos, sendo a truculência e a violência marcas fundamentais de tratamento e operacionalização dos seus objetivos" (Marino, 2008, p. 1).

Esse procedimento truculento das forças policiais institucionalizou-se ao longo da história do Brasil imperial até a abolição da escravatura. Com a instauração da

República, o foco do controle policial passou a ser os pobres, os escravos libertos e os anarquistas.

A instauração de uma polícia de perfil repressivo e usuária da punição corporal aos infratores também foi forjada ao longo do século XX. Os "inimigos do Estado" de Getúlio Vargas, os "comunistas" combativos ao regime militar e, posteriormente, os traficantes e favelados foram os alvos da força física desproporcional dos policiais.

A violência também faz parte do processo de formação do corpo policial. O assédio moral é quase uma "regra" nos cursos de formação de curta duração, que têm como preocupação principal imprimir a cultura militar no futuro soldado. Há pouco aprendizado teórico em temas como direito penal, constitucional e direitos humanos, além de existir a sujeição a regulamentos disciplinares rígidos. Isso foi constatado na pesquisa "Opinião dos Policiais Brasileiros sobre Reformas e Modernização da Segurança Pública", publicada em 2014 pelo Centro de Pesquisas Jurídicas Aplicadas da Escola de Direito da FGV de São Paulo e pelo Fórum Brasileiro de Segurança Pública (Lima, Bueno e Santos, 2014).

A vontade de eliminar ou até mesmo de reduzir os casos de abuso de poder policial é uma questão que também afeta o âmbito político. Os principais atores políticos envolvidos no tema "desvio de conduta policial" são:

- **Seseg** (Secretaria de Estado de Segurança do Rio de Janeiro): subordinada ao Governador do estado do Rio de Janeiro, é um órgão executivo cuja função é a de planejamento e gestão da segurança pública no estado do Rio de Janeiro, além de orientação político-administrativa da Polícia Militar.
- **Polícia Militar:** a Polícia Militar do estado do Rio de Janeiro é um, senão o principal, ator dessa política pública. São os *street level bureaucrats*, agentes implementadores das políticas de segurança que possuem alto grau de discricionariedade e interlocução direta com os cidadãos. São os seus agentes que são acusados de desvios de conduta.
- **ISP** (Instituto de Segurança Pública do Rio de Janeiro): *think tank* especializado em segurança pública e ligado à SESEG. Fornece análises para dar subsídio para a formulação e implementação de políticas públicas de segurança.
- **Políticos:** são essenciais para a implementação, pois são os representantes da sociedade e de seus interesses. Possuem legitimidade para agir e autoridade institucionalizada na tomada de decisão. Têm a função de intermediar a relação entre a população e as políticas públicas, formando opinião e construindo consensos em

torno da causa. Exemplos de políticos fortemente vinculados aos temas de segurança pública são José Mariano Beltrame (secretário da Seseg), deputado Sivuca (presidente da Comissão de Segurança Pública e Assuntos de Polícia da Assembleia Legislativa do Rio de Janeiro), Marcelo Freixo (deputado estadual e ativista de direitos humanos), deputada delegada Martha Rocha.

+ **Instituto Igarapé:** organização não governamental responsável pelo programa *Smart Policing*, projeto criado para aumentar a transparência e a fiscalização das ações policiais, para a prevenção e redução da corrupção e do uso excessivo da força, assim como o resguardo aos policiais em caso de falsas acusações.
+ **Rio de Paz:** organização não governamental de luta pelos direitos humanos no Rio de Janeiro que procura evitar violações, pressionando também o poder público a cumprir seu papel constitucional, para então gerar diminuição da violência por meio de ações pacíficas e criativas. Sua relação com a problemática está no fato de visar à melhoria da relação da sociedade com o poder público e, consequentemente, com os policiais militares.
+ **Ministério Público do Estado do Rio de Janeiro:** órgão de relevância jurisdicional do estado que tem a incumbência de receber denúncias, investigá-las e apresentá-las ao Poder Judiciário, contra violações de direitos humanos e do cidadão.
+ **Poder Judiciário do Estado do Rio de Janeiro:** poder de Estado que recebe denúncias, julga e sentencia punição a policiais militares por crime de abuso de autoridade.
+ **Corregedoria da Polícia Militar do Estado do Rio de Janeiro:** órgão da PMERJ que tem como incumbência receber e investigar administrativamente denúncias sobre erros e abusos por parte dos policiais militares. Por ser formado por servidores da própria polícia militar, são recorrentes as acusações de baixa efetividade e corporativismo nas investigações.
+ **Meios de comunicação:** os muitos grupos de mídia impressa, redes de TV, rádio e mídia digital no Rio de Janeiro. Eles têm a capacidade de fornecer opiniões por meio da divulgação de fatos policiais ocorridos e também de ocultar eventuais sucessos e insucessos das políticas de segurança. Meios de comunicação tradicionais como o Grupo Globo de Comunicações, Band, SBT e Record também emitem editoriais, possuem articulistas e veiculam programas sensacionalistas especializados em cobertura policial.

Outros atores envolvidos com o tema são a defensoria pública, a ouvidoria da Polícia Militar, os formadores de opinião (articulistas de jornais, blogueiros e cyberativistas), as universidades (grupos de pesquisa sobre o tema segurança pública), ONGs internacionais de direitos humanos, como a Anistia Internacional, *Human Rights Watch*, o governo federal, o governo do estado do Rio de Janeiro, as administrações municipais fluminenses, as Forças Armadas, as Guardas Municipais, as milícias policiais, os chefes do tráfico de armas e drogas, as redes de políticas públicas (de defesa dos direitos humanos; de defesa da corporação policial).

De forma esquemática, esses atores políticos podem ser divididos em três grandes grupos de acordo com três narrativas predominantes:

- Narrativa da defesa dos direitos humanos.
- Narrativa do combate à criminalidade.
- Narrativa da neutralidade institucional.

QUADRO A.2: MAPA DE ATORES: TRÊS NARRATIVAS SOBRE O PROBLEMA DO ABUSO DE PODER POLICIAL

| Direitos humanos | Neutralidade institucional | Combate à criminalidade |
|---|---|---|
| "A polícia é corrupta" "A população sofre com a brutalidade policial" "Só pobre vai para a cadeia" | "Há que garantir o direito à ampla defesa" "Existem policiais corruptos, mas também policiais honestos" "Se encontradas evidências de abuso, há que realizar uma investigação com direito ao contraditório e ampla defesa. Em caso de comprovação dos malfeitos, há que punir exemplarmente dentro dos limites da lei" | "Bandido bom é bandido morto" "Tá com pena do bandido?" Leva pra casa!" "O policial mata um leão por dia" |
| Atores | | |
| ONGs de direitos humanos (Rio de Paz, Instituto Igarapé) Políticos (em geral de esquerda e vinculados à defesa dos direitos humanos) População (pautados pela ética deontológica) Grupos de comunicação tradicionais | Poder Judiciário SESEG MPRJ Corregedoria ISP | Polícia Militar Políticos (em geral de direita e vinculados a valores de manutenção da ordem) População (pautados pela ética teleológica) Programas sensacionalistas de cobertura policial na TV e no rádio |

# ANEXO 1

Com relação ao problema específico do desvio de conduta dos policiais na interação com os cidadãos, é preciso fazer alguns esclarecimentos:

1. Os desvios de conduta são uma exceção. No entanto, o tamanho (46.135 policiais ativos) e a complexidade da corporação policial no estado do Rio de Janeiro fizeram com que os números e a gravidade dos casos de desvio de conduta sejam altos.
2. Os casos de desvio de conduta são, em geral, denunciados pela população para o Ministério Público, a defensoria pública, a corregedoria ou para a própria ouvidoria da Polícia Militar do Estado do Rio de Janeiro. A frequência de casos é tamanha que, é seguro dizer, a capacidade de tratamento dos casos é inferior à capacidade de resposta dos órgãos de controle.
3. Muitos casos de desvio de conduta são arquivados por: 1. falta de provas; 2. falhas procedimentais; 3. caducidade temporal.
4. O arquivamento dos casos de desvio de conduta gera uma resignação na população, que passa a desacreditar dos órgãos de controle à conduta policial e que posteriormente deixa de realizar denúncias.

O relatório "*Você matou meu filho!*" elaborado pela Anistia Internacional mostra como as falhas processuais e a morosidade dos órgãos de controle mantêm o problema dos desvios de conduta policial. O relatório mostra um aumento de 39% no número de homicídios cometidos por policiais no estado do Rio de Janeiro, entre 2013 e 2014. Aproximadamente 80% dos 220 casos de homicídio cometidos por agentes policiais no ano de 2011 permaneciam como não resolvidos em 2015. Desses, apenas um caso foi levado adiante pelo Ministério Público, que apresentou denúncia ao Poder Judiciário. Para a Anistia Internacional, a falta de evidências sobre os crimes e as posteriores falhas de controle interno (corregedorias, ouvidorias) e externo (Ministério Público e Justiça) alimentam a impunidade dos policiais infratores (Anistia Internacional, 2015).

## 2.5 Definição do problema

Desvios de conduta de policiais militares da PMERJ na interação com os cidadãos.

## 2.6 Definição do objetivo da política pública

Prover evidências audiovisuais para a instrução dos processos administrativos e judiciais a fim de auxiliar nos inquéritos de desvio de conduta policial.

## 2.7 Árvore do problema

| Causas | Problema | Consequências |
|---|---|---|
| Elevado nível de estresse entre agentes policiais | Desvios de conduta de policiais militares da PMERJ na interação com os cidadãos. | Perda de credibilidade das forças policiais |
| Falta de evidências para instrução dos processos administrativos e judiciais contra policiais com desvio de conduta | | Danos morais à população |
| | | Despesas administrativas e processuais com investigações |
| Impunidade dos policiais transgressores | | Perdas humanas |
| | | Resignação da população |
| Desobediência e desrespeito dos civis à autoridade policial | | Desgaste político dos representantes dos poderes Executivo e Legislativo |

Esse relatório de análise de política pública delimita como nível de análise uma das causas do problema público estudado: falta de evidências para instituição dos processos administrativos e judiciais contra policiais com desvio de conduta. Essa pode ser entendida como uma das principais causas do problema e que leva à resignação da população com relação à impunidade policial e à eficácia dos instrumentos de controle.

A seguir, na análise das soluções, é apresentado um mecanismo técnico para prover evidências audiovisuais relativas a desvios de conduta policial: as câmeras corporais instaladas no uniforme: as *body cameras*.

## 3. Análise das soluções

### 3.1 *Body cameras*: fundamentos e origem

Câmeras corporais instaladas no uniforme policial têm sido consideradas um dos mecanismos técnicos mais eficazes para estabelecer transparência e responsabilização da ação policial na interação com os cidadãos. Conhecidas na língua inglesa como *Born worn videos* (BWV) ou *body cameras*, elas compõem um sistema de gravação de vídeo com o objetivo de registrar as interações policiais com a população, buscando reunir provas gravadas das ações. Essas câmeras são geralmente acopladas ao colete, à ombreira, aos óculos ou ao capacete do policial e, então, capturam imagens e áudio de sua atividade de rua.

FIGURA A.3: *BODY CAMERA* INSTALADA NO UNIFORME.

Essas câmeras foram utilizadas inicialmente em países europeus (Dinamarca e Reino Unido) e depois obtiveram uma ascensão meteórica nos Estados Unidos, como resposta a dois grandes problemas públicos: 1. morte de policiais em ação; 2. abuso de autoridade das forças policiais na interação com os cidadãos. Durante a fase de apuração dos processos sempre havia problemas de "evidência de crime ou evidência de desvio", e as imagens transmitidas pelas *body cameras* tornaram-se um diferencial técnico importante para a agilização das apurações, fornecendo provas audiovisuais sobre os eventuais desvios.

Nos Estados Unidos, eventos focais deram combustível para o alastramento das *body cameras* para mais de 40 cidades (Miller et al., 2014). Em abril de 2014, um policial do Departamento de Polícia de Milwaukee matou um homem e não foi indiciado pelo crime. Em agosto de 2014, na cidade de Ferguson (Missouri), um jovem negro foi atingido por arma de fogo policial e veio a óbito. Após apuração administrativa e judicial, o policial Darren Wilson foi absolvido por falta de provas. Em março de 2015, na cidade de Madison (Wisconsin), outro jovem foi morto por intervenção policial. Todos esses casos causaram revoltas de repercussão nacional e, em especial, grupos de ativistas negros acusaram a polícia e a justiça de tolerar as ações de policiais brancos em ação desproporcional e preconceituosa contra afrodescendentes. Esses ativistas argumentam que, se os policiais estivessem usando *body cameras*, teriam agido de forma mais zelosa e dentro da lei e, caso não o fizessem, teriam sido julgados com evidências cabais de abuso de poder.

Como consequência desses casos, o presidente Barack Obama anunciou destinar US$ 263 milhões para a compra de 50 mil *body cameras* para armazenamento de dados e treinamento para o seu uso correto.[14]

### 3.2 *Body cameras* no Brasil: experimentos iniciais

No Brasil, o uso de *body cameras* é incipiente. Não existem estudos técnicos ou universitários aprofundados a respeito da pertinência de implementá-las em programas de segurança pública, o que dificulta a sua análise.

O Brasil é um país internacionalmente conhecido pela sua violência. Existem comunidades extremamente violentas em que a ação da polícia é intensa e contínua. Os policiais estão sujeitos diariamente à insegurança e periculosidade. No entanto, a falta de treinamento e a má índole de parte dos policiais faz com que tenhamos estatísticas alarmantes de abuso de poder policial.

Um sistema para a facilitação da apuração de evidências que já está sendo utilizado pelas polícias militares em alguns estados brasileiros são as câmeras nos veículos policiais. A Lei nº 5.588 de 2009 decretou que as viaturas devem conter um equipamento de áudio e vídeo. No entanto, mesmo após seis anos de implementação da lei, existem muitas viaturas que ainda trafegam sem a instalação das câmeras.

As câmeras acopladas ao uniforme têm um funcionamento muito parecido com as instaladas no carro. Têm a capacidade de registrar todas as atividades dos policiais com uma visão mais detalhada, além de acompanhar os policiais para ocorrências longe de suas bases e veículos.

Outra experimentação vem ocorrendo no Rio de Janeiro. Trata-se do *Smart Policing*, ou policiamento inteligente, que vem experimentando um aplicativo instalado em smartphones com câmera de cem policiais militares. Auxiliado por tecnologia GPS, a imagem, o áudio e a localização dos policiais ficam disponíveis para escrutínio da corporação instantaneamente. A iniciativa é do Instituto Igarapé com auxílio da Google.[15]

Apesar dessas experimentações, ainda não existe registro de uso de *body cameras* em corporações policiais no Brasil. Por esse motivo, apontamos a seguir um perfil de configuração de implantação de *body cameras* para a Polícia Militar do Estado do Rio de Janeiro.

## 3.3 Configurações de implementação

São inúmeros os fatores relativos à implementação que podem influenciar o grau de sucesso de uma política de instalação de *body cameras* ao uniforme policial.

Para fins de simplicidade, elencamos no Quadro A.3 as principais variações sobre o tema, destacando aquela escolhida para a recomendação para a Seseg.

Para comparação das alternativas de política pública, seus custos, benefícios e impactos político-administrativos, recomenda-se, portanto, o uso do perfil de configurações no Quadro A.3 destacado. **Chamaremos esse perfil de configuração de AVCPTIBDPMARF**, acrônimo de cada uma das configurações indicadas. Qualquer alteração nessa configuração poderá incorrer em custos, benefício e aspectos de implementação não previstos nesse relatório.

QUADRO A.3: PERFIL DE CONFIGURAÇÃO DO PROGRAMA DE *BODY CAMERA* PARA A PMERJ

| Tema | Configurações possíveis | Configuração indicada | Justificativa para a configuração indicada |
|---|---|---|---|
| Mídias | Áudio e vídeo<br>Vídeo | Áudio e vídeo | O custo para aquisição e estocagem de dados de câmeras que gravam apenas vídeo é apenas marginalmente inferior àquelas com gravação de áudio de vídeo. |
| Localização corporal da câmera | Colete (peito)<br>Colete (acima do ombro)<br>Capacete<br>Óculos de sol | Colete (peito) | Instalar as *body cameras* no colete, na altura do peito, gera imagens frontais e com boa angulação de imagem, além de gravar nitidamente som ambiente e voz do policial. |
| Transmissão dos dados | Transmissão instantânea<br>Transmissão por *upload* de vídeo feita pelo próprio policial | Transmissão instantânea | A transmissão instantânea reduz tempo administrativo e intermediários no tratamento dos dados capturados. |
| Hospedeiro dos dados | Banco de dados da Polícia Militar<br>Banco de dados de provedor terceirizado | Banco de dados da Polícia Militar | O banco de dados da PM garante maior privacidade das imagens capturadas. Há, no entanto, que criar mecanismos de prevenção de mau uso, edição ou descarte de dados sem autorização formal. |
| Início e fim das gravações | Automático<br>Acionado pelo policial | Automático | Deixar a decisão de iniciar ou finalizar gravações sob responsabilidade dos policiais pode frustrar completamente a política, visto que os policiais potencialmente infratores podem decidir não gravar as ocorrências. |
| Acessibilidade dos dados | Público total<br>Público parcial<br>Restrito | Restrito | Para garantir a privacidade dos dados, recomenda-se que os dados coletados pelas *body cameras* sejam acessíveis apenas por órgãos de controle interno e externo da polícia para fins de investigação administrativa e judicial. |
| Tempo de estocagem de dados | Infinito<br>Finito | Finito | Para evitar despesas suntuosas com estocagem de dados irrelevantes, recomenda-se que os dados sensíveis (relativos a ocorrências policiais) sejam estocados por um ano, enquanto dados não sensíveis, irrelevantes em primeira análise, sejam estocados por um mês. |

ANEXO 1

## 3.4 As alternativas para enfrentamento do problema

Passaremos a seguir à especificação de cada uma das alternativas que serão confrontadas na matriz de tomada de decisão.

### 3.4.1 Status quo

Manter o *status quo* significa manter a atual política do jeito que está. A experimentação do projeto *Smart Policing* continuará, assim como a implementação incremental da Lei nº 5.588/2009 que trata da implantação de equipamentos de áudio e vídeo nas viaturas policiais. Os policiais militares do estado do Rio de Janeiro continuarão realizando suas ocorrências policiais sem acompanhamento de *body cameras*.

### 3.4.2 Implementação de *body cameras* no 39º BPM – Belford Roxo

O município de Belford Roxo, na baixada fluminense, possui uma população de 481.127 habitantes, segundo estimativa populacional do IBGE.[16] O 39º Batalhão da Polícia Militar possui um efetivo total de 336 policiais militares.[17] Belford Roxo é o município fluminense com um dos índices mais alarmantes de homicídios causados por intervenção policial militar. Um projeto piloto de instalação de *body cameras* no 39º BPM em Belford Roxo com perfil de configuração AVCPTIBDPMARF traria vantagens de tipicidade, impacto e replicabilidade para outros batalhões da PMERJ.

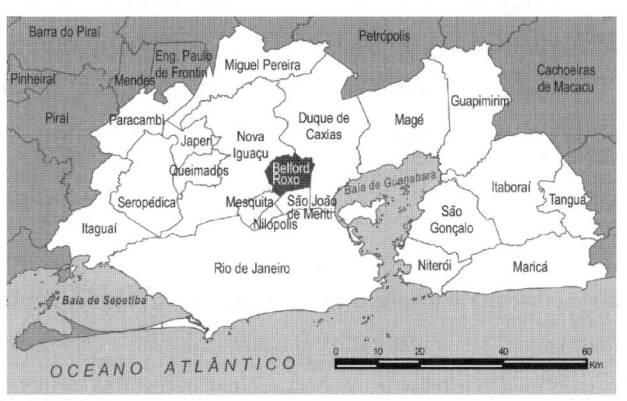

Mapa: Casa Editorial Maluhy.

FIGURA A.4: MUNICÍPIO DE BELFORD ROXO.

### 3.4.3 Implementação de *body cameras* no Batalhão de Operações Especiais (Bope)

O Batalhão de Operações Especiais (Bope) é o grupo de elite da Política Militar do Rio de Janeiro, com funções de intervenção tática. O Bope é composto de 389 policiais, dentre os quais 378 atuam em operações de rua, mesmo que de forma intermitente (Francisco, 2013). O Bope é chamado para intervir em todo o território fluminense, respondendo à necessidade do comando da Polícia Militar. Sua atuação é de crise, resolução de conflitos, negociação e ocupação de territórios controlados por traficantes, milícias e demais organizações criminosas. A vantagem de realizar o teste piloto experimentalmente no Bope é a alta capacitação dos polícias militares do batalhão.

### 3.4.4 Implementação de *body cameras* em toda a corporação da PMERJ

Como visto, a PMERJ conta com um efetivo de 46.135 policiais militares. Desses, 30.756 são destacados para atividades operacionais de rua, o que corresponde a 66% dos policiais que deverão ter *body cameras* instaladas com perfil de configuração AVCPTIBDPMARF.

## 3.5 Os critérios e indicadores para orientação da decisão

Para projeção e avaliação das alternativas de enfrentamento do problema de desvios, elencamos quatro critérios, seus respectivos indicadores e pesos para tomada de decisão. Também é indicado o sentido (positivo ou negativo) de cada indicador para que eles se tornem elementos comparáveis em uma escala de 0 a 1.

### 3.5.1 Custo-efetividade

A relação custo-efetividade refere-se à relação entre os custos de implementação do programa de *body cameras* e os resultados mensurados, com a expectativa de redução de mortes decorrentes das interações policiais. Será necessário monetizar os valores relativos à projeção de custos gerados pelas alternativas de programa de *body cameras* em base quadrienal pelos seguintes indicadores: a) custo de aquisição dos equipamentos; b) custo de manutenção dos equipamentos; c) custo de estocagem de dados. A fonte de dados para os custos são relatórios da PMERJ, estudos do Fórum de Segurança Pública e relatórios de organizações e institutos de inteligência na área de segurança, além de entrevistas com 11 especialistas em segurança pública seguindo a metodologia Delphi. Já os resultados não serão monetizados, e o indicador para efeitos de projeção e comparação de alternativas será o do custo total do programa (quatro anos) dividido pelas vidas potencialmente salvas. Em conversa com o destinatário desse relatório, ficou atribuído a esse critério de custo-efetividade peso de 20% da tomada de decisão. Por ser um indicador de sentido negativo (quanto menor o custo-efetividade, melhor), a nota máxima (1) será atribuída para a alternativa que alcançar menor custo por vida potencialmente salva.

### 3.5.2 Simplicidade

Os benefícios relativos à perenidade da política serão operacionalizados por indicadores de a) probabilidade de manutenção da política no médio prazo (quatro anos), com sentido positivo (quanto maior a probabilidade, melhor); b) probabilidade de desvirtuamento de implementação, com sentido negativo (quanto menor a probabilidade, melhor). As notas relativas foram atribuídas pela metodologia Delphi, aplicadas em duas rodadas por telefone com 11 especialistas em segurança pública do estado do Rio de Janeiro. O critério de simplicidade somará 40% na matriz de tomada de decisão, sendo 20% para cada indicador.

### 3.5.3 Viabilidade política

A viabilidade política trata da possibilidade de a alternativa política receber apoios suficientes para superar as resistências tanto na fase decisória quanto na fase de implementação. Será aplicado o teste de empatia (*the other guy's shoes*) para projetar atitudes consequentes dos atores políticos após a implementação das *body cameras*. O indicador para operacionalização desse critério será o percentual de apoios dos atores políticos relevantes, sendo seu sentido positivo – quanto maior o percentual de apoio, melhor. A fonte de dados para esse indicador foi a aplicação de formulário eletrônico com perguntas estruturadas via e-mail a 15 atores individuais e coletivos, sendo cinco aderentes à narrativa dos direitos humanos, cinco aderentes à narrativa de neutralidade institucional e cinco aderentes à narrativa do combate à criminalidade. Participaram dessa coleta de dados policiais, oficiais, políticos, representantes de meios de comunicação, representantes da corporação policial e da Secretaria de Segurança Pública, membros de ONGs e jornalistas. O critério de viabilidade política corresponderá a 40% do processo de tomada de decisão, conforme solicitado pelo cliente desse relatório.

A seguir é sintetizada a matriz de avaliação, contendo as alternativas de aplicação do programa de *body cameras* à Polícia Militar do Estado do Rio de Janeiro, os critérios, seus indicadores e respectivos pesos.

QUADRO A.4: ALTERNATIVAS, CRITÉRIOS E INDICADORES DO PROGRAMA DE *BODY CAMERAS*

| Critério | Indicador | Peso | Status quo | Projeto piloto Belford Roxo | Projeto piloto Bope | Aplicação em toda a PMERJ |
|---|---|---|---|---|---|---|
| Custo-efetividade | Custo/vidas potencialmente salvas | 20% | | | | |
| Simplicidade | Probabilidade de desvirtuamento de implementação | 20% | | | | |
| | Probabilidade de manutenção da política no médio prazo | 20% | | | | |
| Viabilidade política | Percentual de apoio de atores relevantes | 40% | | | | |

## 3.6 Projeção de resultados

### 3.6.1 Custo-efetividade para *status quo*

Não havendo aplicação do programa de *body cameras*, naturalmente não haverá custo de aquisição de equipamentos ou custo de manutenção e estocagem de dados. Do ponto de vista dos resultados, no entanto, é possível projetar uma redução do número de vítimas nas interações entre policiais e cidadãos por causa do acréscimo natural de câmeras de vigilância estáticas (residenciais, comerciais, de trânsito etc.) e do crescente número de cidadãos com câmeras de vídeo acopladas ao *smartphone*, com boa resolução de imagem, que pode, eventualmente, inibir abuso de poder dos policiais.

Por meio de pesquisa feita com método Delphi com especialistas de segurança pública no Rio de Janeiro, chegou-se a uma estimativa de acréscimo de 13% ao ano de vítimas fatais de operações policiais e a uma diminuição de 4,7% das perdas de vidas humanas (cidadãos e policiais) derivadas do incremento fisiológico (natural) de equipamentos de vigilância. O acréscimo anual líquido de vidas perdidas é projetado para 8,3%. Com uma população de 16,5 milhões de habitantes e uma taxa de 3,5 pessoas mortas por intervenção policial a cada 100 mil habitantes, calculou-se um total de 584 pessoas por ano (FBSP, 2015). Em um primeiro ano, as vidas perdidas sem a implementação do programa seriam de 632,5 vidas. Num segundo ano, 685 vidas. No terceiro ano, 741,8 vidas e, no quarto ano, 803,39 vidas, chegando-se a um total de 2.862,65 vidas perdidas num arco temporal de quatro anos. Pelo método Delphi aplicado aos especialistas, chegou-se também à projeção de "vidas salvas" pela implementação do programa de *body cameras* no Rio de Janeiro. Os especialistas estimaram uma redução de 36% nas vidas perdidas. Portanto, a não implementação do programa deixaria de salvar potencialmente 1.030 vidas (2.862,65 × 36%) em quatro anos.

### 3.6.2 Custo-efetividade para projeto piloto no 39º BPM – Belford Roxo

O custo de aquisição de equipamentos *body camera* estão orçados em R$ 800,00 por policial. Visto que o 39º Batalhão da Polícia Militar possui 336 policiais militares e, desses, 222 policiais em atividade operacional de rua, o custo total de aquisição dos equipamentos de *body cameras* para esse projeto piloto seria de R$ 177.600,00. Os custos de manutenção de equipamentos estão estimados em R$ 1.000,00 por mês para cada cem câmeras, o que revela um custo anual de R$ 26.640,00. Os custos de estocagem dos dados dentro de um perfil de configuração AVCPTIBDP-MARF (estabelecido por esse relatório de análise) está em R$ 220,00 por mês, por câmera. Esses custos projetados para todos os 222 policiais em base anual chegam a R$ 586.080,00 ao ano. Foram aplicadas uma taxa de desconto nominal de 12% a.a. e uma inflação estimada de 10% a.a., chegando-se a uma taxa de desconto real de 1,818% ao ano.

Passamos ao cálculo do custo total de adoção experimental do programa em Belford Roxo:

> CT = Custo total de aquisição + Custo total de manutenção + Custo total de estocagem de dados, sendo que:
>
> Custo total de aquisição: R$ 177.600,00
>
> Custo total de manutenção:
> Custo manutenção ano 1 + Custo manutenção ano 2 + Custo manutenção ano 3 + Custo manutenção ano 4
>
> CTM = R$ 26.640,00 + R$ 26.164,29 + R$ 25.697,07 + R$ 25.238,19 = R$ 103.739,55
>
> Custo total de estocagem de dados:
> Custo estocagem ano 1 + Custo estocagem ano 2 + Custo estocagem ano 3 + Custo estocagem ano 4
>
> CTE = R$ 586.080,00 + R$ 574.632,15 + R$ 564.370,85 + R$ 554.292,80 = R$ 2.278.375,80
>
> CT = R$ 177.600,00 + R$ 103.739,55 + R$ 2.278.375,80
>
> CT = R$ 2.559.715,35

Quanto aos benefícios, o município de Belford Roxo perdeu em 2014 um total de 64 vidas por causa de interações policiais fatais. Aplicando-se a taxa de acréscimo anual natural de vidas perdidas pela violência (8,3% a.a.), espera-se conter potencialmente a perda de 113 vidas no município nos próximos quatro anos com a implementação do projeto piloto.

Considerando o custo total de R$ 2.559.715,35 e o salvamento potencial de 113 vidas nos próximos quatro anos, a relação custo-efetividade da experimentação da *body camera* no município de Belford Roxo é de R$ 22.664,91 por vida salva.

### 3.6.3 Custo-efetividade para projeto piloto no Bope

Como o Bope do Rio de Janeiro possui 378 policiais que atuam em operações de rua, esses seriam os destinatários das *body cameras* nessa alternativa de programa piloto. O custo de aquisição dos equipamentos seria de R$ 300.800,00 (R$ 800,00 × 378). Os custos de manutenção dos equipamentos seriam de R$ 10,00 por mês por câmera, num total bruto anual de R$ 45.360,00 e custos com estocagem de dados de R$ 979.920,00 (R$ 220 × 12 meses × 378 câmeras). Aplicando-se a mesma taxa de desconto de 1,818% a.a, fazem-se os cálculos dos custos totais.

# ANEXO 1

Passamos ao cálculo do custo total de adoção das *body cameras* no Bope:

| |
|---|
| CT = Custo total de aquisição + Custo total de manutenção + Custo total de estocagem de dados, sendo que: |
| Custo total de aquisição: R$ 300.800,00 |
| Custo total de manutenção:<br>Custo manutenção ano 1 + Custo manutenção ano 2 + Custo manutenção ano 3 + Custo manutenção ano 4 |
| CTM = R$ 45.360,00 + R$ 44.550,00 + R$ 43.754,46 + R$ 42.973,13 = R$ 176.637,59 |
| Custo total de estocagem de dados:<br>Custo estocagem ano 1 + Custo estocagem ano 2 + Custo estocagem ano 3 + Custo estocagem ano 4 |
| CTE = R$ 979.920,00 + R$ 962.598,21 + R$ 962.598,21 + R$ 945.408,96 = R$ 3.868.525,38 |
| CT = R$ 300.800,00 + R$ 176.637,59 + R$ 3.868.525,38 |
| CT = R$ 4.345.962,97 |

Com relação aos benefícios, a utilização das *body cameras* implantadas nos coletes dos policiais do Bope pode influenciar um número significativo das mortes decorrentes de interações com a população. Segundo estimativas, as operações do Bope no estado do Rio de Janeiro resultam em 119 mortes por ano. Aplicando-se a taxa de acréscimo anual natural de vidas perdidas pela violência (8,3% a.a.) para os próximos quatro anos, chega-se a um total de vidas perdidas de 583 (129+139+151+164). Com a expectativa de redução em 58% das mortes resultantes de operações do Bope com *body cameras*, seria possível evitar a morte de 340 pessoas nos próximos quatro anos (583 × 0,583 = 340).

A relação custo-efetividade projetada é de R$ 12.779,54 (R$ 4.354.962,97/340) por vida potencialmente salva nos próximos quatro anos em todo o estado do Rio de Janeiro, resultante da implantação das *body cameras* no uniforme dos policiais do Bope em ação de rua.

### 3.6.4 Custo-efetividade para aplicação das *body cameras* em toda a PMERJ

O efetivo total da PMERJ, como visto, é de 46.135 policiais. Desses, um terço não faz atividade policial de rua por estarem ocupados em funções administrativas ou de licença. A aplicação das *body cameras* nos 30.756 policias exigiria um esforço financeiro bem mais robusto.

O custo de aquisição dos equipamentos seria de R$ 24.604.800,00 (R$ 800,00 × 30.756). Os custos de manutenção dos equipamentos seriam de R$ 10,00 por mês por câmera, num total bruto anual de R$ 3.690.720,00, e os custos com estocagem de dados seriam de R$ 81.195.840,00 (R$ 220 × 12 meses × 30.756 câmeras). Aplicando-se a mesma taxa de desconto das outras alternativas (1,818% a.a), fazem-se os cálculos dos custos totais.

Passamos ao cálculo dos custos totais de adoção total do programa na PMERJ:

> CT = Custo total de aquisição + Custo total de manutenção + Custo total de estocagem de dados, sendo que:
>
> Custo total de aquisição: R$ 24.604.800,00
>
> Custo total de manutenção:
> Custo manutenção ano 1 + Custo manutenção ano 2 + Custo manutenção ano 3 + Custo manutenção ano 4
>
> CTM = R$ 3.690.720,00 + R$ 3.624.814,29 + R$ 3.560.085,46 + R$ 3.496.512,50 = R$ 14.372.132,25
>
> Custo total de estocagem de dados:
> Custo estocagem ano 1 + Custo estocagem ano 2 + Custo estocagem ano 3 + Custo estocagem ano 4
>
> CTE = 81.195.840,00 + R$ 79.745.914,29 + R$ 78.321.880,10 + R$ 76.923.275,10 = R$ 316.186.909,49
>
> CT = R$ 24.604.800,00 + R$ 14.372.132,25 + R$ 316.186.909,49
>
> CT = R$ 355.163.841,74

Com relação aos benefícios da implantação total das *body cameras* na PMERJ, podemos dizer que também serão grandes. No entanto, como muitas comunidades fluminenses não possuem o grau de letalidade de Belford Roxo ou das operações do Bope, pode-se dizer que os benefícios serão proporcionalmente menores.

Com uma taxa de 3,5 pessoas mortas por intervenção policial a cada 100 mil habitantes, somando 584 pessoas por ano, o Rio de Janeiro tem pela frente uma perspectiva de aumento de 13% ao ano de vítimas fatais de operações policiais e uma diminuição de 4,7% das perdas de vidas humanas (cidadãos e policiais) derivadas do incremento fisiológico (natural) de equipamentos de vigilância, resultando numa progressão anual líquida no número de vítimas de 8,3% a.a. Também mantém-se a estimativa de redução de 36% nas vidas perdidas por efeito "vigilante" das *body cameras*.

Em um primeiro ano de aplicação das *body cameras*, as vidas potencialmente salvas com a implementação do programa seriam 227,69 vidas (36% de redução das 632,47 mortes potenciais). Num segundo ano, seriam salvas 246,58 vidas (36% das 684,96 mortes potenciais). No terceiro ano, seriam salvas 267 vidas (36% das 741,82 mortes potenciais) e, no quarto, seriam salvas 289,22 vidas (36% das 803,39 mortes potenciais, chegando-se a um total de 1.030 vidas protegidas pela ação das *body cameras* em interações policiais nos quatro anos de implantação do programa.

A relação custo-efetividade da implantação do programa de *body cameras* em todo a PMERJ é de R$ 344.634,01 para o salvamento de cada uma das 1.030 vidas potencialmente salvas.

### 3.6.5 Simplicidade de implementação para *status quo*

Deixar as coisas como estão é algo simples de implementar. Os policiais da PMERJ continuarão realizando seus trabalhos sem a necessidade de instalação das *body cameras*. Não há riscos de desvirtuamento da implementação. Em uma escala de zero a um, a probabilidade estimada pelos especialistas é zero e, por ter sentido negativo, a nota para esse quesito é máxima (1).

Não podem ser desconsiderados, no entanto, riscos de que os frequentes eventos focais tornem impossível a manutenção dessa política no médio prazo. A pressão social e dos meios de comunicação tende a crescer para que sejam ampliados mecanismos de *accountability* sobre as interações policiais com a população. Os especialistas entrevistados na metodologia Delphi atribuíram nota média de 20% a esse quesito (0,2).

### 3.6.6 Simplicidade de implementação para projeto piloto em Belford Roxo

Implementar o experimento das *body cameras* seria difícil em qualquer corporação, e possivelmente seja mais difícil implementá-la no 39º BPM de Belford Roxo. Como visto, é nesse município que encontramos o maior índice de letalidade policial no Rio de Janeiro. No entanto, qualquer política possui maiores chances de teste, *feedback* e correção se iniciada em alguma organização típica. O 39º BPM atende ao quesito da tipicidade, pois espelha razoavelmente, em termos de estrutura, pessoal e tecnologia, a situação da Polícia Militar no Estado do Rio de Janeiro. A atipicidade deve-se ao ambiente hostil em que se encontram os policiais nesse município.

Existem chances de desvirtuamento de implementação. Os agentes policiais do 39º BPM têm a possibilidade de fugir ao protocolo de configuração AVCPTIBDP-MARF. Alguns dos possíveis desvios de implementação são o não acionamento das câmeras, a tapagem visual das câmeras ou a colocação da câmera em local não indicado no protocolo (altura do peito). Segundo especialistas entrevistados, as chances de desvirtuamento de implementação são de 23% e, portanto, atribui-se a nota 0,77 na escala de 0 a 1.

A probabilidade de manutenção da política no médio prazo é alta. Com apoio da Secretaria de Segurança Pública e aval do Estado Maior da PMERJ, o piloto das *body cameras* em Belford Roxo poderá seguir monitorado, reavaliado e aprimorado ao longo dos quatro anos. A nota atribuída média a esse quesito foi de 93% (nota 0,93).

### 3.6.7 Simplicidade de implementação para projeto piloto no Bope

O Batalhão de Operações Policiais atua taticamente na intervenção de áreas de risco. São exatamente esses momentos os mais tensos e que podem levar a desvios de conduta policial. O Bope também criou ao longo dos anos uma cultura organizacional de hierarquia e controle muito apurados, que podem ir de encontro à gravação e posterior escrutínio de imagens das operações policiais. A probabilidade de desvirtuamento apurada entre especialistas é alta, com risco de 56%, segundo especialistas (nota 0,44 na escala de 0 a 1).

A resistência do comando e dos policiais do Bope pode dificultar a manutenção das *body cameras* no médio prazo. Ainda assim, com capacidade argumentativa e resultados palpáveis dos ganhos de *accountability* das *body cameras*, há chances de rompimento das resistências. Os especialistas entrevistados pela metodologia Delphi atribuíram 50% de chances de manutenção dessa política no médio prazo (nota 0,5).

### 3.6.8 Simplicidade de implementação em toda corporação da PMERJ

A PMERJ possui 46.135 policiais, dentre os quais mais de 30 mil estão em operação de rua. Entre as alternativas de política de implantação das *body cameras* essa seria a menos simples, seja pelo alto risco de desvirtuamento, seja pela baixa probabilidade de manutenção no longo prazo.

# ANEXO 1

Os batalhões da PMERJ em todo o estado possuem características diferentes, estruturas e capacidade de pessoal muito diversas. Mais diversas ainda são as condições ambientais de operação – mais tranquilas no interior do estado e mais propensas a confronto e violência na Baixada Fluminense e nas zonas norte e oeste do Rio de Janeiro. Os especialistas atribuíram percentual de 93% de desvirtuamento (nota 0,07) de implementação na hipótese de utilização das *body cameras* por todos os batalhões da PMERJ. Com relação à probabilidade de manutenção da política no médio prazo, a citada diversidade e amplitude de implementação dividirão os esforços de monitoramento da política e podem levar ao fracasso de implementação. A nota média para esse quesito foi de 17% (nota 0,17).

### 3.6.9 Viabilidade política das quatro alternativas

O indicador de viabilidade política utilizado foi o percentual de apoio de atores relevantes. Como já relatado, foram enviados formulários eletrônicos a 15 atores políticos envolvidos nas três narrativas (direitos humanos, neutralidade institucional, combate à criminalidade) sobre a pertinência política de cada uma das alternativas. Mais objetivamente, foi perguntado se "Você acha adequado implantar *body cameras* ao uniforme dos policiais militares como forma de aumento da transparência nas abordagens e controle de desvios de conduta?". As quatro alternativas, manutenção do *status quo*, projeto piloto no 39º BPM de Belford Roxo, projeto piloto no Bope e aplicação em toda corporação da PMERJ, ficaram explícitas no questionário.

A seguir os percentuais sintetizados de cada alternativa:

QUADRO A.5: NÍVEL DE ACEITAÇÃO POLÍTICA DAS ALTERNATIVAS

|  | Status Quo | Belford Roxo | Bope | Toda a PMERJ |
|---|---|---|---|---|
| Viabilidade política (média de aceitação dos atores políticos respondentes) | 46,6% | 66,6% | 33,3% | 13,3% |

Comentários ao questionário trouxeram importantes reflexões dos atores políticos. Alguns destacaram que o trabalho do Bope pode literalmente ser inviabilizado pelo uso das *body cameras* e pelo protocolo de configuração AVCPTIBDPMARF. A aplicação em toda a PMERJ foi a que recebeu menor aceitação política, visto a dificuldade de implementação, os altos custos e a dificuldade de monitoramento. A manutenção do *status quo*, ou seja, a manutenção das abordagens policiais sem o acompanhamento de instrumento de vídeo, foi percebida como adequada por quase metade dos atores entrevistados (46,6%). A alternativa que recebeu mais indicações positivas foi a experimentação em Belford Roxo (66,6%), visto que o investimento é reduzido, a corporação é típica e os benefícios são potencialmente grandes, visto que se trata de uma das cidades mais violentas do Rio de Janeiro. Ainda assim, o uso experimental das *body cameras* nesse contexto e com perfil de configuração AVCP-TIBDPMARF teve resistência de 33,3% dos atores entrevistados, mesmo em um projeto piloto circunscrito a Belford Roxo.

## 3.7 Confronto das alternativas de implementação

A projeção de resultados das três alternativas para um período de quatro anos de implementação trouxe algumas expectativas com relação a custo-efetividade, simplicidade de implementação e viabilidade política. A matriz síntese de avaliação sobre o programa de *body cameras* na PMERJ é resumida no quadro a seguir, em que são colocados os resultados das coletas de dados e das análises preditivas realizadas.

QUADRO A.6: MATRIZ SÍNTESE DE AVALIAÇÃO: PROGRAMA DE *BODY CAMERAS* NA PMERJ

| Critério | Indicador | Peso | Status quo | Projeto piloto Belford Roxo | Projeto piloto Bope | Aplicação em toda a PMERJ |
|---|---|---|---|---|---|---|
| Custo-efetividade | Custo/vidas potencialmente salvas | 20% | R$ 0,00 | R$ 22.664,91 | R$ 12.779,54 | R$ 344.634,01 |
| Simplicidade | Probabilidade de desvirtuamento de implementação | 20% | 0% | 23% | 56% | 93% |
| Simplicidade | Probabilidade de manutenção da política no médio prazo | 20% | 20% | 93% | 50% | 17% |
| Viabilidade política | Percentual de apoio de atores relevantes | 40% | 46,6% | 66,6% | 33,3% | 13,3% |

Com base na matriz síntese de avaliação, é possível normalizar todos os números para uma escala de 0 a 1 para que sejam comparáveis e as ponderações e o resultado final possam ser aplicados. Para a relação custo-efetividade, foi atribuída nota máxima para a alternativa que implica menor custo (manutenção do *status quo*) e 80% dessa nota foi para a segunda alternativa, que implica menor custo-efetividade (projeto piloto no Bope). As demais alternativas receberam notas proporcionais à alternativa

Bope: (R$ 12.779,54/R$ 22.664,91) × 0,8 para projeto piloto em Belford Roxo e (R$ 12.779,54/R$ 344.634,01) × 0,8 para aplicação das *body cameras* em toda a PMERJ.

Os indicadores de simplicidade e de viabilidade política foram mantidos nos seus valores atuais; eles foram apenas colocados na escala 0 a 1. O indicador probabilidade de desvirtuamento de implementação teve seu sentido invertido para atribuição da nota, visto que seu sentido é negativo (por exemplo: quanto maior for a probabilidade de desvirtuamento, pior é a nota).

Como resultado, trazemos a matriz de tomada de decisão:

QUADRO A.7: MATRIZ DE TOMADA DE DECISÃO: PROGRAMA DE *BODY CAMERAS* NA PMERJ

| Critério | Indicador | Peso | Status quo Nota | Status quo Nota ponderada | Projeto piloto Belford Roxo Nota | Projeto piloto Belford Roxo Nota ponderada | Projeto piloto Bope Nota | Projeto piloto Bope Nota ponderada | Aplicação em toda a PMERJ Nota | Aplicação em toda a PMERJ Nota ponderada |
|---|---|---|---|---|---|---|---|---|---|---|
| Custo-efetividade | Custo /vidas potencialmente salvas | 20% | 1 | 0,2 | 0,45 | 0,09 | 0,8 | 0,16 | 0,03 | 0,006 |
| Simplicidade | Probabilidade de desvirtuamento de implementação | 20% | 1 | 0,2 | 0,77 | 0,15 | 0,44 | 0,09 | 0,07 | 0,014 |
| | Probabilidade de manutenção da política no médio prazo | 20% | 0,20 | 0,04 | 0,93 | 0,19 | 0,50 | 0,1 | 0,17 | 0,034 |
| Viabilidade política | Percentual de apoio de atores relevantes | 40% | 0,466 | 0,19 | 0,66 | 0,27 | 0,333 | 0,13 | 0,133 | 0,053 |
| TOTAL | | 100% | | 0,63 | | (0,70) | | 0,48 | | 0,11 |

Dados os critérios e indicadores estabelecidos, os pesos acordados pela Seseg do Rio de Janeiro e o resultado da análise de alternativas para implementação de um programa de *body cameras* aos uniformes policiais da PMERJ com perfil de configuração AVCPTIBDPMARF, a alternativa mais recomendada é realizar um experimento piloto no 39º Batalhão da Polícia Militar de Belford Roxo, uma vez que esse alcançou nota ponderada de 0,70 ou 70%, superior a todas as outras alternativas. A segunda opção é manter o *status quo* (0,63); em terceiro lugar, experimentar as *body cameras* no Bope. A alternativa menos recomendada é aplicar o programa a todos os batalhões da PMERJ, tendo em vista as dificuldades de implementação, custos e inviabilidade política em torno da proposta.

## 4. Recomendações

Esse relatório de análise fez uma comparação de alternativas de implementação de um programa de *body cameras* na Polícia Militar do Estado do Rio de Janeiro como estratégias para conter desvios de conduta da ação policial na interação com a população. Entende-se que as *body cameras* são uma solução técnica que pode frear abusos de poder ou, pelo menos, gerar evidências audiovisuais para a instrução de processos administrativos e judiciais contra policiais que abusam de poder.

As quatro alternativas analisadas foram a implementação de um projeto piloto no 39º BPM no município de Belford Roxo, de um projeto piloto no Batalhão de Operações Especiais, aplicação em toda a PMERJ e manutenção do *status quo* (deixar os policiais sem *body cameras*).

Com base nos critérios de custo-efetividade, simplicidade de implementação e viabilidade política, esse relatório recomenda que seja realizado um experimento de instalação das *body cameras* nos uniformes de 222 policiais do 39º BPM de Belford Roxo por quatro anos, com o objetivo de testar o equipamento, gerar informações que possam retroalimentar o seu aprimoramento e corrigir desvios.

Se a Seseg decidir levar a cabo esse experimento, haverá um custo estimado de R$ 2.559.715,35 para aquisição de equipamentos, manutenção e estocagem de dados, mas permitirá evitar a morte de 114 pessoas em quatro anos no município de Belford Roxo, resultando em um investimento de R$ 22.664,91 por vida potencialmente salva.

Embora o projeto piloto em Belford Roxo não seja o que melhor pontua na relação custo-efetividade (perde para a alternativa do Bope), essa alternativa é que possui melhores condições para implementação, manutenção da política no médio prazo, além de ser a que alcança melhor aceitação política, conforme entrevistas realizadas com especialistas em segurança pública e demais atores atentos ao tema.

O fato de Belford Roxo ser um dos municípios com maior índice de criminalidade e letalidade policial no estado do Rio de Janeiro contribui para a recomendação de que o experimento seja nesse município, com efeitos imediatos nas estatísticas de segurança pública para fins de avaliação. Naturalmente, cabe à Seseg decidir o melhor batalhão para realizar o teste. Outra indicação seria o 41º batalhão, que é responsável por bairros da zona norte do Rio de Janeiro como o da Pavuna, segunda comunidade com indicadores de violência mais alarmantes. Além de indicadores de criminalidade e violência policial, a Seseg deve considerar outros fatores nessa escolha, tais como estrutura e receptividade do batalhão e contexto socioeconômico da comunidade.

Outra ponderação que deve ser feita é relacionada ao perfil de configuração AVCPTIBDPMARF para o programa de *body cameras*. Os resultados dessa análise podem mudar sensivelmente se, por exemplo, se decidir por permitir aos policiais acionar e desativar a *body cameras*, em vez da configuração indicada de acionamento automático. Isto implica melhor potencial de aceitação da corporação, mas aumenta as probabilidades de desvirtuamento de implementação. Outra configuração que poderia ser alterada é o tempo de estocagem das gravações, passando de finito (um ano) para infinito, mas isto implicaria maiores custos para estocagem dos dados. O acesso às gravações na configuração AVCPTIBDPMARF é restrito à corporação e órgãos de controle e poderia ser alargado para acesso irrestrito ao público, o que pode angariar apoio popular e de grupos de defesa de direitos humanos, mas perder aceitação dentro da corporação militar.

Embora manter o *status quo* inalterado tenha aparecido como segunda melhor alternativa, à frente da experimentação no Bope ou aplicação total na PMERJ, acredita-se que o ônus político relacionado à inação possa ser insuportável em breve. O crescimento de números de telefones celulares nas mãos de populares aumentarão o denuncismo aos desvios de conduta, aliado à divulgação nas redes sociais e eventos focais com ampla divulgação na mídia, abalando ainda mais a credibilidade da PMERJ. Do contrário, tomar uma atitude proativa iniciando a experimentação das *body cameras* em um projeto piloto pode resultar em mídia espontânea e aceitação popular.

No momento da implementação do programa, é de suma importância contar com o apoio do Estado Maior das PMERJ e, principalmente, dos policiais (destinatários dessa política) que vestirão as *body cameras*. A preservação de vidas policiais é um forte argumento favorável. O total de policiais militares mortos foi de 98 no ano de 2014, dentre os quais 18 morreram em confronto em serviço. O índice de vitimização policial para 2014 foi de 1,7 policial para cada mil policiais do Rio de Janeiro.[18] Com as *body cameras*, acredita-se que seja possível reduzir essas estatísticas, assim como alcançar o objetivo de prover evidências audiovisuais para os inquéritos e apurações de atentados contra os agentes.

Diversas táticas para ampliar a aceitação dos policiais com relação ao uso das *body cameras* e outras dicas práticas para a implementação geral de um projeto piloto podem ser encontradas no relatório "*Implementing a body-worn camera program:*

*recommendations and lessons learned*", elaborado pelo Departamento de Justiça dos EUA (Miller, Toliver e Police Executive Research Forum, 2014).

Por fim, um projeto piloto de *body cameras* como o indicado para o município de Belford Roxo pode trazer credibilidade para as forças policiais, evidências audiovisuais para os inquéritos administrativos e judiciais relacionados contra policiais infratores, além de efeitos de transparência da ação policial. Com os sucessos e insucessos do projeto piloto e as lições aprendidas, o programa de *body cameras* poderá ser ampliado incrementalmente para batalhões de outros municípios do estado do Rio de Janeiro. Acima de tudo, as vidas salvas são o maior ganho potencial desse programa.

## 5. Referências

ANISTIA INTERNACIONAL. *Você matou filho! Homícios e letalidade pela polícia militar da cidade do Rio de Janeiro*. [online] Disponível em:<https://anistia.org.br/wp-content/uploads/2015/07/Voce-matou-meu-filho_Anistia-Internacional-2015.pdf>. Acesso em: 28 dez. 2015. Rio de Janeiro, Anistia Internacional, 2015.

FBSP. Fórum Brasileiro de Segurança Pública. *Anuário Brasileiro de Segurança Pública 2015*. [online] Disponível em: <http://www.forumseguranca.org.br/produtos/anuario-brasileiro-de-seguranca-publica/9o-anuario-brasileiro-de-seguranca-publica>. Acesso em: 6 jan. 2016. Ano 9, 2015.

FRANCISCO, Renato de Souza. *Tropa de elite no feminino*: a participação feminina no Batalhão de Operações Policiais Especiais do Rio de Janeiro. Dissertação de Mestrado. Mestrado em Sociologia Política. Universidade Estadual do Norte Fluminense – Darcy Ribeiro. Campos dos Goytacazes: UENF, 2013.

ISP. Instituto de Segurança Pública. *Balanço de indicadores da política de pacificação*. [online] Disponível em: <http://arquivos.proderj.rj.gov.br/isp_imagens/uploads/BalancodeIndicadoresdaPoliciadePacificacao2015.pdf>. Acesso em: 6 jan. 2016. Secretaria de Segurança Pública do Estado do Rio de Janeiro, 2015.

JONES, Bryan D.; BAUMGARTNER, Frank R. From There to Here: Punctuated Equilibrium to the General Punctuation Thesis to a Theory of Government Information Processing. *The Policy Studies Journal*, v. 40, n. 1, p. 1-19, 2012.

LIMA, Renato Sérgio de; BUENO, Samira; SANTOS, Thandara. *Opinião dos policiais brasileiros sobre reformas e modernização da segurança pública*. [online]. Disponível em: <http://www.forumseguranca.org.br/storage/download/ApresentacaoFinal.pdf>. Acesso em: 28 dez. 2015. Fórum Brasileiro de Segurança Pública, 2014.

MARINO, Leonardo Freire. As origens da violência policial no Rio de Janeiro. [online]. Disponível em: <http://www.revistadehistoria.com.br/secao/reportagem/as-origens-da-violencia-policial-no-rio-de-janeiro>. Acesso em: 6 jan. 2016, revista de história.com.br, 2008.

MILLER, Lindsay; TOLIVER, Jessica. POLICE EXECUTIVE RESEARCH FORUM. *Implementing a Body-Worn Camera Program*: Recommendations and Lessons Learned. [online]. Disponível em: <http://www.justice.gov/iso/opa/resources/472014912134715246869.pdf>. Acesso em: 21 dez. 2015. Washington, DC: Office of Community Oriented Policing Services, 2014.

# Notas de fim de texto

1. OPINIÃO & NOTÍCIA. Pesquisa mostra que 70% da população não confia no trabalho da polícia. Novembro, 2013. Disponível em: <http://opiniaoenoticia.com.br/brasil/pesquisa-mostra-que-70-da-populacao-nao-confia-no-trabalho-da-policia/>. Acesso em: 25 fev. 2016.
2. OPINIÃO & NOTÍCIA. Pesquisa mostra que 70% da população não confia no trabalho da polícia. Novembro, 2013. Disponível em: <http://opiniaoenoticia.com.br/brasil/pesquisa-mostra-que-70-da-populacao-nao-confia-no-trabalho-da-policia/>. Acesso em: 25 fev. 2016.
3. U.S. DEPARTMENT OF JUSTICE; POLICE EXECUTIVE RESEARCH FORUM. Implementing a Body-Worn Camera Program Recommendations and Lessons Learned. 2014. Disponível em: <http://www.justice.gov/iso/opa/resources/472014912134715246869.pdf>. Acesso em: 25 fev. 2016.
4. VOCATIV. Is Your Police Force Wearing Body Cameras? Disponível em: <http://www.vocativ.com/usa/justice-usa/police-force-wearing-body-cameras/>. Acesso em: 25 fev. 2016.
5. IBGE. Pesquisa Nacional por Amostra de Domicílios continua: notas metodológicas. 2015. Disponível em: <http://www.ibge.gov.br/estadosat/perfil.php?sigla=rj>. Acesso em: 25 fev. 2016.
6. SAMPAIO, Vanessa. RJ ganhou 390 mil turistas estrangeiros a mais em 2014. Ministério do Turismo, julho de 2015. Disponível em: <http://www.turismo.gov.br/ultimas-noticias/5229-rj-ganhou-390-mil-turistas-estrangeiros-a-mais-em-2014.html>. Acesso em: 25 fev. 2016.
7. FORUM BRASILEIRO DE SEGURANÇA PÚBLICA. Anuário Brasileiro de Segurança Pública 2015. 2015. Disponível em: <http://www.forumseguranca.org.br/storage/download/anuario_2015.retificado_.pdf>. Acesso em: 25 fev. 2016.
8. NASCIMENTO, Christina. Denúncias para a ouvidoria da polícia não geram punições. O Dia, abril de 2015. Disponível em: <http://odia.ig.com.br/noticia/rio-de-janeiro/2015-04-24/denuncias-para-a-ouvidoria-da-policia-nao-geram-punicoes.html>. Acesso em: 25 fev. 2016.
9. FORUM BRASILEIRO DE SEGURANÇA PÚBLICA. Anuário Brasileiro de Segurança Pública 2015. 2015. Disponível em: <http://www.forumseguranca.org.br/produtos/anuario-brasileiro-de-seguranca-publica/9o-anuario-brasileiro-de-seguranca-publica>. Acesso em: 25 fev. 2016.
10. GANDRA, Alana. Anistia Internacional cobra das autoridades desfecho do caso Amarildo. EBC, agosto de 2013. Disponível em: <http://www.ebc.com.br/noticias/brasil/2013/08/anistia-internacional-cobra-das-autoridades-desfecho-do-caso-amarildo>. Acesso em: 25 fev. 2016.
11. CARVALHO, Janaína. PMs vão presos após 5 jovens serem mortos em carro no Subúrbio do Rio. G1, novembro de 2015. Disponível em: <http://g1.globo.com/rio-de-janeiro/noticia/2015/11/cinco-jovens-sao-mortos-no-rio-e-parentes-das-vitimas-culpam-pm.html>. Acesso em: 25 fev. 2016.
12. SÁ, Giovanni. PESQUISA: Sensação de insegurança no Brasil é equivalente à do Afeganistão. Farol de Notícias, setembro de 2015. Disponível em: <http://faroldenoticias.com.br/pesquisa-sensacao-de-inseguranca-no-brasil-e-equivalente-a-do-afeganistao/>. Acesso em: 25 fev. 2016.
13. PLATONOW, Vladimir. Vídeo flagra policiais militares agredindo casal no Rio. EBC, dezembro de 2015. Disponível em: <http://agenciabrasil.ebc.com.br/geral/noticia/2015-12/video-flagra-policiais-militares-agredindo-casal-no-rio>. Acesso em: 25 fev. 2016.
14. SINK, Justin. Obama to provide funding for 50,000 police body cameras. The Hill, janeiro de 2014. Disponível em: <http://thehill.com/homenews/administration/225583-obama-to-provide-funding-for-50000-police-body-cameras>. Acesso em: 25 fev. 2016.
15. UTSUMI, Igor. PMs do Rio terão ações monitoradas por câmeras dos próprios smartphones. Revista Época, outubro de 2015. Disponível em: <http://epoca.globo.com/vida/experiencias-digitais/noticia/2015/10/pms-do-rio-terao-acoes-monitoradas-por-cameras-dos-proprios-smartphones.html>. Acesso em: 25 fev. 2016.
16. IBGE. Cidades@. 2015. Disponível em: <http://www.cidades.ibge.gov.br/xtras/temas.php?lang=ecodmun=330045eidtema=130esearch=rio-de-janeiro%7cbelford-roxo%7cestimativa-da-populacao-2014>. Acesso em: 25 fev. 2016.
17. BASTOS, Marcelo. Com 1 PM para cada 1.254 habitantes, Baixada Fluminense não reduz criminalidade. R7, março de 2012. Disponível em: <http://noticias.r7.com/rio-de-janeiro/noticias/com-1-pm-para-cada-1-254-habitantes-baixada-fluminense-nao-reduz-criminalidade-20500228.html>. Acesso em: 25 fev. 2016.
18. FORUM BRASILEIRO DE SEGURANÇA PÚBLICA. Anuário Brasileiro de Segurança Pública 2015. 2015. Disponível em: <http://www.forumseguranca.org.br/produtos/anuario-brasileiro-de-seguranca-publica/9o-anuario-brasileiro-de-seguranca-publica>. Acesso em: 25 fev. 2016.

# Anexo 2: Modelo de relatório de análise. Construção de um passeio público e ciclovia à beira-rio no centro de Ibirama – SC

Crédito: tupatu76/iStock/GettyImages.

Ibirama, fevereiro de 2016.

# Construção de um passeio público e ciclovia à beira-rio no centro de Ibirama – SC*

Ficha de identificação

| Nome do analista | Leonardo Secchi |
|---|---|
| Data de início da análise | 3 de janeiro de 2016 |
| Data de conclusão da análise | 28 de fevereiro de 2016 |
| Destinatários do relatório | Prefeitura Municipal de Ibirama<br>Câmara de Vereadores de Ibirama<br>Conselho Municipal de Desenvolvimento Econômico<br>Conselho Municipal de Defesa do Meio Ambiente |
| Oportunidade de melhoria | Obra para construção de um passeio público e ciclovia à beira-rio no centro do município de Ibirama |
| Âmbito de aplicação da obra pública | Municipal |
| Área de política pública | Planejamento urbano |

---

* Este relatório de análise tem como função didática apresentar uma estrutura para um relatório de análise de políticas públicas. Muitos dados e interpretações contidos neste exemplo são fictícios, embora haja informações apuradas por pesquisa e análise do caso concreto. O leitor deste relatório deve atentar-se principalmente a questões de forma, estrutura e linguagem, que foram explicadas ao longo dos capítulos anteriores do livro.

# Sumário

1. **Resumo executivo** — 220
2. **Diagnóstico do contexto** — 221
   2.1 Origem do problema e histórico — 221
3. **Caracterização da intervenção urbana** — 224
   3.1 Definição do problema — 224
   3.2 Definição do objetivo — 224
   3.3 Análise técnica — 224
   3.4 Análise econômica — 225
   3.5 Análise jurídico-legal e ambiental — 227
   3.6 Análise política — 229
   3.7 Análise sociocultural — 231
4. **Mapa de argumentos** — 232
5. **Recomendações** — 235
6. **Referências** — 237

**Notas de fim de texto** — 238

## 1. Resumo executivo

O município de Ibirama tem a oportunidade de remodelar seu centro urbano com a construção de um passeio e ciclovia à margem do rio Hercílio. Com esta obra, será possível: 1. aproveitar os potenciais turísticos, de lazer e contemplação do rio Hercílio, que ainda se encontram subutilizados; 2. criar um espaço para os praticantes de exercícios ao ar livre, como andar de bicicleta, caminhada e, assim, desviar o fluxo desses usuários que atualmente usam as margens das ruas e rodovias do município; 3. aproveitar a verba disponível para esse fim junto ao Ministério das Cidades, dentro da Política Nacional de Desenvolvimento Urbano e da Política Nacional de Mobilidade Urbana.

Este relatório traz uma análise dessa oportunidade nos seus aspectos técnicos, jurídicos, ambientais, políticos e culturais, e aponta recomendações para os próximos passos que devem ser tomados pela Prefeitura, pela Câmara de Vereadores e pelos conselhos setoriais.

Com base em uma análise argumentativa, o relatório também oferece um resumo de posições e interesses dos atores favoráveis e desfavoráveis a este projeto, por meio de debate com 108 cidadãos ibiramenses que participaram da audiência pública recentemente organizada pela Prefeitura Municipal. Esta análise aponta principais argumentos, evidências, réplicas e tréplicas expressos verbalmente pelos munícipes presentes.

Este relatório descreve os obstáculos jurídicos, políticos e ambientais, e dá uma recomendação favorável à continuidade dos estudos e preparação técnica de um projeto que tenha orçamento detalhado e cronograma, e cumpra todos os requisitos necessários para submissão aos órgãos fiscalizadores e agências de fomento.

# 2. Diagnóstico do contexto

## 2.1 Origem do problema e histórico

O município de Ibirama possui 18 mil habitantes e está localizado no Alto Vale do rio Itajaí, a 70 quilômetros de Blumenau e a 210 quilômetros de Florianópolis, capital de Santa Catarina. É uma cidade de colonização alemã que recebeu seus primeiros imigrantes em 1897. Em 1934, emancipou-se de Blumenau e, a partir de 1943, passou a ser chamada Ibirama.

FIGURA A.1: IBIRAMA, SANTA CATARINA.

Mapa: Marcelo Ventura.

Ao longo da história, o desenvolvimento de Ibirama deu-se ao longo do rio Itajaí do Norte, também chamado de rio Hercílio, que corta a cidade ao meio, ziguezagueando o relevo e o centro urbanos. No entanto, as ocupações residenciais, comerciais e industriais aconteceram de costas para o rio. Os proprietários dos terrenos tinham o hábito de construir a frente de suas propriedades para a rua, enquanto os fundos ficavam voltados para o rio, onde eram destinados os rejeitos industriais e dejetos sanitários.

Essa lógica de utilização dos rios como escoadouros sanitários sempre foi uma realidade dos municípios catarinenses e, em especial, do Vale do Itajaí. Com a abundância hídrica e a capilaridade das bacias hidrográficas, os investimentos em saneamento em Santa Catarina nunca foram prioridade. Em 2014, o estado ainda figurava na 19ª posição no ranking da cobertura de esgoto entre as unidades federações, com apenas 14% da população atendida e 18% de cobertura no território (Trata Brasil, 2013; Nicoletti, 2014).

No caso de Ibirama, a ocupação urbana residencial, a atividade econômica rural baseada na agricultura (feijão, milho, fumo e aipim) e a indústria madeireira, têxtil, mecânica, alimentícia e de brinquedos deterioravam o rio Hercílio a tal ponto que a cor e o cheiro do rio eram desagradáveis. A vida aquática e ribeirinha praticamente desapareceu nas áreas próximas ao centro urbano.

A partir da década de 1980, no entanto, o cenário começou a mudar. Por meio de políticas regulatórias nacionais e estaduais com relação aos dejetos residenciais e industriais, os proprietários passaram, paulatinamente, a implantar fossas sépticas. A Prefeitura Municipal regularizou os serviços de coleta de resíduos sólidos. A conscientização ambiental auxiliou na mudança de hábitos dos cidadãos, que também passaram a buscar a destinação correta dos resíduos. Em 2015, a Companhia Catarinense de Água e Saneamento (Casan) anunciou que vai realizar um investimento de R$ 15 milhões na construção de uma estação de tratamento de efluentes e implantar, finalmente, o sistema de esgotamento sanitário no centro do município de Ibirama.[1]

O perfil econômico da cidade também passou por transformações. Enquanto unidades industriais entraram em decadência ou foram deslocadas para outras regiões, o setor de serviços ganhou maior representatividade na geração de emprego e renda. Um exemplo disso foi a criação de um centro de ensino de educação superior da Universidade do Estado de Santa Catarina (Udesc), outro do Instituto Federal de Educação, Ciência e Tecnologia Catarinense (IFC), além do desenvolvimento do setor turístico ligado à natureza, como *rafting*, rapel, *trekking*, ciclismo, motocross, *mountain bike* e tirolesa. Em 2008, Ibirama recebeu o título de capital catarinense do turismo de aventura.

Enquanto o perfil econômico da cidade mudava, foram se alterando os hábitos dos cidadãos. A preocupação com a saúde e o bem-estar leva centenas de cidadãos a caminhar, correr e andar de bicicleta às margens das ruas e rodovias que cortam a cidade. Pedestres e ciclistas disputam espaço com os automóveis no acostamento das estradas. Não há no município uma ciclovia ou espaço apropriado para a atividade física.

Com a desativação de atividades industriais poluentes e o controle de efluentes, o rio Hercílio vem recuperando sua vida e beleza. Na mentalidade coletiva, o rio deixou de ser escoadouro de dejetos e passou a ser um ativo econômico para o setor turístico e um elemento paisagístico e de contemplação. Nesse sentido, algumas iniciativas foram tomadas para aproveitar o potencial paisagístico do rio, como a criação de um mirante e uma academia ao ar livre em uma das praças em sua margem. A Prefeitura Municipal também passou para a iniciativa privada a exploração do serviço de tirolesa, interligando dois morros da cidade. O turista percorre um trecho de um quilômetro, voando sobre o rio Hercílio e o centro da cidade e aterrissando ao lado do Hansa Hoehe, edifício histórico que é o cartão-postal da cidade.

Mas ainda hoje existe um convívio entre o "velho" e o "novo" na infraestrutura urbana e a organização fundiária no centro da cidade. Há no coração da cidade uma unidade industrial de processamento de amido de mandioca, que até tempos atrás continuava a jogar resíduos de fécula no rio Hercílio. As casas continuam "de costas" para o rio Hercílio.

## 3. Caracterização da intervenção urbana

### 3.1 Definição do problema

Subutilização do potencial turístico, de entretenimento, esporte, lazer e bem-estar às margens do rio Hercílio em Ibirama, SC.

### 3.2 Definição do objetivo

Construir um passeio público e ciclovia à beira-rio no centro do município de Ibirama, SC.

### 3.3 Análise técnica

A proposta de passeio público e ciclovia à beira-rio tem a extensão de 485 metros pela margem direita do rio Hercílio, entre o fim da rua Leopoldo Monich (cabeceira da ponte nova) até o fim da rua Tiradentes (cabeceira da ponte Gov. Irineu Bornhausen).

A estrutura da obra será feita em alvenaria. Será necessário aterrar e criar estrutura em pedra bruta para dar sustentação às pistas que serão construídas ao longo da margem do rio, a uma altura média de três metros e meio (3,5 m) acima do nível médio do rio Hercílio.

O passeio público será destinado a pedestres e ciclistas, sem espaço para trânsito de automóveis, motocicletas ou outros veículos motorizados. Haverá três faixas: passeio, caminhada/corrida e ciclovia.

Elementos arquitetônicos serão necessários para embelezamento e funcionalidade do passeio, como intervenções de jardinagem, iluminação indireta, instalação de corrimãos e bancos ao longo do passeio, banheiros, uma quadra poliesportiva, um espaço para exercícios físicos, postes de iluminação pública e espaços reservados para a concessão de prestadores de serviço (por exemplo: duas sorveterias, dois bares e um restaurante).

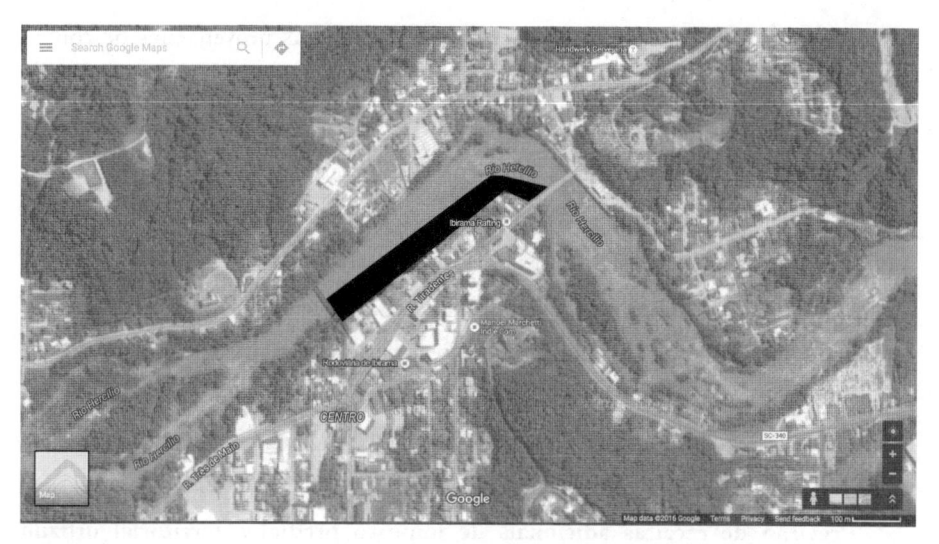

FIGURA A.2: PASSEIO E CICLOVIA À BEIRA DO RIO HERCÍLIO.

Fonte: Google Maps, 2016.

## 3.4 Análise econômica

**Orçamento total da obra**: os custos projetados da obra estão estimados em R$ 6.555.490,31 e contemplam: projeto estrutural de engenharia, projeto arquitetônico-paisagístico, projeto elétrico, projeto hidráulico-sanitário, aterramento, construção dos pavimentos asfálticos, pintura das vias e ciclovias, equipamentos de iluminação, instalação de iluminação, serviços de jardinagem, quiosques com banheiros, corrimãos e instalações, bancos e instalações, quadra poliesportiva, pavimentação das rampas de acesso, drenagem e esgotamento sanitário, equipamentos de ginástica e instalação, preparação dos espaços para instalação de atividades comerciais, placas de sinalização e instalação, instalação elétrica e hidráulica, hidrômetros e demais itens.

**Despesas para construção**: as fontes de recursos para a construção serão: 90% provenientes do Ministério das Cidades, conforme regras de acesso aos recursos de transferências voluntárias, e 10% de contrapartida municipal, ou seja, R$ 655.549,03.

**Despesas com desapropriações**: os custos com desapropriação de uma faixa de cinco metros a partir da margem direita do rio Hercílio para os 16 proprietários estão estimados em R$ 320.000,00.

**Receitas com contribuição de melhoria:** as receitas provenientes de contribuição de melhoria estão estimadas em R$ 120.000,00.

**Previsão de recursos para manutenção:** Os recursos para manutenção serão integralmente arcados pelo poder público municipal, orçados em R$ 5.546,67 mensais com custos relativos à iluminação, à manutenção periódica das vias e equipamentos, serviços de jardinagem, o que resulta em R$ 66.560,04 anuais.

**Previsão de receitas de permissionários:** as receitas mensais provenientes com o aluguel dos espaços públicos para realização de atividades comerciais por permissionários (um restaurante, dois bares e duas sorveterias) estão estimadas em R$ 4.300,00 (já descontada a inadimplência), chegando a R$ 51.600,00 de receitas anuais.

**Previsão de receitas adicionais de imposto predial e territorial urbano (IPTU):** vista a projeção de valorização imobiliária decorrente de obras semelhantes em outros municípios (propensão a pagar), é possível estimar um acréscimo médio de 6,5% no valor dos imóveis após a conclusão da obra. Vista a receita anual com IPTU de R$ 1.383.000,00,[2] pode-se estimar acréscimo anual com receitas de IPTU em R$ 89.895,00 ao ano.

**Tempo para *Payback*:** é o tempo necessário para que os recursos aplicados no projeto sejam recuperados pelo investidor (Contador, 2000). No caso do investimento feito pelo município de Ibirama na construção do passeio e ciclovia, o cálculo é feito a partir da soma do investimento inicial de contrapartida realizada pelo município (R$ 655.549,03), adicionadas as despesas com desapropriações (R$ 320.000,00), subtraídas as receitas com contribuições de melhoria (R$ 200.000,00). O investimento municipal líquido é, portanto, de R$ 855.549,03.

As receitas anuais líquidas decorrentes da obra são estimadas a partir a soma das receitas adicionais anuais com IPTU (R$ 89.895,00) e receitas anuais decorrentes de aluguel aos permissionários (R$ 51.600,00), subtraídas as despesas anuais relativas à manutenção das vias (R$ 66.560,04). Após a finalização da obra e o início das operações comerciais na via pública, as receitas anuais líquidas para a Prefeitura Municipal serão de R$ 74.934,96. Dividindo o investimento líquido municipal (R$ 855.549,03) pelas receitas anuais decorrentes de valorização imobiliária e aluguel (R$ 74.934,96), chega-se a um payback de 11,4 anos. Isto equivale a dizer que depois de 11 anos e 152 dias o município de Ibirama começará a ter retorno financeiro sobre o investimento inicial realizado. Para esses cálculos não foram feitas atualizações monetárias ou aplicadas taxas de desconto.

## 3.5 Análise jurídico-legal e ambiental

A análise jurídica da viabilidade de criação de um passeio à beira-rio em Ibirama depende da verificação do:

1. Plano diretor do Município de Ibirama (Lei complementar nº 73/2008).
2. Código estadual do Meio Ambiente (Lei nº 14.675/2009, atualizada pela Lei nº 16.342/2014).
3. Código Florestal Brasileiro (Lei nº 12.651/2012).

Em seu art. 50, inciso XX, o Plano diretor do município prevê a criação de uma via beira-rio para fins de lazer na região central da cidade às margens do rio Hercílio. No entanto, esse artigo aponta para a construção de uma via menor (200 m) e, ao contrário do projeto aqui proposto, prevê que o passeio seja construído na margem esquerda do rio, interligando a praça José Deeke à praça Lindo Sardagna.

O projeto de construção de um passeio à beira-rio é reforçado por outros artigos do Plano diretor, tais como:

> Art. 7º, inciso IV: Aproveitar o potencial turístico do Município através da construção de equipamentos específicos para incentivo à promoção dos esportes aquáticos, congressos e exposições, turismo ecológico-rural e nas áreas histórico-culturais do Município;
>
> [...]
>
> Art. 21, inciso VIII: Transformar através de projetos e programas sociais as atividades ligadas à cultura, turismo e entretenimento, em fontes geradoras de Produtos de trabalho, emprego e renda e na melhoria da qualidade de vida;
>
> [...]
>
> Art. 37, inciso I: Implantação de áreas para atividades físicas como caminhadas, exercícios ao ar livre, ciclovia nas áreas de maior tráfego, play-ground, aproveitando as áreas públicas;
>
> [...]

> Art. 5º, inciso VI: Priorizar a circulação de pessoas com mobilidade reduzida, pedestres e ciclistas, bem como incentivar o transporte coletivo, em relação ao transporte individual, promovendo um estudo de viabilidade para a implantação de rede cicloviária e vias verdes na área urbana do Município;
> [...]
> Art. 62, inciso II: Disponibilizar áreas para atividades de lazer, recreação e para equipamentos urbanos e sociais (Ibirama, 2008).

Na questão específica da construção do passeio às margens do rio, o Plano diretor em seu art. 88 prevê o impedimento de construções em áreas de preservação permanente (APP), salvo se autorizadas pelos órgãos competentes estadual e federal. Esse é o caso dos terrenos e edificações já consolidadas no centro de Ibirama, que se encontram às margens do rio Hercílio. O mesmo Plano prevê os requisitos de estudo de impacto de vizinhança (EIV), a ser apresentado para a apreciação do Núcleo Gestor de Planejamento Territorial (NGPT), Estudos de Impacto Ambiental (EIA) e Relatório de Impacto Ambiental (Rima), a serem apresentados para apreciação do Instituto Brasileiro de Meio Ambiente e Recursos Renováveis (Ibama).

Também o próprio Plano diretor em seu art. 148 proíbe a edificação em margem de 15 metros (área urbana) e 30 metros (área rural) ao longo das margens dos rios, tomando como base a quota média do rio.

O Plano diretor de 2008 não está em conformidade com a atual legislação ambiental estadual e nacional no que tange as APP. Segundo o Código Florestal Brasileiro (Lei nº 12.651/2012) e a versão atualizada do Código estadual de Meio Ambiente (16.342/2014), as APP devem respeitar 100 metros a partir da margem, naqueles rios que tenham de 50 a 200 metros de largura (Brasil, 2012; Santa Catarina, 2014). Nas áreas centrais do município, o rio Hercílio alcança largura média de 100 metros, o que, em tese, inviabilizaria a modificação de qualquer remanescente de mata ciliar para fins de construção de um passeio público e ciclovia.

A jurisprudência, no entanto, não pacificou o assunto. Quando se trata de "assunto de interesse local", os tribunais têm dado sentenças ora favoráveis, ora desfavoráveis. Nas sentenças, o conceito de interesse difuso está ligado à preservação ambiental e respeito ao Código Florestal Brasileiro, enquanto o "especial interesse local" está vinculado às necessidades de intervenções urbanas demandadas pelas comunidades locais.

Um exemplo de interpretação judicial favorável ao interesse difuso foi a decisão proferida por desembargador do Tribunal Regional Federal da 5ª Região, relativo à confirmação de área de proteção permanente (APP) no centro urbano do município de Petrolina (Pernambuco) ao longo das margens do rio São Francisco. Em decisão de 2013, o desembargador federal aplicou ao pé da letra os dispositivos do Código Florestal Brasileiro, impedindo a continuidade da construção de um empreendimento imobiliário no centro de Petrolina, marginal ao rio.[3]

Por sua vez, um exemplo de interpretação favorável ao especial interesse local foi a sentença dada pelo Tribunal de Justiça de Santa Catarina (TJ-SC) com relação à construção de uma distribuidora de laticínios no Bairro Jardim Sofia de Joinville em terreno com distância inferior a 30 metros a partir da margem do rio. A justificativa utilizada foi o respeito ao Código Municipal do Meio Ambiente de Joinville, bem como a aplicação do princípio da razoabilidade, argumentando que deve haver relativização da legislação ambiental em caso de áreas urbanas consolidadas com evidente degradação da mata ciliar.[4]

Existem, portanto, contradições legislativas sobre a matéria em âmbitos municipal, estadual e federal, bem como interpretações judiciais conflitantes sobre a possibilidade de construção de um passeio público e ciclovia à beira-rio, mesmo em área urbana consolidada como a do município de Ibirama.

### 3.6 Análise política

A construção de um passeio público e ciclovia de 485 metros de comprimento às margens do rio Hercílio pode ensejar alguns conflitos de interesses. A análise política aponta para um padrão de conflito em que o ônus está concentrado em algumas categorias de atores, enquanto o benefício é difuso para a cidadania. Essa obra pública portanto classifica-se como ação "empreendedora" (ônus concentrado, benefício difuso), conforme a tipologia de Wilson (1983).

Se, por um lado, temos os cidadãos do município que ganhariam em qualidade de vida com tal obra (benefício difuso), por outro lado, temos os 16 proprietários de faixas de terra que deverão ter parcelas de cinco metros de seus terrenos desapropriadas para aterramento e construção das pistas (ônus concentrado). Apesar das compensações financeiras potenciais, três desses proprietários já verbalizaram total desacordo com qualquer projeto urbanístico marginal ao rio Hercílio que venha a interferir no uso de seus terrenos. Alegam que um passeio ou ciclovia os obrigará a erguer muros e fazer modificações estruturais nos fundos dos terrenos para garantir a segurança e a privacidade.

Outro potencial conflito dar-se-á entre os cidadãos comuns de classe média urbana que fariam uso da nova estrutura de lazer e os grupos ambientalistas locais resistentes à obra. O benefício difuso é percebido por famílias, comerciantes, praticantes de caminhada, ciclistas e demais desportistas. A oposição poderá vir de organizações da sociedade civil ligadas à preservação do meio ambiente, como o Instituto Naturhansa, a Academa e a Fundação de Meio Ambiente de Santa Catarina (Fatma), acusando a sobreposição de interesses locais aos interesses gerais, à revelia da legislação estadual e nacional.

Outra modelagem do conflito que pode aparecer: os residentes no centro urbano do município (maiores beneficiários) contrapostos aos residentes das áreas rurais ou distantes do centro urbano, embora as análises até agora não tenham identificado movimentação política nesse sentido. O argumento de que os investimentos orçamentários feitos pela Prefeitura serão usufruídos de forma desigual entre residentes do centro (alto usufruto, maior valorização mobiliária) e residentes do interior (baixo usufruto, maior valorização mobiliária) parece ainda não ter criado coalizões de defesa ou de oposição ao projeto.

No Quadro A.1 esquematizamos um mapa dos atores relevantes, suas posições e recursos disponíveis.

Outros atores políticos e outras modelagens de conflito podem ser aqui debatidas. No entanto, até o presente momento foram identificados esses elementos.

QUADRO A.1: MAPA DE ATORES

| Ator ou grupo | Perspectiva | Força política | Recursos disponíveis |
|---|---|---|---|
| Prefeitura municipal | Favorável | Alta | Capacidade de mobilização executiva<br>Capacidade de mobilização social<br>Capacidade técnico-jurídica |
| Associação comercial e CDL | Favorável | Média | Capacidade de mobilização social |
| 13 proprietários de terrenos marginais | Neutra | Baixa | |
| 3 proprietários de terrenos marginais | Desfavorável | Média | Capacidade de dificultar negociação quanto a compensações financeiras de desapropriação |
| Udesc e IFC | Neutra | Média | Credibilidade técnica e intelectual para suporte ou oposição ao projeto |
| Naturhansa | Desfavorável | Média | Conhecimento legal<br>Capacidade de formação de opinião |
| Academa | Desfavorável | Média | Conhecimento legal<br>Capacidade de mobilização social |
| Fatma | Desfavorável | Média | Conhecimento legal<br>Credibilidade técnica e intelectual para oposição ao projeto |
| Ciclistas, praticantes de caminhada | Favorável | Alta | Capacidade de mobilização social<br>Capacidade de formação de opinião |
| Residentes do centro | Favorável | Alta | Capacidade de mobilização social<br>Capacidade de formação de opinião |
| Residentes do interior | Neutra | Baixa | |

## 3.7 Análise sociocultural

Há que considerar o perfil sociocultural dos ibiramenses. Tomando a classificação de Almond e Verba (1963), a sociedade ibiramense pode ser classificada como de tipo paroquial, com forte senso comunitário. Os cidadãos se reconhecem como pares e realizam controle recíproco. Como dito, é uma cidade pequena de colonização alemã, que se formou historicamente alheia aos poderes centrais, resolvendo os problemas públicos por meio da organização comunitária. Exemplo disso foi a criação, já em

1911, pelos colonizadores, da Associação e Hospital de Caridade Hammonia, uma iniciativa local e autônoma de resolução dos problemas de saúde sem a interferência do governo central (Instituto Naturhansa, 2011). Outros exemplares do senso associativista e cultura cívica foram a criação de clubes recreativos, comunidades religiosas, escolas e creches comunitárias, associações comerciais e industriais, clubes de caça e tiro e a criação de uma instituição de ensino superior, a Fundação Educacional Hansa Hamônia (FEHH), que hoje em dia já está incorporada ao sistema Udesc.

Se, por um lado, o senso comunitário traz benefícios coletivos, por outro, esses traços culturais podem levar ao conservadorismo: aversão ao novo, aversão ao desconhecido, aversão ao pluralismo. Uma parcela dos residentes pode apresentar-se como contrário à obra de intervenção urbana pela simples aversão às mudanças. Há que reconhecer que existe grande parcela da população que já se mostra entusiasta à modernização do centro urbano, dentre eles os jovens, os comerciantes, os profissionais liberais, os estudantes universitários e os cidadãos comuns que conseguem perceber ganhos para o turismo, a qualidade de vida dos residentes e valorização imobiliária para os proprietários. Essas forças culturais podem se refletir no equilíbrio de forças políticas, levando vereadores e representantes a se alinharem conforme afinidade com os grupos pró-manutenção e pró-modernização.

## 4. Mapa de argumentos

A Prefeitura Municipal de Ibirama realizou audiência pública para debate do projeto de passeio e ciclovia à beira-rio. A audiência foi realizada no centro de eventos municipal Manoel Marchetti, no dia 21 de fevereiro, e contou com a participação de 108 pessoas.

Depois de quatro horas de intenso debate, o analista de política pública organizou o elevado número de argumentos, contra-argumentos, evidências e posicionamentos favoráveis e desfavoráveis à obra do passeio público.

Apresentamos aqui o mapa de argumentos, com suas respectivas evidências, objeções e tréplicas. Os argumentos favoráveis foram separados dos argumentos desfavoráveis em duas tabelas distintas. Como houve sobreposição de argumentos e muitas repetições, o analista indicou o número de vezes que um argumento foi citado por mais participantes.

## QUADRO A.2: MAPA DE ARGUMENTOS FAVORÁVEIS AO PROJETO

| Argumento | Número de citações | Evidência | Objeção | Tréplica |
|---|---|---|---|---|
| Melhoria da qualidade de vida das famílias com a nova área de lazer | 6 | Blumenau possui avenida beira-rio muito utilizada pelas famílias. Cidades da Alemanha possuem bonitos passeios ao longo de lagos e rios | | |
| Melhoria da qualidade de vida com espaço para prática de atividades físicas (corrida, caminhada, exercícios) | 5 | | | |
| Maior segurança para pedestres e ciclistas que atualmente se exercitam no acostamento das ruas e rodovias que cortam o município | 3 | O atropelamento do ciclista Fabiano ocorreu às margens da SC-340 | | |
| Criação de mais um atrativo turístico | 3 | Os turistas não têm acesso a espaços de lazer, convívio e gastronomia | | |
| Valorização imobiliária | 2 | Outras cidades que revitalizaram suas áreas à beira-rio obtiveram valorização de 50% dos imóveis próximos | Nas outras cidades não foi possível provar que a valorização imobiliária fosse fruto do passeio à beira-rio | |
| A feira de produtos orgânicos e artesanato poderia alcançar maior clientela se fosse instalada no passeio | 2 | Em Florianópolis, a feirinha de artesanato aproveita o fluxo de transeuntes da beira-mar | Não é possível instalar a feira no passeio, pois faltam banheiros públicos | O projeto do passeio prevê quiosques com banheiros |

QUADRO A.3: MAPA DE ARGUMENTOS CONTRÁRIOS AO PROJETO

| Argumento | Número de citações | Evidência | Objeção | Tréplica |
|---|---|---|---|---|
| O dinheiro destinado ao passeio poderia ser investido na estruturação de escolas e creches | 4 | A Prefeitura não dá reajuste salarial aos professores há dois anos. A Prefeitura fechou uma creche por falta de recursos | O dinheiro para construção do passeio virá do Ministério das Cidades | No convênio com o Ministério das Cidades, o município se compromete a dar contrapartida. Este dinheiro deveria ser aplicado na educação |
| O passeio vai destruir a mata ciliar remanescente | 3 | Ainda existem trechos de mata ciliar ao longo da margem direita do rio Hercílio | A mata ciliar no centro já é degradada. A perda é mínima | "Quando houver enchente depois não venham reclamar." |
| O Código Florestal Nacional não permite desmatamento até o limite de 30 metros das margens dos rios | 3 | Art. 4º da Lei nº 12.651/2012 | "Ninguém respeita o Código Florestal. Por que só nós temos que respeitar?" | "Se os outros municípios não respeitam, o problema é deles. Nós temos de dar o exemplo." |
| O Plano diretor da cidade prevê passeio à beira-rio na margem esquerda do rio, e não na margem direita | 2 | Art. 50, inciso XX, do Plano diretor municipal | O Plano diretor pode ser modificado, a margem direita é mais bela e o percurso é maior | Alterar isto vai dificultar a aprovação e encarecer o projeto |
| Três proprietários de terrenos às margens do rio Hercílio já falaram que não aceitam ceder ou vender, por questões de privacidade e insegurança | 1 | | A Prefeitura tem poder de desapropriação de terras para obras de utilidade pública | A desapropriação de terras ao longo dos rios depende de anuência da União, e a burocracia é enorme |

As conclusões apontam para uma aceitabilidade política em torno da proposta, com ressalvas. Essa audiência pública específica sobre o assunto serviu apenas como um termômetro do sentimento geral da população, e este foi majoritariamente favorável. É importante ponderar, no entanto, que os participantes da audiência pública foram 108 pessoas de um universo de 18.000 habitantes, com participação prevalente de residentes do centro urbano, e com menor participação de residentes das áreas rurais. Com relação aos extratos sociais, o perfil sociográfico dos relatórios de avaliação da audiência pública aponta para maior participação de pessoas de classes C (34%) e B (25%), e com faixa etária de 30 a 49 anos de idade (56%). Para que as conclusões da audiência pública possam ser extrapoladas para toda a população são apontadas duas alternativas: 1. pesquisa *survey* estratificada de acordo com o perfil da população; 2. realização de mais audiências públicas, nos bairros e comunidades do interior, com estímulo à participação dos demais estratos sociais menos representados.

## 5. Recomendações

Considerando as características básicas apresentadas para um passeio público à beira-rio, o diagnóstico do contexto e histórico e a argumentação dos atores políticos relevantes, é possível apontar para a recomendação do prosseguimento dessa ação pública.

Os ganhos em qualidade de vida dos cidadãos ibiramenses, somados aos ganhos de arrecadação fiscal e alavancagem turística relacionada à realização dessa obra parecem superar os eventuais ônus. O modelo de custeio dessa obra parece ser o ideal, com participação expressiva da União somada à contrapartida de apenas 10% do erário municipal.

A seguir listamos os principais entraves para a efetivação do projeto de construção, seguidos de recomendação para sua superação:

1. Desrespeito ao Código Florestal Nacional: a obra desrespeita os afastamentos mínimos previstos na legislação ambiental nacional referentes a áreas de preservação permanente de mata ciliar. Existe forte probabilidade de embate judicial acionado pelo Ministério Público e órgãos ambientais. Para superação dessa dificuldade, será necessário convencer judicialmente a existência de "especial interesse local", enfatizar a existência de "área urbana consolidada", o baixo impacto ambiental nos resquícios de mata ciliar e propor medidas de compensação ambiental.
2. Plano diretor municipal desatualizado: há desconformidade com a legislação ambiental estadual e nacional. Será necessária sua atualização, apresentação em audiência pública para posterior análise e aprovação na Câmara de Vereadores. Recomenda-se proposição de projeto legislativo de iniciativa do poder execu-

tivo municipal para sanar essas diferenças. Na ocasião, recomenda-se a alteração do inciso XX do artigo 50 para que seja realizada a alteração da margem do rio Hercílio destinatária à obra de passeio público e ciclovia. Também deve-se propor a inclusão nos anexos do Plano diretor que a margem direita do rio Hercílio na parte central do município seja classificada como zona de especial interesse social (Zeis).
3. Falta de projeto ambiental: a obra não tem condições de avançar se não for elaborado o Estudo de Impacto de Vizinhança (EIV), Estudo de Impacto Ambiental (EIA) e Relatório de Impacto Ambiental (Rima).
4. Falta de projeto para captação de recurso: os recursos disponíveis no Ministério das Cidades para a realização da obra dependerão de projeto executivo cadastrado no Sistema de Convênios (Sincov).
5. Resistência política: alguns residentes, alguns proprietários diretamente afetados, entidades ambientais locais e a Fatma já demonstraram resistência ao projeto da obra. Existe grande possibilidade de formação de coalização desfavorável ao projeto, com mobilização social. Recomenda-se que a Prefeitura envolva esses atores na elaboração do projeto desde o seu início, para captar seus pontos de vista, incluir suas demandas, o que posteriormente poderá aumentar as chances de aprovação. No entanto, recomenda-se a articulação de um movimento pró-passeio, que una os cicloativistas, os praticantes de caminhada, as associações comerciais, os meios de comunicação e demais atores interessados. Entidades como Udesce IFC, que se apresentam aparentemente neutras à proposta, devem ser chamadas para conhecer e integrar o movimento.
6. Entraves orçamentário-financeiros: os custos da contrapartida municipal para construção da obra (R$ 655.549,03), as despesas decorrentes com desapropriações (R$ 320.000,00) e as futuras despesas com manutenção do passeio e ciclovias (R$ 66.560,04 ao ano) deverão constar do Plano Plurianual (PPA), da Lei de Diretrizes Orçamentárias (LDO) e da Lei Orçamentária Anual (LOA) a partir do ano de 2017.

# 6. Referências

ALMOND, Gabriel A., VERBA, Sid. *The civic culture*: political attitudes and democracy in five nations. Princeton University Press: Princeton, NJ, 1963.

BRASIL. Código Florestal Brasileiro. *Lei nº 12.651/2012* [online]. Disponível em: <http://www.planalto.gov.br/ccivil_03/_ato2011-2014/2012/lei/l12651.htm>. Acesso em: 28 fev. 2016. Publicado em: 2012.

CONTADOR, Claudio R. *Projetos sociais:* avaliação e prática. 4. ed. São Paulo: Atlas, 2000.

GOOGLE MAPS. *Mapa de Santa Catarina* [online]. Disponível em: <https://www.google.com.br/maps/@-27.3840794,-49.2786832,9.4z>. Acesso em: 28 fev. 2016.

IBIRAMA. Plano Diretor Participativo (PDP) de Ibirama. *Lei Complementar nº 73, de 22 de dezembro de 2008* [online]. Disponível em: <http://ibirama.sc.gov.br/c/leis-e-anexos#.VtLrW5wrLIU>. Acesso em: 28 fev. 2016. Publicado em: 2008.

INSTITUTO NATURHANSA. *Hansahöhe:* o espírito do camponês, o júbilo do médico, o tormento do prisioneiro e outras histórias ao redor de sua construção. Ibirama: EdiGrave, 2011.

NICOLETTI, Janara. 14% da população é atendida por rede de saneamento básico em SC. *G1 Santa Catarina* [online]. Disponível em: <http://g1.globo.com/sc/santa-catarina/noticia/2014/03/14-da-populacao-e-atendida-por-rede-de-saneamento-basico-em-sc.html>. Acesso em: 28 fev. 2016. Publicado em: 22 mar. 2014.

SANTA CATARINA. Código Estadual do Meio Ambiente. *Lei nº 16.342/2014* [on-line]. Disponível em: <https://www.legisweb.com.br/legislacao/?id=264890>. Acesso em: 28 fev. 2016. Publicado em: 2014.

TRATA BRASIL. *Situação saneamento no Brasil* [online]. 2013. Disponível em: <http://www.tratabrasil.org.br/saneamento-no-brasil>. Acesso em: 28 fev. 2016.

WILSON, James Q. *American government:* institutions and policies. Lexington: Heath & Co., 1983.

# Notas de fim de texto

1. GERMANO, Sheyla. Prefeito de Ibirama recebe Diretor de Expansão e Gerente da Casan. 2015. Disponível em: <http://www.ibirama.sc.gov.br/noticia/1819/prefeito-de-ibirama-recebe-diretor-de-expansao-e-gerente-da-casan#.VtLVV5wrLIU>. Acesso em: 21 mar. 2016.
2. PREFEITURA DE IBIRAMA. Contas Públicas. Disponível: <http://ibirama.sc.gov.br/cp-arquivos/59#.VtG_35wrLIU>. Acesso em: 21 mar. 2016.
3. PORTAL DIREITO AMBIENTAL.COM. Julgado do TRF5 aplica novo código florestal e reconhece ocupação de app às margens do rio São Francisco como área consolidada. 2015. Disponível em: <http://www.milare.adv.br/pt/noticias/445-julgado-do-trf5-aplica-novo-codigo-florestal-e-reconhece-ocupacao-de-app-as-margens-do-rio-sao-francisco-como-area-consolidada>. Acesso em: 21 mar. 2016.
4. NOTICENTER. TJSC libera construção próxima ao rio em Joinville. Disponível em: <http://www.noticenter.com.br/?modulo=noticias&caderno=gestao&noticia=06492-tjsc-libera-construcao-proxima-ao-rio-em-joinville#.VtCQh5wrLIU>. Acesso em: 21 mar. 2016.

Este livro foi composto nas fontes
Adobe Jenson Pro, Poppins e Work Sans.